Gesichter einer Insel

W0047468

Reisepraktisches

Burg

Die Dörfer Fehmarns

Fahrradtouren und
Wanderungen

Ausflugstipps

Text & Recherche: Dr. Dieter Katz
Lektorat: Sabine Senftleben
Redaktion und Layout: Heike Dörr
Fotos: alle Dr. Dieter Katz,
außer S. 55 und 82 (Klaus Skerra) sowie S. 17 (Heiko Stephan)
Karten: Judit Ladik, Inger Holndonner
Covergestaltung: Karl Serwotka
Covermotive: oben: Marina Fehmarnsund
unten: Strand am Grünen Brink

Ein besonderer Dank für die Unterstützung an Dres. Birgit und Nikolaus Lorenz.

Herzlichen Dank auch an Klaus Skerra (www.fehmarn-air.de) und Heiko Stephan (Oldenburg) für die freundliche Bereitstellung von Fotomaterial und an Diethard Brohl (Paderborn) für das gewissenhafte Korrekturlesen. Ein Dankeschön auch an die Leserin Nadja Schreiber, an Nina Leyer und ihre Kolleginnen und Kollegen vom Tourismus-Service Fehmarn (www.fehmarn.de) sowie an Beate Burow vom Umweltrat der Stadt Fehmarn.

ISBN 978-3-89953-608-9
© Copyright Michael Müller Verlag GmbH, Erlangen, 2009, 2011. Alle Rechte vorbehalten. Alle Angaben ohne Gewähr. Druck: Wilhelm & Adam, Heusenstamm.

2. komplett überarbeitete und aktualisierte Auflage 2011

FEHMARN

Dieter Katz

INHALT

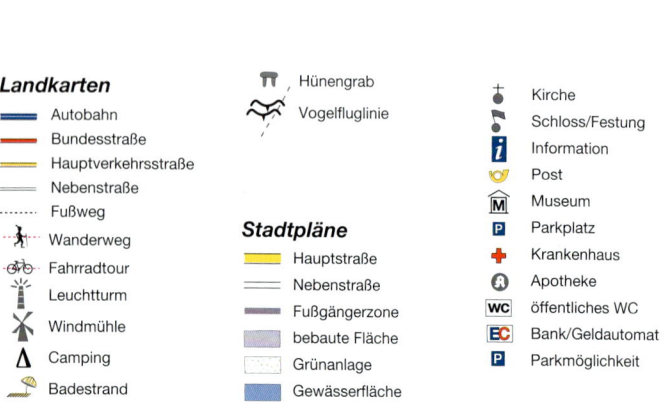

Landkarten

━━━ Autobahn
━━━ Bundesstraße
━━━ Hauptverkehrsstraße
─── Nebenstraße
······ Fußweg
🚶 Wanderweg
🚴 Fahrradtour
Leuchtturm
Windmühle
Δ Camping
Badestrand

🐴 Hünengrab
Vogelfluglinie

Stadtpläne

▬ Hauptstraße
─── Nebenstraße
▬ Fußgängerzone
▦ bebaute Fläche
▢ Grünanlage
▬ Gewässerfläche

Kirche
Schloss/Festung
ℹ Information
Post
Ⓜ Museum
Ⓟ Parkplatz
✚ Krankenhaus
Ⓐ Apotheke
WC öffentliches WC
EC Bank/Geldautomat
Ⓟ Parkmöglichkeit

Alles im Kasten

Was haben Sie entdeckt?

Haben Sie ein gemütliches Hotel, ein uriges Lokal, einen schönen Wander- oder Radweg, einen empfehlenswerten Strand, einen netten Campingplatz gefunden?

Wenn Sie Ergänzungen, Tipps, Anregungen oder Kritik zu diesem Buch haben, lassen Sie es uns bitte wissen.

Schreiben Sie an:

Dr. Dieter Katz

Stichwort „Fehmarn"

c/o Michael Müller Verlag

Gerberei 19

91054 Erlangen

dieter.katz@michael-mueller-verlag.de

▲ Kutterfahrt Burgstaaken

Gesichter einer Insel

Wahrzeichen der Insel: die Fehmarnsundbrücke

Gesichter einer Insel

Keine Hektik, keine wirklichen Berge, keine Großstadt, dafür eine leicht geschwungene Landschaft mit grünen Wiesen, riesigen Feldern, sehr alten Kirchen, historischen Windmühlen, modernen Windkraftanlagen und natürlich dem Meer und abwechslungsreichen Küstenstreifen – Fehmarn ist ein Refugium für alle, die weite Landschaften lieben und vollkommen auf Entspannung setzen.

Stolz nennt sich die Insel „Krone im blauen Meer". So symbolisiert es die Inselfahne, und so sehen es nicht nur die Einheimischen, sondern auch die vielen Tausend Gäste, die jedes Jahr wiederkommen.

Schon bei der Fahrt über die beeindruckende Fehmarnsundbrücke überkommt einen fast zwangsläufig ein Urlaubsgefühl, und das nicht nur, weil das Festland nun endlich hinter einem liegt. Die Brücke mit ihrer bestechenden Architektur wird aufgrund ihrer markanten Form auch „Kleiderbügel" genannt und ist nicht umsonst Fehmarns Wahrzeichen. Hier weht immer eine frische Seeluftbrise und der Blick hinunter auf den Fehmarnsund mit seinen vielen Segelbooten ist einfach fantastisch.

Wind und Sonne dominieren auf der Insel. Fehmarn gilt als das regenärmste Gebiet Deutschlands, denn Regen und Sturm bleiben für gewöhnlich an der Westküste Schleswig-Holsteins hängen. Rund 1750 Sonnenstunden im Jahr (in manchem Jahr sogar 2000) machen die Insel zur deutschen Costa del Sol.

Stürmische Brisen, aber auch romantische Sonnenuntergänge erwarten den Besucher im Inselwesten; die schönsten Dünenlandschaften finden sich im Norden, die urwüchsigsten Steilküsten im Osten und die schönsten Strände im Süden. Badever-

Das besondere Licht auf der Insel: Leuchtturm Staberhuk

gnügen pur und lange Strandspaziergänge sind also garantiert. Das flache Land und ein perfekt ausgebautes Wegenetz, das gewachsene Dörfer und den geschichtsträchtigen Ort Burg miteinander verbindet, laden zudem Radler zu reizvollen Erkundungstouren ein.

Fehmarn ist nach Rügen und Usedom Deutschlands drittgrößte Insel. Das Küstenprofil entspricht im Grunde dem der gesamten Ostseeküste: Steile Küsten wechseln mit flachen Ufern ab, denen teilweise Sandbänke vorgelagert sind, die Strände sind mal fein und weichsandig, mal steinig und rau. Dass das schöne Eiland für viele Einheimische so etwas wie den Mittelpunkt der Welt bildet, wundert da nicht. Stolz nannten sie ihre Insel vor dem Bau der Fehmarnsundbrücke den sechsten Kontinent, und alles, was jenseits der Brücke lag, hieß schlicht Europa. Und dort, jenseits des Fehmarnsunds, war die Welt aus der Inselperspektive betrachtet eben irgendwie anders.

Andererseits nannten und nennen zum Teil noch heute die Festlandbewohner die Insel etwas despektierlich „Knust", und tatsächlich ähnelt die Insel von oben gesehen in ihrer Form einem Brotknust, also dem Endstück eines Brotlaibs.

Aufgrund der außerordentlich fruchtbaren Böden ist die Insel nach wie vor landwirtschaftlich geprägt. Hier gibt es nicht nur riesige Getreidefelder, auch Kohl und vor allem Raps werden vermehrt angebaut. Speziell im Mai bietet sich ein faszinierendes Naturschauspiel, wenn die Blütenpracht der Rapsfelder die Insel in ein leuchtend gelbes Farbenmeer taucht. Der Kontrast mit dem Grün der Wiesen und Felder und dem Blau des Himmels und des Meeres ist dann besonders schön.

Gleichwohl spielt der ertragreiche dunkle Lehmboden längst nicht mehr die Hauptrolle. 80 % der Inselbevölkerung sind direkt oder indirekt wirtschaftlich vom Tourismus abhängig. Fehmarn zählt pro Jahr 300.000 Übernachtungsgäste und zahlreiche Tagesbesucher. Übernachtet wird in erster Linie in den zahlreichen über

Wolkenspiel bei Gahlendorf

die ganze Insel verteilten Ferienwohnungen oder auf einem der 16 großen Campingplätze mit insgesamt 6000 Stellplätzen.

Die meisten Sommergäste kommen zum Badeurlaub nach Fehmarn. Strände, ob feinsandig oder eher naturbelassen, sind aber nur die eine Seite der fehmarnschen Medaille. Interessant ist auch das im Westen platte, im Osten leicht hügelige Kernland der Insel. Und weil Fehmarn so flach ist, darf sich hier folgerichtig mit dem Titel „Berg" schmücken, was andernorts allenfalls als leichte Aufwölbung zu registrieren wäre. Immerhin wird so das Reisegepäck entlastet, denn seine Bergstiefel kann man angesichts der fulminanten fehmarnschen Gipfel – der König der hiesigen Bergwelt, der Hinrichsberg, bringt es auf bedauernswerte 27 Meter – getrost zu Hause lassen.

Das Straßennetz der Insel ist dicht. Die einzelnen Ortschaften sind durch kleine Sträßchen und gelegentlich schöne Alleen miteinander verbunden. Diese wurden vielfach nicht auf dem kürzesten Weg durch die Felder, sondern im Zickzack um die Felder herum gebaut, was den von jeher hohen Stellenwert der Landwirtschaft verdeutlicht. 42 kleine Dörfer und einige uralte Kirchen zeugen davon, dass der Bauch Fehmarns uraltes Kulturland ist. Superlative kann man hier dennoch nicht erwarten – sieht man einmal davon ab, dass das älteste Modellschiff Deutschlands in der Landkirchener Petri-Kirche hängt und sich ganz in der Nähe in Neujellingsdorf Deutschlands kleinster Flughafen befindet. Aber um Superlative geht es hier auch gar nicht. Fehmarn abseits der Strände, das heißt in erster Linie Ruhe und beneidenswerte Unaufgeregtheit. Das bedächtige Dorfleben ist zweifelsohne pure Erholung für Stadtgestresste.

Wem es gar zu ruhig wird, dem hat die Insel – in sehr überschaubarem Rahmen allerdings – auch städtische Kultur zu bieten. Seit 2003 ist ganz Fehmarn verwaltungsrechtlich eine Stadt. (Klein)städtischen Charakter hat jedoch lediglich die „Inselmetropole" Burg mit ihren nur etwa 6000 Einwohnern. Die enge Verbindung Burgs mit dem Meer und der Seeschifffahrt spürt man am besten am Hafen im Ortsteil Burgstaaken und am touristischen Südstrand im Ortsteil Burgtiefe.

Auch Museales findet man auf der Insel. Zwar gibt es in Lemkenhafen ein sehr bemerkenswertes Mühlenmuseum und in Katharinenhof ein landwirtschaftliches Museum zu besichtigen, kultureller Inselmittelpunkt ist jedoch unbestritten Burg. Herausragender und in ganz Schleswig-Holstein bekannter Touristenmagnet ist hier die Unterwasserwelt im Meereszentrum Fehmarn. Darüber hinaus gibt es in Burg noch ein U-Boot-Museum, die Ausstellungen „Experimenta" und „Planet Erde", eine riesige Modelleisenbahn, ein Surfmuseum und natürlich ein – gut gemachtes – Heimatmuseum zu bestaunen.

Geradezu ideal ist Fehmarn für Fahrradurlauber, denn mangels großer Entfernungen ist jeder Punkt der Insel problemlos mit dem Fahrrad zu erreichen. Gerade bei durchwachsenem Wetter sind überall Radler unterwegs, aber Vorsicht: bei starken Westwinden wird die Tour mitunter zur „Tortour".

Fehmarn ist zudem ein Eldorado für Wassersportler. Zwölf offizielle Surfbereiche, vom Stehrevier bis zum Brandungssurfstrand, machen die Insel zum deutschen Windsurfparadies schlechthin und auch die Anhänger der noch jungen Sportart Kitesurfen haben sie als ideales Revier entdeckt. Aufgrund der überdurchschnittlich guten Bedingungen zieht das Sportparadies Fehmarn darüber hinaus viele Segler, Angler und Wracktaucher an.

Die Vogelfluglinie

Landvögel meiden das Überfliegen großer Wasserflächen, Seevögel hingegen haben eine ausgeprägte Scheu vor dem Passieren größerer Landflächen. Für beide ist also die schmale Landbrücke, die Fehmarn und die dänischen Ostseeinseln bilden, gewissermaßen ein vergleichsweise „kleines Übel", sodass sich hier die Wege beider Zugvogelarten kreuzen und es zu einer ungeheuren Ansammlung von Vogelschwärmen kommt. In den Naturschutzgebieten auf und um Fehmarn können die Vögel rasten, Nahrung aufnehmen und Kraft für den Weiterflug schöpfen. Manche Arten nutzen die idealen Bedingungen, um gleich hier zu brüten.

Vogelfluglinie heißt auch die Europastraße 47 als kürzeste Verbindung für den internationalen Straßen- und Eisenbahnverkehr zwischen Mitteleuropa und Skandinavien. Sie teilt die Insel buchstäblich in zwei Hälften und wurde 1963 mit der Einweihung der Fehmarnsundbrücke und der Fährverbindung über den Fehmarnbelt von König Friedrich IX. von Dänemark und dem Bundespräsidenten Heinrich Lübke feierlich eröffnet.

Der Durchgangsverkehr rollt über die Fehmarnsundbrücke im Süden und endet im großen Fährhafen Puttgarden, von dem rund um die Uhr die Fähren Richtung Dänemark ablegen. Im Durchschnitt werden täglich 4500 Pkw, 750 Lkw und einige Fernzüge mit insgesamt 17 500 Passagieren auf den vier halbstündlich verkehrenden Doppelendfähren befördert.

Ab 2018 wird dies jedoch Geschichte sein und Fehmarn endgültig ins Zentrum Europas rücken. Dann rollen die Autos und Züge über eine spektakuläre, 19 km lange Brücke über den Fehmarnbelt zur dänischen Insel Lolland.

Fehmarn auf einen Blick

Burg: Die „Inselmetropole" hat den Charakter einer gemütlichen Kleinstadt mit netten Geschäften rund um den historischen Markplatz. Die mit groben Steinen gepflasterte und von knorrigen Linden gesäumte Breite Straße bildet gewissermaßen das Zentrum Burgs und führt zum knapp zwei Kilometer entfernten Hafen Burgstaaken. Am und im modernen Hafengelände ist einiges los. Hier gibt es nicht nur Yachten, Fischerboote und Ausflugsschiffe. Fischimbiss und Restaurants laden zum Verweilen ein, einige Museen sorgen für Abwechslung und darüber hinaus wird der alles beherrschende Siloturm als Kletteranlage genutzt.

Burgtiefe/Südstrand: Die dem Burger Binnensee vorgelagerte Halbinsel gilt als Fehmarns Riviera. Der sonnenreiche, breite Südstrand ist sehr feinsandig, dicht mit Strandkörben belegt und bietet eine gepflegte Infrastruktur. Im Sommer ist Burgtiefe typisches Ostsee-Familienbad mit viel Gedränge, in dem v. a. für Kinder Badespaß pur angesagt ist. Architektonisch ist Burgtiefe ein Kind des Baubooms der 1960er- und 70er-Jahre.

Fehmarns Osten: Fehmarns Osten ragt ein wenig aus dem Meer heraus. Ein Geheimtipp ist dieser Teil der Insel mit seiner urwüchsigen Steilküstenlandschaft längst nicht mehr, dennoch geht es hier weiterhin vergleichsweise ruhig zu. Die steinigen und ab dem Nachmittag oft schattigen Strände sind etwas für Naturliebhaber, die ihre Ruhe etwas abseits von allzu viel touristischem Trubel suchen. Auch Steinsucher werden hier bei langen Spaziergängen fast immer fündig. Das sanft-hügelige Hinterland in diesem Teil der Insel beherbergt einige schöne und sehr ruhig gelegene Dörfer.

Fehmarns Westen: An Fehmarns Westküste weht meist eine steife Brise. Die Ufer sind flach, deshalb muss die gesamte Westküste von einem Deich geschützt werden. Der Strand ist ein wenig steinig, wird aber nach Norden hin immer feinsandiger und eignet sich, ebenso wie die lange Deichkrone, hervorragend für ausgedehnte, einsame Spaziergänge. Vor allem die Sonnenuntergänge mit ihrer Farbenpracht sind ein Erlebnis an Fehmarns Westküste.

Im Südwesten liegen die beiden hübschen Hafenorte Orth und Lemkenhafen, und mit der Orther Reede bietet dieser Teil der Insel ein beliebtes Stehrevier für Wind- und Kitesurfer.

Fehmarns Mitte: Geprägt wird die Inselmitte von einer Reihe ruhiger, einsamer Bauerndörfer, die gleichwohl auch eine Reihe von Ferienwohnungen beherbergen. Große Bauernhöfe mit teilweise stattlichen Haupthäusern zeugen noch vom einstigen Wohlstand der Fehmaraner Bauernschaft. Die kleinen, teilweise alleenartigen oder von Knicks (siehe S. 22) begleiteten Nebenstraßen führen nach wie vor um die großen Felder herum, wegen deren überaus fruchtbarer Böden Fehmarn auch heute noch als Kornkammer Schleswig-Holsteins gilt.

Im Norden liegt auf einem schmalen Küstenstreifen zwischen Deich und Ostsee das Naturschutzgebiet Grüner Brink mit seiner wunderbaren Dünenlandschaft. Auch ganz im Süden gibt es direkt am Fehmarnsund zwischen Wulfen und Strukkamphuk einige schöne und besonders feinsandige Küstenabschnitte.

Fehmarn in Daten

Fläche: Fehmarn misst etwa 16 mal 13 km und hat eine Fläche von 185 km². Nach Rügen und Usedom ist es damit die drittgrößte Insel Deutschlands. Im Nordwesten und in der Mitte ist die Insel sehr flach; im Osten und Süden ist das Gelände leicht hügelig und bricht mit einem Kliff zum Meer hin ab.

Küstenlänge: 78 km, davon sind an der West- und Nordseite der Insel insgesamt 35 km eingedeicht.

Strände: Breiter, feinsandiger Strand im Süden. Vor den Deichen im Westen und Norden schmale, mit Steinen durchsetzte Strandabschnitte. Vor der wildromantischen Steilküste im Osten liegen steinige Naturstrände.

Höchste Erhebung: Der Hinrichsberg in der Nähe von Staberdorf ist sagenhafte 27 m hoch.

Gewässer: Es gibt sogar ein kleines Flüsschen auf Fehmarn, die so genannte Kopendorfer Au, die bei Lemkendorf entspringt, sich an Kopendorf vorbeizieht und nach nur insgesamt 6 km bei Wallnau in die Ostsee mündet.

Ortschaften: Zentrum der Insel ist Burg. Die übrigen 42 Dörfer und Siedlungen verteilten sich früher auf die drei Landgemeinden Bannesdorf, Landkirchen und Westfehmarn. Seit dem Jahr 2003 bilden sie zusammen mit Burg eine Verwaltungseinheit: die *Stadt Fehmarn.*

Einwohner: Auf der Insel leben etwa 13.000 Einheimische, von denen knapp die Hälfte im Hauptort Burg wohnt. Nach wie vor spielt die Landwirtschaft für Fehmarn eine große Rolle. Zentrale Einkommensquelle ist jedoch der Tourismus mit jährlich über 300 000 Übernachtungsgästen und rund 3,5 Millionen Übernachtungen.

Unterkünfte: Fehmarn-Urlauber schlafen für gewöhnlich in Ferienwohnungen und -häusern. Davon gibt es über 2000, während die Insel nur zehn Hotels, neun Pensionen, aber immerhin etwa 60 Vermieter von Privatzimmern aufweist. Zudem verfügt Fehmarn über 16 große Campingplätze und einen reinen Wohnmobilplatz.

Sightseeing auf Fehmarn?

Zugegeben, die Zahl an klassischen Sehenswürdigkeiten hält sich auf Fehmarn in engen Grenzen. Ganz aufs Sightseeing verzichten muss man aber nicht. Anlaufpunkte sind Museen, alte Kirchen und – natürlich – die Leuchttürme.

Museen und Ausstellungen

Meereszentrum Fehmarn (in Burg, siehe S. 92): Einblicke in die Welt des Meeres und seiner Bewohner. In 40 Aquarien tummeln sich etwa 1000 Meerestiere, besonders spannend wird es im „Hailight", wo zwölf verschiedene Haiarten zu bestaunen sind.

Modellbahn Fehmarn (in Burg, siehe S. 93): Eisenbahnen in Hülle und Fülle – wenn es auch nur Modelle sind. Im Modelleisenbahnmuseum in Burg fahren auf ca. 1000 m^2 auf mehreren Bahnanlagen etwa 100 Züge.

Surfmuseum (in Burg, siehe S. 93): Die vor wenigen Jahren eröffnete Ausstellung widmet sich anhand von Fotos und „Hardware" wie Surfbrettern oder Gabelbäumen der Geschichte des Surfsport.

Peter-Wiepert-Heimatmuseum (in Burg, siehe S. 93): Verschiedenste Exponate von Steinzeitfunden über Schiffsmodelle bis hin zur bäuerlichen Wohnungseinrichtung, die zum Großteil vom Heimatforscher Peter Wiepert zusammengetragen wurden.

Ernst-Ludwig-Kirchner-Dokumentation (siehe S. 93): In der Stadtbücherei ist dem Expressionisten und Mitglied der Künstlervereinigung „Die Brücke" eine Dokumentation gewidmet, die über seine Inselaufenthalte und sein Schaffen informiert.

U-Boot-Museum (in Burgstaaken, siehe S. 94): Hauptattraktion ist U-11, ein erst vor wenigen Jahren ausgemustertes U-Boot der Bundesmarine. Neben Außen- und vor allem Innenansicht des tauchenden Stahlkolosses bietet das Museum noch eine Ausstellungshalle, in der über die deutsche U-Boot-Geschichte seit 1945 informiert wird.

Experimenta, Planet Erde, Abenteuer Übersee (in Burgstaaken, siehe S. 95): Alle drei Erlebnisausstellungen befinden sich in einer ehemaligen Bootshalle am Hafen. Natur- und Technikphänomene versetzen die Besucher der Experimenta in Erstaunen, vor allem die Kinder. Die Ausstellung „Planet Erde" ist eine Reise durch die Entwicklungsgeschichte der Erde. „Abenteuer Übersee" versteht sich als eine Art Expedition in fremde Länder und Kulturen um das Jahr 1900.

Museum Katharinenhof (in Katharinenhof, siehe S. 100): Historische Gebäude, alte landwirtschaftliche Geräte und Werkzeuge sowie ein Hünengrab sind zu besichtigen.

Mühlen- und Landwirtschaftsmuseum (in Lemkenhafen, siehe S. 126): Untergebracht in der einzigen in Deutschland erhaltenen Segelwindmühle und mit schönem Rundumblick von der Galerie.

Kirchen

Nikolai-Kirche (in Burg, siehe S. 91): Um 1230 erbaute, 48 m hohe Kirche mit einigen sehenswerten Sakralgegenständen, darunter ein gotischer Schnitzaltar.

Jürgen-Kapelle (in Burg, siehe S. 92): Mittelalterliche Kapelle mit interessantem Sakramentshaus und schönen Wandmalereien.

Malerisch: Sonnenuntergang an der Fehmarnsundbrücke

Johannis-Kirche (in Bannesdorf, siehe S. 104): Ungewöhnliche Baustruktur aus Feld- und Backsteinen. Innen schlicht, jedoch lohnt sich das Betrachten eines Taufsteins aus dem 13. Jh. sowie der drei reich verzierten Logen.

Johannis-Kirche (in Petersdorf, siehe S. 117): Schön gelegenes Gotteshaus aus dem 13. Jh., mit 64 m das höchste der Insel. Der vergoldete Schnitzaltar aus dem späten 14. Jh. gehört zu den Hauptwerken gotischer Schnitzkunst.

Petri-Kirche (in Landkirchen, siehe S. 130): Im 13. Jh. errichteter Backsteinbau mit allein stehendem Glockenturm. Innen u. a. zwei Votivschiffe und ein gotischer Marienleuchter aus dem 14. Jh.

Leuchttürme

Leuchtturm Staberhuk (siehe S. 98): 25 m hoher Ziegelbau von 1904. Der immer noch aktive Signalturm ist leider nicht von innen zu besichtigen, im ehemaligen Leuchtturmwärterhäuschen befindet sich heute eine Ferienwohnung.

Marienleuchte (siehe S. 105): Gleich zwei Leuchttürme: Die eigentliche Marienleuchte ist 18 m hoch und steht seit 1832 an ihrem Platz. In der Nähe befindet sich ein 33 m hoher Stahlbetonleuchtturm im typischen runden, rot-weißen Look. Beide Leuchttürme sind leider nicht zugänglich.

Westermarkelsdorf (siehe S. 115): 1881 errichteter, 18 m hoher, beigefarbener Leuchtturm mit roter Haube. Das Leuchtturmwärterhaus befindet sich in Privatbesitz, das Gelände ist nicht zugänglich.

Flügger Leuchtturm (siehe S. 122): Fehmarns höchster Leuchtturm ist für Besucher besonders interessant, da er besichtigt werden kann. Den Bezwingern von 162 Treppenstufen eröffnet sich ein schöner Rundumblick von der Galerie aus. Der Leuchtturm wurde 1916 erbaut, ist 38 m hoch und immer noch in Betrieb.

Strukkamphuk (siehe S. 136): Kleinster Leuchtturm auf Fehmarn – nur 5 m hoch. Erfüllt trotzdem seit 1935 seinen Dienst an der Einfahrt in den Fehmarnsund.

Naturschutzgebiet Krummsteert: ein typischer Nehrungshaken

Natur- und Lebensräume

Fehmarn ist auf den ersten Blick eine relativ flache Insel, die an ihren Küstenlinien vom Tourismus und im Kernland landwirtschaftlich geprägt ist. Erst auf den zweiten Blick erkennt man die Vielfältigkeit dieser Insel.

Sie ist mal flach, dann wieder sanft hügelig, die Küstenabschnitte sind mal steinig, dann wieder feinsandig. Einmal muss die Küste durch Deiche geschützt werden, dann wieder ragt eine steile Abbruchkante ins Meer. An manchen Stellen ist Fehmarn touristisch überlaufen, an anderen Stellen gibt es sehr ruhige Ecken und sogar unberührte Naturschutzgebiete.

Wie alles anfing

Vor 50 Millionen Jahren, im Alt-Tertiär, lag das Gebiet der heutigen Insel Fehmarn noch unter Wasser. In dieser Zeit lagerte sich am Meeresboden der Tarras, ein olivgrüner Ton, ab. Als geologische Besonderheit tritt er heute v. a. an der Steilküste bei Katharinenhof zu Tage und ist bei Wissenschaftlern und Hobbygeologen als ergiebige Fundstätte von versteinerten Schnecken, Muscheln und gelegentlich von fossilen Haifischzähnen sehr geschätzt. Denn normalerweise liegt diese Tarras-Tonschicht mindestens 25 m tief im Untergrund Fehmarns.

Erdgeschichtlich sind die übrigen Teile der Insel ziemlich jung. Erst während der letzten Eiszeit, die vor etwa 115 000 Jahren begann, bekam Fehmarn allmählich seine jetzige Form. Unaufhaltsam breiteten sich die Gletscher von Skandinavien her über das heutige Schleswig-Holstein aus und schleppten dabei Geröll, Kalk, Lehm und riesige Findlinge mit.

Das Gebiet der jetzigen Insel Fehmarn lag fast in der Mitte eines Grundmoränenweges. Deshalb ist der Inselwesten heute vergleichsweise flach. Der Inselosten lag schon ein wenig am Rande des mit unvorstellbarem Druck wandernden Eisgebir- ges, sodass es hier zu Schuttablagerungen kam: Hügel wurden aufgeschoben und kleine Täler geformt, eine hügelige Landschaft, wie sie auch im holsteinischen Festland typisch ist, entstand.

Wegen ihrer Durchsetzung mit Kalk sind v. a. die Böden der Grundmoräne außerordentlich fruchtbare Hinterlassenschaften der vor knapp 12.000 Jahren endenden Eiszeit. Aus den Gletscherablagerungen wurde der fruchtbare Ackerboden der heutigen Landschaft, die man durch Rodung der Wälder und Trockenlegung kleiner Sümpfe zur Kulturlandschaft machte.

Die Landschaftsentwicklung Fehmarns war mit dem Ende der Eiszeit keineswegs abgeschlossen; jetzt bildeten sich die Steilküsten auf der einen und Nehrungshaken (vgl. Kasten S. 20) auf der anderen Seite. Besonders während der Herbst- und Winterstürme trugen die Brandungswellen an der erhöhten Ost- und Südküste Fehmarns Sand- und Geröllmaterial ab. Während die dort herausgebrochenen Findlinge am Fuß des Kliffs liegen blieben, wurden das leichtere Material und v. a. der Sand durch die Strömung verdriftet und lagerten sich an anderen Stellen wieder als Strandwälle und Nehrungshaken an. Dieser Prozess dauert auch heute noch an.

Die meisten Strandseen (z. B. der Fastensee im Westen, der Sahrensdorfer Binnensee im Süden oder der Grüne Brink im Norden der Insel) sind entstanden, als sich die Nehrungshaken wieder schlossen. Die gewaltigen Sandmassen, die bei solchen Vorgängen bewegt werden, stammen allerdings nicht nur von Kliffabbrüchen, sondern auch von unter Wasser gelegenen sandigen Flächen in der Nähe Fehmarns.

Auch der Burger Binnensee im Südosten der Insel ist durch solche Nehrungshaken entstanden. Hier hat der Mensch durch Baggerungen und Bebauungen allerdings eingegriffen und eine Versandung verhindert, während der Nehrungshaken an Fehmarns Südwestspitze im Naturschutzgebiet Krummsteert noch ungeschützt wachsen kann. Und das tut er ganz kräftig mit durchschnittlich 18 m pro Jahr in die Orther Bucht hinein.

Nicht nur das Land, auch die Ostsee ist erdgeschichtlich relativ jung. Auf dem Höhepunkt der Eiszeit lag der Meeresspiegel wegen der gewaltigen gefrorenen Wassermassen bis zu 100 m tiefer als heute; mit dem Abschmelzen der riesigen Eismassen kam es in der Zeit von 12.000 bis 1000 v. Chr. zur Bildung der Ostsee, die in ihrer heutigen Form somit erst seit ein paar Tausend Jahren existiert. Mit dem Anstieg des Meeresspiegels (bei gleichzeitiger Absenkung des Landes) wurde das bis dahin mit dem Festland verbundene Fehmarn dann vor nur etwa 4000 Jahren durch den entstehenden Fehmarnsund zu einer Insel.

Über den Zugang zur Nordsee nahm die Ostsee ursprünglich sauerstoffreiches Salzwasser auf. Da der Durchlass über das Skagerrak mit der Zeit aber immer schmaler wurde (und heute noch wird), hat das Ostseewasser zunehmend wieder an Salz- und Sauerstoffgehalt eingebüßt; der Salzgehalt liegt heute zwischen 1,8 % an der Küste Fehmarns und nur 0,3 % an der Küste Finnlands. Damit gilt die Ostsee als das größte Brackwassermeer der Erde. Zum Vergleich: Die Nordsee kommt im Durchschnitt auf einen Wert von 3,5 %.

• *Daten zur Ostsee* Fläche: 412.560 km^2 (zum Vergleich: Deutschland hat 356.957 km^2); Volumen: 21.631 km^3 (dies ist rund die Hälfte des Volumens der Nordsee); Nord-Süd-Erstreckung: ca. 1300 km; West-Ost-Ausdehnung: ca. 1000 km; maximale Breite: ca. 300 km; durchschnittliche Tiefe: 52 m; maximale Tiefe: 460 m.

Nehrungshaken

Typisch für die Ostseeküste und v. a. für Fehmarn sind die so genannten Nehrungs- oder Strandhaken. Meeresströmungen verfrachten das besonders bei den Herbst- und Winterstürmen von den Brandungswellen abgetragene Sand- und Geröllmaterial und lassen so diese Landzungen entstehen. Das „Wachstum" der Nehrungen ist unterschiedlich, kann aber an einigen Stellen bis zu 18 m im Jahr betragen. Oft gehen vom eigentlichen Nehrungshaken in Strömungsrichtung kleinere Nehrungen ab und bilden so eine Vielzahl kleinster Buchten. Diese schließen sich im Laufe der Zeit und bilden kleine Strandseen, wie an den Nord- und Westküste der Insel geschehen. In früheren Zeiten hat man diese Seen oft eingedeicht, künstlich trocken gelegt und landwirtschaftlich genutzt. Heute hingegen bleiben die Nehrungshaken weitgehend von technischen Befestigungen verschont. Man schätzt sie als Brutreviere für bedrohte Vogelarten und hat sie daher im Regelfall unter Naturschutz gestellt. Die naturgeschützten Gebiete Krummsteert und Grüner Brink sind solche Nehrungshaken, aber auch der Wulfener Hals und das gegenüberliegende Burgtiefe liegen auf einer Nehrung.

Geografie und Landschaft heute

„Sehleute" erblicken im Inselsüden das nahe Festland und im Norden bei klarem Wetter die Küste Lollands. Denn Fehmarn ist vom schleswig-holsteinischen Festland durch den 1,2 km breiten Fehmarnsund und von der nächstgelegenen dänischen Insel Lolland durch den 20 km breiten Fehmarnbelt getrennt. Über die 6 bis 9 Meter tiefe Meerenge Fehmarnsund führt seit 1963 eine Brücke, durch deren Bau die verwaltungstechnisch zum Kreis Ostholstein gehörende Insel eng an den „Kontinent" angebunden wurde.

Im Norden und Westen ist die Insel sehr flach, im Süden und Osten leicht hügelig. An den flachen Küsten haben sich durch Strömung, Wind und Wellen im Laufe der Zeit Landzungen, so genannte Nehrungshaken (siehe oben) gebildet. Mit zunehmender Anlandung von Sand und Geröll wurden daraus Strandseen, die heute Paradiese für die Vogelwelt sind, und Salzwiesen. Um Landverluste und Bedrohungen von Mensch und Vieh abzuwenden, wurden diese Küstenbereiche meist eingedeicht (35 km der Küstenlinie).

Im Südosten der Insel von Staberhuk bis Klausdorf und auf einem kleinen Stück ganz im Süden (bei Wulfen) ragen auf insgesamt 19 km Steilküsten ins Wasser. Diese heißen zwar so, sie sind aber nur wenige Meter hoch. Lediglich bei Katharinenhof ragen sie bis zu 15 m empor. Bei Sturm werden diese Küstenstreifen unterspült und es brechen hin und wieder Stücke ab.

Da die gesamte Küstenlinie aus sandigen Strandwällen oder Steinstränden besteht, hat die Insel keine natürlichen Häfen.

Nur 0,4 % der Inselfläche sind Wald (also etwa 80 ha). Die größten zusammenhängenden Waldstücke sind das ca. 6 ha große Staberholz an Fehmarns Südostspitze (Buchen/Eichen) und der kleine Laubwald auf dem Abbruchufer von Katharinenhof. Weil es an Fehmarns wilder und stürmischer Ostküste im Lauf der Zeit immer wieder zu Kliffabbrüchen kam, ist von dem einstigen Wald jedoch nicht viel mehr als ein schmaler Laubwaldstreifen übrig geblieben.

Dass es überhaupt im Südosten der Insel noch ein kleines Wäldchen gibt, ist kein Zufall, denn Staberhuk und Katharinenhof waren einst zwei große Gutsbesitztümer, in denen man der Jagd wegen Wert auf Wald legte. Ansonsten wurden die fruchtbaren Böden der Insel von den freien Bauern lieber für den Ackerbau genutzt und seit dem Mittelalter radikal abgeholzt.

Noch heute prägt die ertragreiche Landwirtschaft Fehmarns Landschaftsbild. Die ganze Insel – mit Ausnahme der Naturschutzgebiete – wird intensiv bewirtschaftet, angebaut werden vor allem Raps, Weizen und Gerste. Die dunklen Lehmböden sind wegen ihres hohen Kalkgehalts besonders fruchtbar und halten lange die Feuchtigkeit, was im regenarmen Fehmaraner Klima von Vorteil ist. Manchmal ist es allerdings des Guten zu viel, denn die schweren Böden werden bei Niederschlägen rasch sehr feucht und müssen aufwändig drainiert werden. An nassen Tagen empfiehlt es sich daher, bei Wanderungen und Fahrradtouren auf befestigten Wegen zu bleiben.

Allgegenwärtig:
Landwirtschaft auf Fehmarn

Flora und Fauna

Fehmarn ist Lebensraum und Rückzugsgebiet für eine Vielzahl bedrohter Tier- und Pflanzenarten.

Typisch für die Nordküste sind die gelegentlich überfluteten Salzwiesen, in denen Pflanzen gedeihen, die sich an den hohen Salzgehalt angepasst haben, z. B. Salzbinsen und Strandastern. Auf den Dünen wächst u. a. Sandhafer bzw. -roggen, in Ufernähe v. a. Silbergras. In den Randbereichen der Strandseen finden sich Feuchtwiesen und Schilfröhrichte, z. T. bilden sich zwischen Strandwällen kleine Niedermoorflächen. An der Ostküste haben in den kalkhaltigen Böden einige seltene Pflanzen wie der Berg-Heilwurz und das Kleine Mädesüß überlebt.

Das Inselinnere ist eine typische Kulturlandschaft mit großen Wiesen und Feldern. Wälder gibt es so gut wie keine, dafür sind einige Felder mit Knicks (siehe S. 22) und Straßen mit Alleebäumen bewehrt. Zumindest an einer Seite der Straßen finden sich fast immer einige Bäume, die auf der sonst kahlen Insel als wichtige Brennholzlieferanten dienen. Besonders schön ist die alte Lindenallee bei Katharinenhof. In den letzten Jahren hat man als Alleebäume insbesondere die Schwedische Mehlbeere gepflanzt, deren Rinde vergleichsweise grau und glatt ist, deren Blätter aber entfernt an Eichenblätter erinnern. Von Puttgarden nach Dänschendorf und von Landkirchen bis Sulsdorf ziehen sich solche Alleen und auch an zahlreichen anderen Straßen der Insel wurde dieser robuste Baum gepflanzt.

Knicks

Die auf Fehmarn und häufiger noch auf dem benachbarten Festland anzutreffende typische Knicklandschaft ist erst ca. 200 Jahre alt und entstand im Rahmen der ersten Bodenreform. Bauern erhielten eigenen Grund und Boden, den sie nach dem Willen des dänischen Königs Christian VII. mit „lebenden Zäunen" einzukoppeln hatten. Denn Holz für Zäune war knapp, und so wurden Wälle angelegt und dicht mit Bäumen und Sträuchern bepflanzt. Dies war die dauerhafteste und damit billigste Art, das Vieh ausbruchsicher zu weiden. Der ungewöhnliche Name „Knick" rührt daher, dass beim Anlegen der Wälle junge Zweige nach unten gebunden, also geknickt wurden, um damit die einzelnen Sträucher dichter miteinander zu verschlingen.

Mit der Zeit wurden die Knicks auf der waldarmen Insel auch zu wichtigen Brennholzlieferanten, denn alle 10 bis 15 Jahre muss ein Knick „auf den Stock gesetzt" werden. Dabei wird fast der gesamte Holzbewuchs bis auf kurze Stümpfe gekürzt, ansonsten würde die Wallhecke in den unteren Abschnitten kahl und ihrer natürlichen Schutzfunktion beraubt werden. Alle 30–50 m wird jedoch ein „Überhälter", also ein den Knick überragender älterer Baum, stehen gelassen. Heute stehen auf manchen Feldern nur noch diese einzelnen Bäume, ohne dazugehörige Wallhecke. Denn leider haben wegen der Flurbereinigung und anderer fragwürdiger Ackerzusammenlegungen nur wenige der kostbaren Wallhecken die Zeit überdauert. In diesen Knicks haben bis heute zahlreiche Pflanzenarten überlebt, die andernorts längst der industriellen Landwirtschaft zum Opfer gefallen sind. Knicks beugen zudem auch der Erosion vor, weshalb sie heute geschützt sind und ohne behördliche Genehmigung nicht mehr entfernt werden dürfen.

Was die Fauna angeht, so ist das Inselinnere weniger aufregend. Fast jeder Quadratmeter des fruchtbaren Bodens wird landwirtschaftlich genutzt, nur die alten Steinwälle und Knicks oder hier und dort eine Baumgruppe bieten wertvollen Lebensraum für wild lebende Tiere. Vereinzelt sieht man Rehwild oder Hasen, und immer wieder einmal stolzieren Fasanen über die Felder. Wenn auch die Viehwirtschaft auf der Insel nur eine untergeordnete Rolle spielt, so gibt es doch einige (Bio-)Rinderherden und natürlich Pferde für den Freizeitsport. An der West- und der Nordküste sind es aber hauptsächlich die fleißigen Deichschafe, die das Bild der Insel prägen. Die *Schafe* sind nicht nur Fleischlieferanten und Fehmarns Antwort auf den Rasenmäher, sondern v. a. unersetzbar für den Küstenschutz. Ihre Hufe treten jedes Mauseloch zu und sorgen für eine festgestampfte Deichoberfläche, ihr ständiger Appetit sorgt für eine kurze, feste und widerstandsfähige Grasdecke. Kurzum: Sie sind die perfekte natürliche Deichpflege. Als Besonderheit kann Fehmarn damit aufwarten, dass es hier ein Tier nicht gibt, das man doch landläufig überall in Deutschland vermuten würde: Auf Fehmarn gibt es keine *Maulwürfe*. Und Fehmarns deichpflegender Küstenschutz und die ertragreiche Landwirtschaft sind auch gar nicht böse darum.

Wichtig für die Bestäubung: Biene im Raps

Weniger bekannt ist auch, dass rund um Fehmarn einige große Meeressäuger leben. Unangefochtene Stars der hiesigen Tierwelt sind die in der westlichen Ostsee extrem selten anzutreffenden Seehunde und Kegelrobben (siehe Kasten, S. 24). Häufiger wird schon einmal ein *Schweinswal* im Fehmarnbelt gesichtet. Die Meerenge ist ganzjährig wichtiger Lebensraum für die naturgeschützten Wale, die mit ihrer Länge von maximal 1,50 m aussehen wie kleine Delfine und deshalb früher auch „kleine Tümmler" genannt wurden. Man vermutet, dass nur noch etwa 1000 bis 2000 dieser Tiere in der westlichen Ostsee leben. Doch auch deren Bestand ist extrem gefährdet, denn jährlich ersticken einige Wale in Fischernetzen; zudem sind die küstennah lebenden Tiere sehr anfällig für Lärmstörungen. Die zunehmende Verlärmung des Fehmarnbelts durch Schiffsmotoren und die geophysikalischen Schallmessungen als Vorbereitung für die Bauarbeiten der gigantischen Beltbrücke sind Stressfaktoren und erschweren die Orientierung der sensiblen Tiere.

Bei aller Faszination, die von diesen Meeressäugern ausgeht, sind die Fehmarn am meisten prägenden Tiere natürlich die Vögel. Scharen von Zugvögeln bietet die wasserreiche, an der Vogelfluglinie gelegene Insel zweimal im Jahr eine willkommene Möglichkeit zur Rast und zur Nahrungsaufnahme auf dem Weg in den Süden und wieder zurück nach Nordeuropa (siehe auch Kasten S. 13).

Vor allem die Vogelschutzgebiete mit ihren idealen Lebensbedingungen sind sehr beliebte Rast-, aber auch Brutgebiete und besonders für bedrohte Vogelarten von großer Bedeutung. Mithilfe der Vogelbeobachtung ließen sich für Fehmarn bislang 338 Vogelarten (von rund 500 europäischen Arten) nachweisen, davon 160 Brutvögel. An den Flachküsten im Westen und Norden Fehmarns brüten vor allem Brandgans, Mittelsänger, Austernfischer, Rotschenkel, Feldlerche, Wiesenpieper, Austernfischer, Sandregenpfeifer und Bachstelzen. Charakteristischer Brutvogel der Steilküsten im Osten und Süden ist die Uferschwalbe, die sich ihre Bruthöhle in die Steilwände gräbt. Hier und dort zieht sogar wieder der Seeadler, immerhin das Wappentier der Bundesrepublik, über Fehmarn seine Kreise, dieser brütet allerdings mangels geeigneten Baumbestandes auf dem nahen Festland.

Seehunde und Kegelrobben, seltene Gesichter der Ostseeküste

Kein Tier ist an der Nordsee so bekannt wie der niedliche Seehund, der gewissermaßen zum Wappentier der Nordseeküste geworden ist. Doch auch im Ostseeraum ist der kulleräugige Unterwasserjäger ganz vereinzelt heimisch, auf lediglich 250 Tiere wird sein Bestand hier geschätzt. Da ist es schon eine Seltenheit, wenn sich eines dieser Tiere in fehmarnsche Gewässer verirrt, was v. a. im Frühjahr immer wieder einmal vorkommt.

Die ebenso seltene, nach ihrer kegelförmigen Schnauze benannte Kegelrobbe ist die zweite an deutschen Küsten verbreitete Robbenart. Mit bis zu 300 kg das größte Raubtier Deutschlands, kommt sie in der Ostsee sogar noch etwas häufiger vor als in der Nordsee. Die v. a. im skandinavischen Raum verbreitete Ostsee-Kegelrobbe gilt als eigenständige Unterart und wird dann und wann ebenfalls vor Fehmarn gesichtet.

Die meiste Zeit des Jahres verbringen die Robben als Einzelgänger in der offenen See. Müssen sie sich einmal ausruhen, lassen sie sich einfach an der Wasseroberfläche treiben. Doch in den Sommermonaten kommen sie an die Küste. Seehunde suchen ruhige Sandstrände auf, Kegelrobben bevorzugen für gewöhnlich felsigere Küsten. Auf diesen Küstenstreifen liegen die keinesfalls sozialen Tiere dann scheinbar im Rudel, heben dabei immer wieder einmal den Kopf, öffnen die Augen und prüfen ihre Umgebung. Aber auch hier meiden sie tunlichst jeglichen Körperkontakt und halten eine Privatzone von etwa 1,3 m im Umkreis ein, die gegen jeden Eindringling erbittert verteidigt wird. So kommt es zu der hübsch gleichmäßigen Verteilung der Robben auf den Sandbänken oder an der Felsenküste, wo sie den Tag genießen und auch ihre Jungen zur Welt bringen und säugen. Die Ostsee-Kegelrobben werfen im Februar und März; Seehunde bringen im Juni/Juli ein Junges zur Welt. Durch ständiges lautes Rufen hält es Kontakt zur Mutter und wird daher Heuler genannt. Der größte Feind der jungen Heuler ist der Mensch. In seinem verzückten Bemühen, den süßen Seehundbabys näher zu kommen, kann er ihnen erheblichen Schaden zufügen. Denn viele Tiere ziehen sich durch hastiges Davonrobben Nabelwunden zu, an denen sie letztlich sterben. Bei häufigen Störungen auf der Sandbank kann es auch passieren, dass die Seehunde ihre Neugeborenen vernachlässigen. In aller Regel kehren sie aber nach der Nahrungssuche wieder zu den Heulern zurück.

In der Nordsee, v. a. aber auch in der Ostsee hat man Jahrhunderte lang die Seehunde und Kegelrobben ihres Fells wegen und als Konkurrenten der Fischerei bejagt. Sogar Tötungsprämien wurden gezahlt. In den 1930er-Jahren wurden für die in der westlichen Ostsee praktisch schon ausgerotteten Robben endlich Schonzeiten eingeführt. Doch von der vorangegangenen Dezimierung ihrer Bestände haben sich die Ostsee-Robben bis heute nicht erholt, und erst seit 1973 ist die Jagd auf den Seehund auch an der Nordseeküste ganz verboten.

Naturschutzgebiete

Fehmarn ist Lebensraum und Rückzugsgebiet für Tausende Tier- und Pflanzenarten. Eine Vielzahl bedrohter Arten ist an den feuchten, aus Nehrungshaken entstandenen Strandseen im Westen und Norden der Insel zu Hause. Vor allem für zahlreiche Vogelarten bietet Fehmarn ein breites Nahrungsangebot und damit ideale Rückzugsbedingungen.

Um die herrliche Flora und Fauna zu erhalten, wurden drei Gebiete unter Naturschutz gestellt: Überregional bekannt und Besuchermagnet, in Sachen Naturschutz erste Wahl ist das *Wasservogelreservat Wallnau* im Westen der Insel. Immerhin durch einen Weg erschlossen ist das zweite *Naturschutzgebiet*, der *Grüne Brink*, ganz im Norden Fehmarns. Für Besucher nicht zugänglich und damit wirklich ausschließlich der Natur überlassen ist das dritte, aus reichlich Wasserfläche und einem schmalen Nehrungshaken bestehende *Naturschutzgebiet Krummsteert-Sulsdorfer Wiek* im äußersten Südwesten. Man kann allerdings vom Flügger Leuchtturm aus dieses Naturschutzgebiet recht gut überblicken.

Das rund 300 Hektar große Wasservogelreservat Wallnau wurde 1975 vom Naturschutzbund Deutschland (NABU) eingerichtet. In einem Informationszentrum erfährt der Besucher alles Wissenswerte über das Phänomen Vogelzug. Zentrales Element bei Reservatbesuchen sind allerdings die vom Naturschutzbund angebotenen Führungen auf einem Naturlehrpfad, für die man mit Ferngläsern

Schonraum für Pflanzen und Tiere: Fehmarns Naturschutzgebiete

ausgestattet wird. Ein 12 m hoher Beobachtungsturm und einige Hütten mit Beobachtungsschlitzen gewähren einen hautnahen Einblick in die geschützte Vogelwelt.

Im Naturschutzgebiet ermöglicht es ein Kanalsystem, durch regelbare Wasserstände in Wiesen, Gräben und Teichen optimale Brutbedingungen für über 80 Vogelarten zu schaffen. Viele Zugvogelarten benutzen Wallnau überdies als willkommenen Rastplatz.

Beim Naturschutzgebiet Grüner Brink handelt es sich um Nehrungshaken, die im Laufe der Zeit abgeschlossene und langsam verlandende Strandseen gebildet haben und schon seit 1938 unter Naturschutz stehen. Dünen- und Moorpflanzen, sogar die seltene Küstenheide haben sich hier angesiedelt. Auch die moorig-schilfige Brackwasserlandschaft des Grünen Brinks dient Tausenden von Zugvögeln als Brut- und Rastplatz. Das nur etwa 2 km lange und lediglich 400 m breite Naturschutzgebiet darf auf einem Weg betreten werden.

Von Gezeiten und Tiden, Ebbe und Flut

Unter den Gezeiten oder der Tide (niederdeutsch *tiet* = Zeit) versteht man den Zyklus von Ebbe und Flut.

Dieses Phänomen ist eine Folge des Wechselspiels zwischen der Massenanziehungskraft des Mondes und der Fliehkraft der Erde. Denn an der dem Mond zugewandten Seite der Erdkugel ist die Anziehungskraft des Mondes stärker als die Fliehkraft der Erde. Folglich wird das Meerwasser zum Mond hingezogen und es bildet sich ein Flutberg. Gleichzeitig entsteht auf der gegenüberliegenden – mondfernen – Seite der Erde ein (etwas kleinerer) zweiter Flutberg, weil hier die Anziehungskraft des Mondes schwächer ist als die Fliehkraft der Erde. Ständig laufen somit zwei Flutwellen rund um die Erde. Diese Flutwellen bzw. Flutberge nennt man *Hochwasser*. Läuft das die Flutberge bildende Wasser wieder ab, herrscht an der Küste *Niedrigwasser*. Weil sich die Erde in 24 Stunden einmal um sich selbst und damit gewissermaßen unter den Flutbergen hindurch dreht, prägen zweimal täglich die Ebbe, also der gesamte Zeitraum des sinkenden Wasserspiegels, und die Flut, also das auflaufende Wasser, das Gesicht der Nordseeküste. In dieser Zeit rückt aber auch der das Wasser anziehende Mond ein Stück weiter auf seiner Umlaufbahn um die Erde, weshalb sich dieses Naturphänomen täglich um etwa 50 Minuten verschiebt und der Abstand zwischen zwei Hochwassern immer 12 Stunden und 25 Minuten beträgt.

Weil sich nicht nur der Mond um die Erde, sondern auch die Erde um die Sonne dreht, ist außerdem die (allerdings schwächere) Anziehungskraft der Sonne zu beachten. Sie kann beide Gezeiteneinflüsse verstärken oder stören. Zwei Extreme können dabei auftreten: Die *Springtide* mit hohem Hochwasser oder niedrigem Niedrigwasser entsteht bei Vollmond und bei Neumond, wenn Sonne, Mond und Erde auf einer Achse liegen. Die *Nipptide* mit niedrigem Hoch- und Niedrigwasser entsteht bei Halbmond, wenn Mond, Erde und Sonne quasi einen 90-Grad-Winkel bilden, sich die Anziehungskräfte also weitgehend neutralisieren.

Starke Winde können die Gezeiten an Deutschlands Küsten zusätzlich verstärken oder abschwächen. Starker ablandiger Wind verringert die Wasserstände. Auflandiger Wind hingegen, v. a. bei Springtide, kann zu verheerenden *Sturmfluten* führen. Kommt ein stunden- oder manchmal tagelang anhaltender Sturm aus West oder Nordwest, dann drückt er viel Wasser an Fehmarns Deiche. Der Winddruck sorgt dafür, dass sich bei Ebbe etwas weniger Wasser zurückzieht und bei der nächsten Flut die Wasserstände noch etwas höher sind. An der Ostseeküste spricht man ab einem Wasserstand von 2 m über Normalnull (NN) von einer schweren Sturmflut.

Anders als an der Nordseeküste beträgt der messbare Tidenhub an Fehmarns Ufern ähnlich wie am Mittelmeer normalerweise nur wenige Zentimeter. Nach Ebbe und Flut muss man sich beim Baden und beim Wassersport also nicht richten. Dennoch kommt es manchmal vor, dass das Wasser weiter zurückweicht oder näher als üblich an die Deiche spült. Grund dafür ist der Wind, der für einen „Badewanneneffekt" sorgt: Bei starken Südwestwinden wird das Wasser einige Zeit Richtung Dänemark gedrückt, bei nachfolgender Flaute schwappt es wieder an die holsteinische Küste zurück. Lässt der Wind aber nicht nach, sondern dreht auf nördliche Richtung und erreicht gar Orkanstärke, kann es schon einmal zu einer Sturmflut kommen, die das Wasser über die Ufer treten lässt. Vor allem während der Herbst- und Frühjahrsstürme zeigt sich die Ostsee rund um Fehmarn bei ungünstigen Winden auch von ihrer ungemütlichen Seite.

Die Novembersturmflut von 1872

Am 13. November 1872 wurde die Ostseeküste Schleswig-Holsteins von der größten Sturmflut seit Menschengedenken erfasst. Orkanartige Nordwestwinde führten vom 6. bis 9. November riesige Wassermassen durch Skagerrak, Kattegat und den Fehmarnsund bis in die Lübecker Bucht. In der Nacht vom 12. auf den 13. November drehte der Wind plötzlich auf Nordost und erreichte dabei nie gekannte Windstärken. Wellen von bis zu 7 m Höhe türmten sich auf und krachten mit ungeheurer Kraft auf die weitgehend ungeschützte Küste: Dörfer und Städte wurden überschwemmt, Menschen und Vieh ertranken. Der Wasserspiegel auf Fehmarn stieg teilweise um 3,3 m höher als normal. Auf der Insel wurden die wenigen und v. a. zu niedrigen Schutzdeiche unterspült und durchbrochen, alle Dörfer in den Niederungen und damit ein Drittel der Insel wurden überflutet.

Wasserstandsmarkierung der Sturmflut am Hafen von Orth

Ergreifend war vor allem die Rettung des damals 12-jährigen Felix Kruse aus Fehmarnsund. Während seine Eltern und sein Bruder von den Fluten mitgerissen wurden, klammerte sich der kleine Felix ganz fest an das Dachgebälk des Hauses. Mitsamt dem Dachstuhl trieb er 24 Stunden auf der offenen See umher, bis eine französische Brigg ihn nordöstlich von Kiel aus den Fluten rettete. Dieses traumatische Erlebnis verhinderte aber nicht, dass Felix Kruse später zur See fuhr und als erfolgreicher Kapitän auf allen Weltmeeren unterwegs war.

Nicht nur Menschen und Tiere kamen bei der verheerenden Sturmflut zu Schaden, auch ein Drittel des Acker- und Weidelands Fehmarns waren durch das Salzwasser unbrauchbar geworden. Um dieses Land zu schützen, wurde in der Folgezeit der fast 4 m hohe Deich im Westen und Norden der Insel gebaut.

Alles hat zwei Seiten: Landvermesser, Ingenieure und Tiefbauarbeiter wurden zum Deichbau nach Fehmarn geholt. Teilweise kamen die Familien nach; Verwandte und Freunde wurden eingeladen, hier die Ferien zu verbringen. Die weitgehend unbekannte Insel war plötzlich ins Gerede gekommen. Dank der Eisenbahnverbindung kamen Neugierige aus Hamburg und Kiel bis an die Küste. Sie sahen nicht nur das Ausmaß der Verwüstung, sondern auch die Schönheit der Insel mit ihren Stränden und entdeckten die schlichten, aber gemütlichen Unterkünfte. Schnell war die Insel kein Geheimtipp mehr, die Zahl der Herbergen wuchs, und auch die Zahl der Gäste. Der Badebetrieb an der gesamten Ostseeküste entwickelte sich unaufhaltsam und brachte der einst so geplagten Region Arbeit und Wohlstand.

Alltagskultur

Platt ist nicht nur der Westteil der Insel, „Platt" wird auf Fehmarn auch gesprochen. Ganz wichtig in der Alltagskultur der Fehmaraner ist das Vereinsleben, ob in der freiwilligen Feuerwehr oder im Sportverein. Als holsteinische Besonderheit nimmt v. a. das Gildewesen eine Schlüsselstellung ein.

Gefeiert wird an der Küste gut und gerne. Die Feste werden jedoch nicht nur von den Vereinen und Gilden organisiert. Als touristische Insel lebt Fehmarn geradezu davon, dass auch unter der Regie des Tourismus-Service ganzjährlich so genannte Events veranstaltet werden und Gäste anlocken.

Plattdeutsch

Die eigentliche Landessprache an der Küste ist Plattdeutsch und so wird auch auf Fehmarn, insbesondere auf den Dörfern, Platt gesprochen. Wie überall in Deutschland sind die Mundartsprachen von Region zu Region, manchmal von Dorf zu Dorf etwas verschieden. Und so unterscheidet sich Fehmaraner Platt natürlich ein wenig von dem auf dem Festland gesprochenen Platt. Es ist übrigens gar nicht so schwer, mit den Einheimischen ins Gespräch zu kommen, denn die Fehmaraner sind aufgeschlossene Menschen und nicht – wie vielerorts behauptet – „sture Norddeutsche".

Platt ist eine niederdeutsche Mundart. Niederdeutsch war vom 13. bis 16. Jh. als Lingua franca die Handelssprache der mächtigen Hansestädte und somit die wichtigste Sprache im Norden Europas. Mit dem Niedergang des Städtebundes wurde auch das niederdeutsche Platt mehr und mehr vom Hochdeutschen verdrängt. Bald galt es als Sprache des einfachen Volkes. Gleichwohl „schnacken" noch heute etwa 50 % der Fehmaraner zumindest gelegentlich „op Platt", und das nicht nur beim Standardgruß „moin, moin", mit dem man sich übrigens zu jeder Tages- und Nachtzeit begrüßt. Das hat auch seine Berechtigung, denn der Gruß leitet sich vom niederdeutschen „moi" her, was „gut" und „schön" heißt. Man wünscht sich also schlicht alles Gute.

Beschaulich: Blick von Lemkenhafen über die Orther Reede

Auffälligster Unterschied zwischen dem Hoch- und dem Niederdeutschen sind eine ganze Reihe regelmäßig auftretender Lautwandel: Hochdeutsch *au* erscheint niederdeutsch als *u* oder *o* (*Haus/ Hus* oder *laufen/lopen*), hochdeutsch *z* niederdeutsch *t* (*Zeit/Tied*), hochdeutsch *pf* erscheint niederdeutsch als *p* (*Pferd/ Perd*), hochdeutsch *ch* als niederdeutsch *k* (*ich/ik* oder *machen/ maken*) usw.

Auch im Wortschatz gibt es reichlich Unterschiede. So heißt „Mädchen" *Deern*, die *Lütten* sind die „Kinder",

Gesichter einer Insel

schnacken steht für „sich unterhalten" und die „Hose" ist eine *Büx*. Man bräuchte einen Sprachkurs, um Platt annähernd zu lernen, weshalb auch in einigen Schulen Platt wieder unterrichtet wird und sich Initiativen der Pflege der plattdeutschen Sprache im Alltags- und Berufsleben verschrieben haben (z. B. www.platt-in-action.de).

Gleichwohl ist Plattdeutsch keine wirklich schwere Sprache. Die täglichen Angelegenheiten werden eher kurz und bündig ausgedrückt und für alle Lebenslagen gibt es auf Fehmaraner Platt natürlich die passende Bemerkung. Hier eine Auswahl (Quelle: www.deutsch-plattdeutsch.de).

Dat haar noch veel leger warn kunt	„Das hätte noch viel schlimmer kommen können", wenn man gerade noch einmal mit einem blauen Auge davongekommen ist.
De Appel fallt ni wied vun´n Plummboom	Der Apfel fällt nicht weit vom Pflaumenbaum", wenn die (schlechten) Eigenschaften der Eltern an die Kinder weitergegeben wurden.
He hett´n loeoepsche Tung	„Er hat eine geläufige Zunge", weil jemand redselig ist und Geschwätzigkeit dem Norddeutschen mitunter suspekt ist.
He hett´n Moors full	„Er hat den Hintern voll", wenn einer betrunken ist.
Dat Tueg hangt em op´n Lief as op´n Klederstaenner	„Die Kleidung hängt ihm auf dem Körper wie auf dem Kleiderständer", als Ausdruck des Bedauerns für magere Menschen.
Den kann ik nich verknusen	„Den kann ich nicht leiden", für Menschen, die dem Fehmaraner unsympathisch sind.
De Arbeit steiht em an as den Kater dat Heifreeten	„Die Arbeit passt zu ihm wie das Heufressen zum Kater", mit anderen Worten: Er erledigt seine Arbeit nur ungeschickt.
He geiht all wel er op´n Swutsch	„Er geht wieder auf eine Feier", ist also wieder unterwegs in eine Kneipe.
Utwarts eten makt ni dick	„Auswärts essen macht nicht dick".
Utwarts supen makt ni duun	Und: „Auswärts trinken macht nicht betrunken".
Du kuemmst ok juest, wenn´t Swien witt is	„Du kommst auch gerade, wenn das Schwein weiß ist", als Kommentar zum Erscheinen eines Besuchers, wenn die Arbeit gerade getan ist.
Dor hett de Timmermann dat Lock laten	„Da hat der Zimmermann das Loch gelassen", als plattdeutsch umschriebene Aufforderung für: Mach, dass du rauskommst!

Fehmarnsches Kartenspiel: Scharwenzel

Ab und an trifft man in Kneipen oder in privater Runde auf Kartenspieler, die mit seltsamen Begriffen wie „de Olsch" oder „Spedilje" um sich werfen und offensichtlich großen Spaß dabei haben. Sie treffen sich zu einem Kartenspiel, das nur noch auf Fehmarn gespielt wird. Es trägt, nach dem mundartlichen Ausdruck für die Spielkarte Bube, den Namen „Scharwenzel", denn den vier Buben kommt bei diesem mitreißenden Spiel eine Trumpfstellung zu.

Schon seit dem 18. Jh. lieben die Fehmaraner dieses Kartenspiel, das ursprünglich wahrscheinlich aus Dänemark stammt und als Vorläufer von Skat, Doppelkopf und Schafskopf gilt. Höchster Trumpf ist die Kreuzdame („de Olsch" oder „Spedilje" genannt), zweithöchster Trumpf die Kreuzsieben („Nillje"), dann folgen die Pikdame („Basta" genannt), die vier Buben („Scharwenzel") und schließlich eine Trumpffarbe (vom Ass bis hinunter zur Trumpffacht).

Die Regeln können von Dorf zu Dorf leicht variieren. Grundsätzlich jedoch bildet man zwei Parteien zu zwei, drei oder vier Personen, die jeweils zwischen zwei „Gegnern" sitzen und ihre Stiche machen müssen. Hat man mit den Stichen 24 Punkte erreicht, erhält man einen so genannten Faden. Geht eine Runde zu Ende, ohne dass die gegnerische Partei auch nur einen Punkt gemacht hat, spricht man von einem „Petersdorfer". Hat die unterlegene Partei sogar im gesamten Spiel keinen Stich geholt, nennt man das „Tout"; dann ist zumeist ein „Lütter" (ein Schnaps für jeden) fällig.

Das Gildewesen

Wie überall in Ostholstein so nimmt auch auf Fehmarn das Gildewesen eine zentrale Stellung im gesellschaftlichen Leben ein. Die jährlichen Gildefeste gehören zu den regionalen Höhepunkten.

Das Wort Gilde kommt ursprünglich aus dem Germanischen und bedeutet so viel wie „Opfergelage" oder „Trinkgelage". Mit der Bezeichnung kommt einerseits die kultisch-religiöse und andererseits die gesellige Seite dieser genossenschaftlichen Gemeinschaft zum Ausdruck. Die Gilden sind eine Art Brüderschaft, also ein Zusammenschluss von Personen zum gegenseitigen Schutz und zur gegenseitigen Hilfeleistung bei Unheil (wie Feuer, Krankheit, Tod, Viehseuchen) sowie zur Pflege des geselligen Beisammenseins. Bis zur Reformation gab es z. B. *Brandgilden, Schweinegilden* und zahlreiche *Kaufmannsgilden*. In vielen Gilden ist den Frauen bis heute eine Mitgliedschaft verwehrt, doch gehen in jüngster Zeit – auch angesichts eines zunehmenden Mitgliederschwunds – immer mehr Gilden dazu über, ihre Vereinigung für Frauen zu öffnen.

Die älteste Gilde der Welt ist die *St. Johannis Toten- und Schützengilde von 1192 e. V.* aus Oldenburg/Holstein. Vom 13. bis 15. Jh. wurden in der gesamten Region zahlreiche Schützengilden gegründet, die mitunter auch *Totengilden* waren und sind. Früher waren die Totengilden eine Art Versicherungsgemeinschaft, die neben einer würdigen Beerdigung auch für ein Leichen- oder Totengeld sorgten, mit dem die Bestattungskosten beglichen werden konnten. Auch heute noch zahlen einige Totengilden der Familie der verstorbenen Mitglieder ein (geringes) Sterbegeld.

Gelebte Tradition: Gildeumzug in Oldenburg

In der Praxis sind viele Gilden im Grunde genommen eine Art Schützenverein, manche auch ein historischer Verein. Zahlreiche Gilden gehören heute einfach dem Typus einer so genannten Lustgilde an, was die meisten Gilden aber nicht davon abhält, ein jährliches Schützenfest zu veranstalten und ihren Schützenkönig zu küren. Denn das sportliche Schießen wird neben der Pflege der Geselligkeit und der plattdeutschen Sprache in vielen Gildesatzungen ausdrücklich gefordert. Wegen ihrer Hochhaltung alter, z. T. jahrhundertealter Traditionen genießen alle Gilden im dörflichen und städtischen Gesellschaftsleben ein hohes Ansehen.

Auf Fehmarn gibt es derzeit noch acht Gilden. Die *Norder-Wildersche Toten- und Schützengilde e. V. (*gegr. 1775*)* aus Burg; ebenfalls in Burg gibt es die *Bürger Compagnie von 1494* und die *Concordia Gilde zu Burg auf Fehmarn* (gegr. 1845). In Landkirchen ist die *St. Mariengilde von 1844* beheimatet, in Dänschendorf die *St. Osewald-Gilde (*gegr. 1430*)* und in Petersdorf gibt es drei weitere Gilden: Die *St. Nicolai-Gilde Petersdorf a. F. von 1399 e. V.*, die *Concordia Gilde Petersdorf von 1880* und die *Schützengilde Petersdorf von 1846 e. V.*

Am Beispiel der *Norder-Wilderschen Toten- und Schützengilde e. V.* aus Burg sei beschrieben, wie das Schützenfest – als Höhepunkt des Gildejahres – nach festem Ritual begangen wird. Am Samstag nach Pfingsten ziehen schon frühmorgens die Gildebrüder angeführt von einer Kapelle durch den Ort, um ihren Vorjahreskönig abzuholen. Dieser gibt dann ein gemeinsames Frühstück aus und anschließend trifft man sich zur festlichen Zusammenkunft im Gasthaus. Hier werden mitunter allerhand unterhaltsame Reden gehalten. Dabei konnte früher auch das Gildegericht wegen bestimmter Vergehen von Gildebrüdern zusammentreten. Denn über einen Zuschuss für die Bestattungskosten hinaus waren die Mitglieder auch dazu verpflichtet, verstorbene Gildebrüder zu Grabe zu tragen oder dem

Leichenzug zu folgen. Wurde diese Pflicht nicht erfüllt, war eine Brüche (Strafe) zu zahlen. Heute sind es eher Verstöße wie „falsche Knöpfe an der Uniform" oder „Straße nässen", die in geselliger Atmosphäre verhandelt werden.

Wenn sich dann vom Gildelokal „To 'n olen Bahnhof" aus der Festzug zum Königsschießen nach Burgstaaken in Bewegung setzt und die Gildebrüder mit schwarzem Anzug, Zylinder und Stock hinter den Traditionsfahnen ausmarschieren, säumen viele Einheimische und Gäste die Straßen. Es ist faszinierend anzusehen, wie die Handstöcke der Marschierenden im Takt auf das Pflaster der Breiten Straße schlagen und der Zug voranschreitet. Wegen dieser Stöcke hat die Gilde im Volksmund auch den Namen „Knüppelgilde" erhalten. Vor dem Rathaus entbietet der Bürgermeister dem Festzug seine Referenz. Wenig später, vor dem Heimatmuseum, wird die Fehmarnfahne zum Gruß der Gilde geschwenkt. Die Gildebrüder kreuzen zur Antwort ihre Handstöcke zu einem symbolischen Dach. Dieses soll sinnbildlich alle Gildemitglieder behüten. Dann zieht man zu den Klängen der Kapelle, die das Gildelied *Wi trecken mit de Knüppelgill na'n Staaken* (Wir ziehen mit der Knüppelgilde nach Burgstaaken) spielt, nach Burgstaaken.

Auf dem dortigen Schießplatz beginnt das Schießen um die Königswürde. Nun dreht sich alles um den hölzernen Sachsenvogel mit seinen einzeln abzuschießenden Stücken (Schwanz, Flügel, Kopf usw.). Wenn nach unzähligen Schüssen der hölzerne Vogel sein Leben ausgehaucht hat und der neue König ermittelt ist, wird diesem vom Ältermann (= erster Vorsitzender) die Königskette umgehängt und beim anschließenden Fest gebührend gefeiert.

Feste, Festivals und Veranstaltungen

Außer mit Gildefesten, die meistens um Pfingsten herum stattfinden, ist der Kalender noch mit einigen anderen sich jährlich wiederholenden traditionellen Festen gefüllt. Zudem sorgt der Tourismus-Service Fehmarn dafür, dass zu jeder Jahreszeit fast täglich verschiedene Veranstaltungen angeboten werden. Die Palette reicht von Sport- und Entspannungsangeboten über Bastel- und Kunstveranstaltungen bis hin zu Drachenfesten und es ist für praktisch jede Altersgruppe etwas dabei.

Eine Übersicht über die Veranstaltungen findet man im Internet unter www. fehmarn.de und in einem monatlich vom Tourismus-Service Fehmarn herausgegebenen Veranstaltungskalender.

Gründe zum Feiern finden sich immer, muss man doch als Ostsee-Kurort die Touristen bei Laune halten. Wenn sich dies mit regionaler Tradition verbinden lässt, ist das umso besser. Im *Februar* feiert man im als spröde verschrienen Norden sogar Inselkarneval (Faschingssamstag am Burger Marktplatz). Im April (Ostersamstag) brennen auf Fehmarn die Osterfeuer (Petersdorf, Vadersdorf, Bannesdorf). Alljährlich im *Mai* befindet sich Petersdorf im Ausnahmezustand, dann wird drei Tage lang das überregional bekannte Rapsblütenfest gefeiert. Außerdem wird in diesem Monat ein Windsurf-Festival veranstaltet (am Wulfener Hals oder in Pelzerhaken/Lübecker Bucht). Mitte *Juni* findet auf dem Marktplatz in Burg drei Tage lang der Johannimarkt statt, eine Mischung aus Jahrmarkt und Altstadtfest. Ende Juni treffen sich in der Stadt beim ebenfalls dreitägigen Fehmarn-Pferdefestival Reiterfreunde zum Dressur- und Springreiten. Höhepunkt im Reigen der Fehmaraner Feste ist jedoch nach wie vor das Hafenfest in Burgstaaken, das alle zwei Jahre an einem Wochenende Anfang *Juli* stattfindet (2011, 2013 usw.). Im Wechsel mit dem

Hafenfest wird alle zwei Jahre in Burg zum gleichen Termin ein Altstadtfest in Burg veranstaltet mit großem Festumzug am Sonntagnachmittag (2012, 2014 usw.). Tradition haben inzwischen auch die „Fehmarn Days of American Bikes" (Harley-Treffen) in Burg Ende *August*. Ebenfalls im August tritt am Südstrand die Volleyball-Elite zu den Beachvolleyball-Masters an. Eine feste Größe im jährlichen Veranstaltungskalender der Insel war zudem das Fehmarn Open Air (Jimi-Hendrix-Revival-Festival), das jeden ersten Samstag im *September* am Flügger Strand „umsonst und draußen" zahlreiche Folk-, Rock- und Bluesfans anlockte. Die Zukunft dieses Festivals ist derzeit jedoch offen.

Dorfidylle: Reetdachhaus in Petersdorf

Architektur und Bodendenkmäler

Fehmarn gilt als die Kornkammer Schleswig-Holsteins. Im Mittelalter entstanden erste Ansiedlungen, die als typische Fehmaraner Fortadörfer (siehe S. 35) rund um einen Dorfanger gebaut wurden. Prächtige Höfe mit übergroßen, aber kaum noch reetgedeckten Scheunen weisen auf eine reiche Ernte der Bauern zu jener Zeit hin. Vom einstigen Wohlstand der freien Fehmaraner Bauern zeugen auch die Taubenpfähle, die zur persönlichen und allgemeinen Erbauung gerne vor den repräsentativen Bauernhöfen aufgestellt wurden. Ihren Besitz kennzeichneten die Bauern oft mit so genannten Hausmarken, also speziellen Ritzzeichen, die dem Leseunkundigen zu erkennen gaben, wem das jeweilige Anwesen gehörte.

Dass Fehmarn seit Menschengedenken, nämlich bereits seit der Jungsteinzeit, besiedelt war, davon zeugen einige Hünengräber, die, etwas versteckt zwischen großen Feldern, die Zeit überdauert haben. Heute eher unscheinbar, waren diese meist auf einer Bodenerhebung gelegenen und einst auf der ganzen Insel verbreiteten Grabstätten in grauer Vorzeit bedeutsame und weithin sichtbare Bauwerke.

In unseren Tagen sind es andere, noch wesentlich markantere Konstruktionen, die allerorten auf der Insel verteilt sind: die Windkraftanlagen. Längst ist der ständige Wind auf Fehmarn zu einer unentbehrlichen Einnahmequelle geworden und die Zahl der Windkrafträder an der Küste wächst und wächst. Historische Windmühlen hingegen sind für Fehmarn eine absolute Ausnahme.

Natürlich gehören auch die Kirchen und Leuchttürme zu den architektonischen Besonderheiten Fehmarns. Fehmarn besitzt vier eindrucksvolle alte Kirchen. Man sagt, *die größte* steht in Burg, *die feinste* in Landkirchen, *die höchste* in Petersdorf und *die kleinste* in Bannesdorf; was allerdings nicht ganz stimmt, weil es in Burg zudem eine alte Kapelle gibt, die noch deutlich kleiner ist. Wegen der oft stürmischen Winde baute man die Kirchen meist etwas wuchtiger und mit hohen Satteldächern. Ihre Türme kamen erst etwas später hinzu und waren auf der flachen Insel weithin zu sehen. Kein Wunder, dass sie vor der Ära der Leuchttürme als wichtige Landmarken für die Schifffahrt dienten. Als besondere Inselattraktionen sind sie in diesem Buch bei den jeweiligen Orten eingehender beschrieben.

Leuchtturm ist nicht gleich Leuchtturm

Jedes Leuchtturm-Exemplar auf der Welt ist in dreierlei Hinsicht einzigartig und unverwechselbar: in Form, farblicher Markierung und hinsichtlich des Lichtsignals. Auch wenn durch moderne funktechnische Navigationshilfen viele Leuchttürme an Deutschlands Küsten ihre Existenzberechtigung verloren haben, sichern einige Türme nach wie vor als visuelle Zeichen die Schifffahrtswege. Und weil es rings um die Insel viel befahrene Wasserstraßen gibt, sind Fehmarns fünf Leuchtfeueranlagen allesamt noch in Funktion. Sie wurden meist auf den „Huk" genannten Landnasen erbaut.

Leuchtturmwärter gehören allerdings endgültig der Vergangenheit an; die Lichtzeichen Fehmarns sind heute voll automatisiert und werden von der Verkehrszentrale in Travemünde fernüberwacht.

Fehmarns Leuchttürme sind daher nicht näher zu besichtigen. Lediglich der Flügger Leuchtturm ist auch von innen zugänglich und gewährt von seiner Aussichtsplattform einen grandiosen Rundblick.

Klein aber fein: Leuchtturm Strukkamphuk

Dörfer und Höfe

Die auf der Insel vorherrschende Dorfform ist das im Mittelalter entstandene *Fortadorf*. Forta bedeutet so viel wie Dorfplatz oder Dorfanger (und nicht etwa Pforte, wie verschiedentlich zu lesen ist). Den Kern der Fortadörfer bildete ein rechteckiger Dorfplatz, der nur von zwei Seiten (meist der West- und Ostseite) bebaut wurde. Der Anger als Dorfmittelpunkt diente gelegentlich als Nachtlager für das Vieh; er war fast immer auch Viehtränke, weshalb noch heute in fast jedem Ort ein Dorfteich ist. Ihre Funktion als Tränke haben die Dorfteiche längst verloren, sie dienen heute mehr der Erholung und als Fisch- und Löschteiche. Vor allem aber war der Dorfanger auch Versammlungsort der Dorfgemeinschaft mit einer runden so genannten Thingstätte, in deren Mitte eine große Linde stand. In dem Steinkreis unter der Linde versammelten sich im Mittelalter Vertreter eines jeden Dorfes, um über Wohl und Wehe der Dorfschaft zu entscheiden. Diese planmäßig angelegten Dorfkerne sind heute in vielen Fehmaraner Dörfern noch gut erkennbar.

Umschlossen wurden die Dörfer ursprünglich von einer etwa 1,5 m hohen Feldsteinmauer, die ein wenig Sicherheit vor Eindringlingen, v. a. aber Schutz vor Wölfen bot, die es auf der damals noch dicht bewaldeten Insel in großer Zahl gab. Die Ansiedlungen hatten zunächst nur einen einzigen Zugang, der an der dem Inselinneren zugewandten Seite des Fortadorfs lag.

Beim Hausbau war es lange Brauch, noch vor dem ersten Spatenstich eine Esche als Bannbaum in nordwestlicher Richtung (der vornehmlichen Windrichtung) zu pflanzen, um Feuer, Unglück und Seuchen fernzuhalten. Von den alten Banneschen stehen heute aber nur noch sehr wenige. Die Häuser wurden vornehmlich als so genannte Einhäuser in Fachwerkständerbauweise gebaut, in denen Mensch und Tier unter einem Dach lebten. Und weil in der frühbäuerlichen Periode das Vieh noch ganzjährig draußen weidete, wurden keine größeren Ställe und Scheunen benötigt. Erst als die Felder in späterer Zeit intensiver genutzt wurden, entstanden reetgedeckte Katen und Scheunen in ähnlicher Bauweise zur Lagerung der Ernte.

Doch wie so oft zog auch auf Fehmarn mit dem zunehmenden Wohlstand, den die ertragreiche Landwirtschaft mit sich brachte, die Bauwut einher und die alten Walmdachscheunen und Häuser wurden abgerissen. Es sind deshalb nicht etwa reetgedeckte Fachwerkscheunen, die das ländliche Bild prägen, sondern große, vornehmlich zwischen 1880 und 1910 erbaute repräsentative Bauernhöfe mit geräumigen backsteinernen Scheunen. Im Stile der damaligen Epoche haben die Scheunen an der Stirnseite einen flachen Giebel, manchmal sind sie auch von einem Stufengiebel mit wenigstens einer winzigen backsteinernen Zinne gekrönt. Die riesigen, relativ flachen Dächer werden heute mitunter als Fläche für Sonnenkollektoren genutzt.

Reetdächer

Nachdem die alten Katen und reetgedeckten Scheunen in Fachwerkständerbauweise nach und nach bis auf wenige (z. B. in Sulsdorf) durch Gebäude in moderner Bauweise ersetzt wurden, besinnt man sich in jüngster Zeit hier und dort wieder auf die Vorteile der Reetbedachung. Vor allem Ferienhäuser werden der Idylle wegen neuerdings wieder mit Reet gedeckt.

Reetdächer sehen aber nicht nur malerisch aus, sie sind auch funktional. Im Winter sorgen sie für Wärme, im Sommer für angenehme Kühle. Sie sind regen- und schneedicht, frostbeständig und atmungsaktiv, luftfilternd und feuchtigkeitsregulierend und bei Sturm elastisch. Früher galten Reetdächer als billige Lösung für arme Leute. Heute sind sie aufgrund ihrer teuren Herstellung in Handarbeit und der zusätzlich anfallenden Kosten für eine meist teure Brandversicherung (das Material ist relativ leicht entzündbar) purer Luxus geworden.

Bei Reetdächern arbeiten sich die Dachdecker von der Traufe zum First hoch. Die Halme werden gleichmäßig in einer Dicke von gut 30 cm auf dem Unterbau verteilt, mit einer etwa einen Meter langen Stahlnadel und Bindedraht an die Dachlatten angenäht und dann ordentlich zugeschnitten. Ein fachgerecht gedecktes Reetdach hält genauso lange wie ein gewöhnliches Ziegeldach. Hochwertiges Reetgras wird heute, mangels geeigneter Schilfgürtel, nur noch an wenigen Stellen Schleswig-Holsteins geerntet und kommt meist aus Osteuropa.

Taubenpfähle

Typisch für die riesigen Bauernhöfe der Insel waren die meist grün gestrichenen Taubenpfähle mit einem stattlichen Taubenhaus darauf. Wer von den wohlhabenden Fehmaraner Bauern etwas auf sich hielt, der ließ, vornehmlich zu repräsentativen Zwecken, vor seinem Hof einen solchen Taubenpfahl errichten. Auf dem Pfahl befand sich ein Taubenhaus mit 60 Einfluglöchern, 15 auf jeder Seite.

Einige dieser Häuschen haben die Zeit überdauert: In Strukkamp, Lemkenhafen (vor der Mühle), Hinrichsdorf, Dänschendorf, Altenteil, Staberdorf und auf Gut Staberhof ist solch ein Kleinod noch zu finden. Allerdings wurden die zahlreichen runden Einflugöffnungen allesamt verschlossen, sodass lediglich der Taubenpfahl als solcher noch die Bewohner (und Besucher) erfreut.

Fehmarnsche Besonderheit:
Taubenpfähle (hier in Strukkamp)

Hausmarken

Bis ins 17. Jh. waren auf der Insel so genannte Hausmarken gebräuchlich. Dies waren aus wenigen Strichen stilisierte Erkennungszeichen der freien Bauern, gewissermaßen Gegenstücke zu den Wappen der Adeligen. Man kennzeichnete mit den Hausmarken sein Eigentum, wie beispielsweise landwirtschaftliche Geräte oder auch Waffen. Vor allem aber waren sie an den Torbögen der mächtigen Scheunen angebracht. Dank dieser Ritzzeichen wusste selbst der Leseunkundige, der mit dem ebenfalls an der Scheune zu findenden Baujahr und Namen des Erbauers nichts anfangen konnte, welchem Fehmaraner Bauern das Anwesen gehörte. Auch Ländereien wurden in ähnlicher Weise

Gesichter einer Insel

gekennzeichnet, indem man so genannte Dodelsteine aufstellte, eine Art Grenzstein, den man mit den Hausmarken des Besitzers versehen an die Hof- und Feldgrenzen setzte. Ein besonders schönes Exemplar dieser alten, heute kaum mehr zu findenden Dodelsteine kann man am südlichen Ortsrand von Albertsdorf bewundern.

Auch als Siegel oder Unterschriftsersatz wurden die Ritzzeichen benutzt, der Vielfalt ihrer Verwendung waren kaum Grenzen gesetzt. Ursprünglich gab es auf der Insel fast 1800 solcher Hausmarken.

Hünen- oder Hügelgräber

Vor langer Zeit war Fehmarn geradezu gespickt mit Gräbern aus der Stein-, Bronze- und Eisenzeit. Die meisten von ihnen wurden aber geplündert, die Steine als Baumaterial verwendet. Viele wurden auch beseitigt, weil sie beim Pflügen der großen Äcker störten. Einige jedoch findet man noch heute versteckt unter Buschwerk inmitten großer Felder, so z. B. die so genannte Vitzdorfer Steinkiste (Vitzbyer Steenkist) bei Katharinenhof. Hier soll sich der Legende nach bei dem brutalen Dänenüberfall im Jahr 1420 einer der letzten drei Überlebenden der Insel versteckt haben. Wegen seiner verborgenen Lage inmitten des Unterholzes ist dieses (längst ausgeraubte) Hünengrab leider nicht zugänglich. Ein Bild davon, wie solche Gräber aussahen, kann man sich im Museumshof Katharinenhof machen, wo ein Hünengrab aus der Jungsteinzeit wiederaufgebaut wurde.

Gut zugänglich ist der so genannte Alwerstein (Alversteeen), ein 3500 Jahre altes aus der Jungsteinzeit erhaltenes Megalithgrab am Strand bei Strukkamp. Weil die Küste an dieser Stelle sehr flach ist, diente die Grabstätte mit ihrer kleinen Erhebung den Fischern bis zur Errichtung des Leuchtturms Strukkamphuk (1896) als Ansteuerungspunkt für die Einfahrt in den Fehmarnsund und durfte deshalb auch nie entfernt werden.

Rekonstruiert: steinzeitliches Hühnengrab am Wulfener Berg

Nur Hünen konnten in der Lage gewesen sein, die riesigen Steine herbeizuschaffen und zu Gräbern aufzuschichten – so die dem volkstümlichen Namen zugrunde liegende Vorstellung. In Wirklichkeit errichteten die Menschen der Jungsteinzeit ihre aufwändigen Begräbnisstätten mithilfe von hölzernen Rollen und Stangen als Hebel sowie mit Zugtieren und einfachsten Karren. Entstanden sind die Gräber, die als Kollektivgräber über einen langen Zeitraum genutzt wurden, zwischen 4000 und 2000 v. Chr. In der Wissenschaft werden sie als „Megalithgräber" (Gräber aus großen Steinen) bezeichnet.

Besonders lange Grabanlagen nennt man Langbetten. Reste solcher Grabkammern sind bei Katharinenhof erhalten geblieben. Nördlich des Campingplatzes erkennt man zwischen den Feldern drei nah beieinanderliegende frühgeschichtliche Langbetten in Form länglicher Kuppen, die sich, wie man beim Näherkommen feststellt, aufgrund ihrer starken Beschädigungen leider nur noch als Ansammlung loser Steinhaufen präsentieren. Ebenfalls südlich von Katharinenhof liegt nahe der Steilküste, überwuchert von Gestrüpp und nur über einen privaten Feldweg zu erreichen, das größte erhalten gebliebene Langbett der Insel mit einer Länge von 40 m, einer Breite von 18 m und einer Höhe von fast 2 m. Am Ostende des Grabes ist noch eine Steinkammer mit Decksteinen zu erkennen. Das wahrscheinlich einzige ungeplünderte Hünengrab Fehmarns, ebenfalls ein Langbett, hat auf dem Hinrichsberg (bei Staberdorf), versteckt zwischen dornigem Gestrüpp und Bäumen inmitten eines großen Feldes, die Zeit überdauert. Am Wulfener Berg gab es einst fünf große Langbetten (mit einer Länge von bis zu 140 m), die vor etwa 5000 Jahren den Ureinwohnern Fehmarns als letzte Ruhestätte dienten. Im Jahr 2010 hat man eines davon originalgetreu wieder aufgebaut (vgl. S. 139).

Ursprünglich lagen alle Gräber unter einem Erdhügel (daher der Name „Hügelgräber"), doch wurde die Erde im Laufe der Zeit weggespült. In ihrem Inneren bargen sie rechteckige Grabkammern aus riesigen Findlingen. Damit die Ruhestätten über mehrere Generationen Verwendung finden konnten, gab es auf einer Seite einen tief liegenden Zugang. Für ein Leben nach dem Tode wurden den Verstorbenen Tongefäße, Schmuck und Waffen mitgegeben. In der jüngeren Steinzeit wurden die Toten nicht mehr gemeinsam, sondern einzeln in den mit Erde aufgeschütteten Steinkammern begraben.

In der Bronzezeit (in Nordeuropa etwa 1800–800 v. Chr.) wurden die Menschen in einer ganz anderen Art von Hügelgrab bestattet. Man legte sie – auch hier nicht selten versehen mit kostbaren Grabbeigaben wie Schmuck und Waffen – in ausgehöhlte Eichenstämme, umgab diese mit weniger großen Steinen und schüttete das Ganze schließlich mit Erde auf. Über die schon begrabenen Verstorbenen wurden später die nachfolgenden gelegt und in gleicher Weise bestattet, sodass im Laufe der Zeit ein riesiger Hügel entstand. In der späten Bronzezeit ging man dann dazu über, die Toten zu verbrennen und in mit Steinen ummantelten Urnen in den bereits vorhandenen Grabhügeln beizusetzen.

Auch in der Eisenzeit (800 v. Chr.–800 n. Chr.) behielt man die Verbrennung der Leichen bei und begrub die Urnen in – allerdings flacheren – Hügelgräbern. Die Grabbeigaben waren nun längst nicht mehr so prächtig wie in der Bronzezeit. Lediglich Nadeln und etwas Schmuck wurden den Toten mitgegeben. Die Grabhügel wurden mit der Zeit fast alle abgetragen, nur mit dem Galgenberg bei Petersdorf ist noch ein vorgeschichtlicher Grabhügel erhalten geblieben.

Windmühlen

Man könnte denken, dass historische Mühlen zu Fehmarn und zu der Ostseeküste gehören wie die Berge zur Schweiz. Doch weit gefehlt.

Im Jahr 1957 wurde ein bundesweit gültiges Mühlengesetz erlassen, das Kleinbetrieben, die der Konkurrenz durch die industriellen Getreideverarbeitungsunternehmen nicht mehr gewachsen waren, eine Stilllegungsprämie zusprach und so den Ausstieg erleichterte. Die Folge war ein großes Mühlensterben, das sich in den späten 1960er-Jahren wiederholte und das Ende fast aller naturgetriebenen Mühlen im Lande bedeutete. Anders als an der Nordseeküste, wo viele Mühlen als historische Gebäude erhalten wurden, hat man an der Ostseeküste und auf Fehmarn die meisten Windmühlen verkommen lassen oder gar ganz abgerissen. Von den einstmals 17 Fehmaraner Mühlen sind nur noch drei übrig geblieben.

Der älteste Mühlentyp ist die *Bockwindmühle*, die es schon vor 500 Jahren in Schleswig-Holstein gab. Hier ruht die ganze Mühle auf einem Bock (oder Ständer), der in den Wind gedreht wird. In Norddeutschland haben nur wenige dieser alten Mühlen überlebt, auf Fehmarn und in Ostholstein gar keine. Lediglich im schleswig-holsteinischen Freilichtmuseum in Molfsee (bei Kiel, siehe S. 186) lässt sich noch eine Bockwindmühle bewundern.

Am weitesten verbreitet sind die *Kappenwindmühlen*, die auch *Holländerwindmühlen* genannt werden, weil sie in den Niederlanden entwickelt wurden. Bei diesem Typ – meist ein achteckiger Holzbau – ist nur die obere Kappe drehbar. Man drehte sie zunächst von Hand mithilfe eines *Steerts*, eines mit der Kappe verbundenen Balkens, der v. a. beim Erdholländer heute noch zu sehen ist. Bei den höher gebauten Galerieholländern hat man aber mit der Zeit fast überall eine Windrose angebracht, welche die Kappe der Mühle samt Flügeln über ein Zahnradgetriebe selbstständig in den Wind dreht. Diese Windmühlen

Deutschlands einzige funktionstüchtige Segelwindmühle: „Jachen Flünk" in Lemkenhafen

begannen schon ab dem 16. Jh. die Bockwindmühlen zu verdrängen. Die meisten Holländerwindmühlen sind allerdings erst in den Jahren 1850–95 entstanden.

Fehmarn kann mit der ältesten heute noch funktionsfähigen Segelwindmühle Deutschlands aufwarten, und zwar in Lemkenhafen. Der Galerieholländer *„Jachen Flünk"* wurde bereits im Jahr 1787 erbaut und wurde noch bis 1954 mit Windsegeln betrieben. Dem Heimatforscher Peter Wiepert ist es zu verdanken, dass man die fast abbruchreife Mühle nicht niederriss, sondern restaurierte und 1961 in ein Mühlen- und Landwirtschaftsmuseum umwandelte, das heute eine der Hauptsehenswürdigkeiten der Insel ist.

In Petersdorf hat ebenfalls ein einstöckiger Galerieholländer (von 1893) mit Windrose und Segelflügeln die Zeit überdauert. Die so genannte *Südermühle* ist im Gegensatz zur *Jachen Flünk* allerdings nicht mehr funktionsfähig und beherbergt heute ein Restaurant. Bei einem Sturm wurden vor einiger Zeit die Flügel stark beschädigt; sie sollen restauriert und bald wieder angebracht werden.

Die dritte historische Mühle Fehmarns heißt „*Flinke Laura*" und ist nur noch ein reetgedeckter Torso. Flügellos und etwas versteckt steht sie am südlichen Ortsrand von Dänschendorf und ist bewohnt.

Die Mühlen dienten unterschiedlichen Zwecken, die meisten jedoch waren Getreide- oder Peldemühlen. Bei der Peldemühle wurden die Gerstenkörner nicht zermahlen, sondern nur von ihrer Hülle befreit, in Stücke gebrochen und so zu Graupen verarbeitet. Aus den Graupen machte man dicke Grütze, die bis zur Einführung der Kartoffel das Grundnahrungsmittel auf Fehmarn war.

Als Relikt vergangener Zeiten sind auch noch einige kleinere Windräder erhalten geblieben, die als eine Art Pumpmühle zur Entwässerung der Weiden oder zur Wasserversorgung von Viehtränken genutzt wurden. Diese kleinen stählernen Windmühlen finden sich noch in den Feldern bei Avendorf, nördlich von Wenkendorf, zwischen Petersdorf und Bojendorf, in der Gollendorfer Wiek und ein besonders schönes Exemplar am Flügger Teich.

Windkrafträder

Anstelle historischer Windmühlen schießen heute an der Küste Windkrafträder wie Pilze aus dem Boden, streckenweise ist der Horizont geradezu übersät von ihnen. Das ist auf Fehmarn nicht anders. An vielen Orten drehen sich die Rotoren gigantischer Windkraftanlagen. Vor allem im Norden bei Westermarkelsdorf, Wenkendorf und Puttgarden, in der Inselmitte bei Lemkendorf und im Osten bei Klausdorf prägen sie das Landschaftsbild. Dort findet man so genannte Windparks. Über 75 Windkraftanlagen gibt es bereits auf der kleinen Insel, die auf diese Weise wesentlich mehr Energie produziert, als sie verbraucht. Und ganz nebenbei fließen so 3 Mio. Euro Gewerbesteuer in Fehmarns Gemeindekasse.

Landschaftsprägend: Windkraft und Landwirtschaft

Bundesweit werden derzeit 8,5 % des Strombedarfs mithilfe von Windenergie gedeckt, langfristig wird ein Anteil von bis zu 25 % angestrebt. Schleswig-Holstein kommt bereits heute auf 40 % und plant, ab 2020 seinen gesamten benötigten Strom durch Windenergie zu erzeugen. Das Hauptproblem der sauberen Energiequelle Wind ist dessen Unstetigkeit und die deshalb ständig schwankende Leistung der Windkrafträder. Diese Schwankungen müssen durch andere zur Verfügung stehenden Kraftwerke ausgeglichen werden.

Bernstein – das Gold der Ostsee

Wo heute die Ostsee rauscht, standen einst – vor etwa 40 Millionen Jahren – subtropische Wälder. Das herabtropfende Harz gelangte durch die Flüsse ins Meer, wo es unter Luftabschluss versteinerte und im Laufe der Zeit zu Bernstein wurde. Etwa 300 verschiedene Bernsteinarten sind bekannt, die Farbpalette reicht von hellen Elfenbein- bis zu dunkel schimmernden Brauntönen.

Der Stein selbst kann milchig, trüb oder klar sein, mitunter sind kleine Insekten eingeschlossen, die am Harz kleben geblieben sind. Schon in frühester Zeit wurde Bernstein am Strand gesammelt und zu Schmuck verarbeitet. Im antiken Griechenland und in Rom galt er als so kostbar, dass er dort häufig mit Gold aufgewogen wurde.

Unverwechselbares Kennzeichen der Steine ist ihre Brennbarkeit (auch ihr Name ist von dieser Eigenschaft abgeleitet: niederdeutsch *börnen* = brennen). Hinzu kommt: Bernstein ist ganz leicht und schwimmt in konzentriertem Salzwasser. Wer sich auf die Suche nach dem „Gold der Ostsee" machen will, sollte einen Sturm abwarten. Dann ist die Chance am größten, dass es am Strand angespült wird, insbesondere an Fehmarns Steilküste bei Katharinenhof.

Wenn man einen Stein kaufen möchte, sollte man Folgendes wissen: Bei mit „Echt Bernstein" gekennzeichneten Produkten handelt es sich um Pressbernstein, der bei seiner Herstellung erhitzt, gepresst und gelegentlich mit einem Farbzusatz versehen wurde. Der tatsächlich echte Bernstein firmiert dagegen unter dem Label „Naturbernstein".

Trotz der offenkundigen ökologischen Vorteile der Windkraft sind inzwischen aber auch vermehrt kritische Stimmen von Landschafts- und Naturschützern zu hören, denn die außerordentlich hohen Windkraftanlagen stehen im Verdacht, Zugvögel und Fledermäuse zu verwirren oder gar zu erschlagen. Durch ihren Schlagschatten und den tief frequenten Schall sowie den nicht hörbaren, aber weit reichenden Infraschall beeinträchtigen sie darüber hinaus das Wohlbefinden der Anwohner. Die größten Windkraftanlagen auf Fehmarn haben eine Höhe von 120 m. Auch unter den Fehmaranern sind diese Anlagen umstritten. Einerseits bescheren sie der Insel erhebliche Einnahmen und sichern Arbeitsplätze (v. a. in der Wartung). Andererseits stören sie das Landschaftsbild, sodass man negative Auswirkungen auf den Tourismus befürchtet. Um dem Abhilfe zu schaffen, werden in der Zukunft gigantische Windparks im Meer gebaut. Rund 30 km nordöstlich von Fehmarn steht bereits einer der größten Offshore-Windparks der Welt (Nysted-Havmøllepark mit 72 Anlagen), allerdings in dänischen Gewässern.

Die momentan größten Windkraftanlagen haben eine Höhe von über 180 m, eine Nennleistung von 6 Megawatt und können 20.000 Menschen mit Strom versorgen. Solche Giganten stehen derzeit nur an der Nordseeküste (zum Beispiel bei Hooksiel und bei Emden). Vier Windparks gibt es aber auch auf Fehmarn. Wie eine Windkraftanlage funktioniert, kann man während der Saison jeden Donnerstag um 16 Uhr bei einer Führung im Norden der Insel erfahren. Treffpunkt ist die kleine Gaststätte am Wohnmobilplatz von Johannisberg (Puttgarden, Richtung Wenkendorf). Anmeldung/Info unter ☎ 04471-4070.

Geschichte

So viel scheint sicher: Der Name Fehmarn kommt aus dem Slawischen und bedeutet so viel wie „im Meer". Alles Weitere ist wegen des ständigen Gerangels zwischen den verschiedenen Machthabern überaus kompliziert.

Dem britischen Premierminister Lord Palmerston (1784–1865), der die Dänen gegen die deutschen Einheitsbestrebungen unterstützte, wird folgendes Aperçu zugesprochen: Die Geschichte des Landes sei so verworren, dass sie nur drei Menschen auf der Welt richtig verstanden hätten. Der erste sei der deutschstämmige Prinzgemahl Albert (1819–1861), seinerzeit Ehemann der englischen Königin Viktoria; dieser habe aber seine Kenntnisse mit ins Grab genommen. Beim zweiten handle es sich um einen deutschen Professor, der aber sei durch die Beschäftigung mit dem komplizierten Sachverhalt verrückt geworden. Der dritte sei er selber, ihm aber sei alles wieder entfallen …

Wir beschränken uns deshalb auf das Wesentliche: Um 3500 v. Chr. wurden in der eisfrei und wärmer gewordenen Region die ersten *steinzeitlichen Rentierjäger* sesshaft. Sie begannen, ihren stark bewaldeten Lebensraum durch Abholzen zu verändern und errichteten befestigte Hütten, züchteten Vieh, handelten mit Flint (Feuerstein) und Bernstein und hinterließen Spuren ihrer Anwesenheit. Immer wieder, auch noch in jüngster Zeit, fand man auf Fehmarn Steinwerkzeuge (Klingen, Schaber, Äxte usw.), wie sie den Toten damals oft für ihre letzte Reise mitgegeben wurden. Das früheste Zeugnis einer Besiedelung sind die steinzeitlichen Höhlenwohnungen und Speisereste, die man im 19. Jh. in Johannisberg bei Puttgarden entdeckte. Auch im Teschendorfer Moor in der Nähe von Landkirchen wurde (1940) ein frühgeschichtlicher Siedlungsplatz gefunden. Deutlichster Hinweis auf eine Besiedelung in der Jungsteinzeit sind allerdings gewaltige Grabanlagen, welche die steinzeitlichen Siedler für ihre Toten errichteten (siehe Hünen- oder Hügelgräber, S. 37). Von diesen sind bei Katharinenhof und Albertsdorf noch heute einige erhalten geblieben.

Ansonsten ist über die Frühzeit der Besiedelung wenig bekannt. Man weiß nur, dass am Ende der Jungsteinzeit (um 2000 v. Chr.) die Insel durch ein Ansteigen des Meeresspiegels vom Festland abgetrennt wurde. In der nachfolgenden *Bronzezeit* wurde die Besiedelung auf Fehmarn um 1000 v. Chr. dann langsam etwas dichter.

Doch etwa 1400 Jahre später, zur Zeit der Völkerwanderung, verließen die Bewohner das Land wieder, das damit quasi entvölkert war (um 400 n. Chr.). Weitere 200 Jahre später kamen dann aus dem Osten Europas wendische Stämme (v. a. vom Volke der Obodriten) – also *Slawen* – und besiedelten das Land aufs Neue. Sie bauten in der Region ihre „Burgen", die allerdings ganz anders aussahen als das, was man sich gemeinhin darunter vorstellt. Es waren lediglich durch hohe Erdwälle gesicherte kleine Ansiedlungen in geschützten Lagen. Man nannte diese Menschen

Wagrier, was vom altnordischen *vagr* (= Bucht) abgeleitet war und nichts weiter bedeutete als „Menschen, die an der Bucht wohnen". Ganz Ostholstein mit der Insel Fehmarn wird deshalb auch heute noch *Wagrien* genannt (im Folgenden wird nicht von Wagriern, sondern der Einfachheit halber nur von Slawen gesprochen). Die Slawen nannten die Insel „Vermorje", was der slawische Begriff für „im Meer" ist.

Als Karl der Große im Zuge seiner Expansionspolitik sein Frankenreich auch nach Norden ausweitete, verbündete er sich mit den Slawen und konnte so die im Jahre 798 nördlich der Elbe siedelnden Sachsen bei Bornhöved vernichtend schlagen. Doch das Bündnis hielt nicht lange und in den nächsten Jahrhunderten lieferten sich die Slawen immer wieder erbitterte Kämpfe mit ihren Nachbarn.

Stillleben in Petersdorf

Die Slawen waren Heiden. Mit der Ausbreitung des Christentums bei den germanischen Stämmen kam es unweigerlich zu religiös motivierten Auseinandersetzungen. Im Zuge der germanischen Missionierungsbestrebungen wurde 968 das Bistum Oldenburg in Holstein gegründet, das in den folgenden Jahrhunderten eines der Zentren im oft blutigen Kampf zur Christianisierung der Slawen wurde.

1111 übernahmen die *Schauenburger Grafen* die Landesherrschaft, doch die Kämpfe gingen vorerst weiter, und das Land wurde zunehmend verwüstet. In dieser Zeit trat der Bremer Domherr *Vicelin* in Erscheinung, der auch „Slawenapostel" genannt wird und 1126 den Auftrag erhielt, von Lübeck aus die Slawen zu christianisieren.

Eine erste Erwähnung findet die vor der wagrischen Halbinsel „im Meer" liegende Insel bereits im Jahr 1075 in der Hamburgischen Kirchengeschichte des Chronisten Adam von Bremen unter dem Namen „Fembre" oder lateinisch „Ymbriae". In diesem Buch wird nicht nur von der slawischen Bevölkerung berichtet, sondern bereits auch die außerordentliche Fruchtbarkeit Fehmarns erwähnt.

Ihre günstige Lage am Fehmarnbelt, der Hauptpassage durch die Ostsee, machte die Insel in den damaligen kriegerischen und unsicheren Zeiten zu einem wahren Piratennest. Bei gutem Wetter kam kein Schiff ungesehen an der Insel vorbei; bei schlechtem Wetter oder bei Nacht war die Durchfahrt aufgrund von Strömung und Untiefen sehr gefährlich. Kein Wunder also, dass die slawischen *Seeräuber* in den Gewässern um Fehmarn und auch auf der Insel selbst bis Ende des 12. Jh. gut für Angst und Schrecken sorgen konnten.

Eng wurde es im Rahmen der Christianisierung dann für die Slawen, als der Schauenburger *Graf Adolf II.* von Süden her die Kolonisation Fehmarns mit deutschen Einwanderern begann und sie von Norden her von den Dänen verdrängt wurden, die die Insel längst dem Bistum Odense auf Fünen unterstellt hatten. Demzufolge gehörte Fehmarn nun zum Gebiet des (dänischen) Herzogtums Schleswig und nicht zum benachbarten Holstein, mit dem die Schauenburger Grafen im 12. Jh. belehnt worden waren. Das Herzogtum Schleswig seinerseits gehörte zwar zum Königreich Dänemark, erlangte aber im Laufe des 13. Jh. innerhalb des dänischen Königreichs einen relativ autonomen Status.

Mit der *Christianisierung* entstanden im 13. Jh. erste Kirchen auf Fehmarn. Diese heute noch erhaltenen Kirchen stehen in Burg, Bannesdorf, Petersdorf und Landkirchen, den vier Kirchsprengeln der Insel. Schon einige Jahre vor dem Bau der Kirchen, im Jahr 1210, ließ der Dänenkönig *Waldemar II.* auf der strategisch wichtigen Landzunge in Burgtiefe zum Schutz der Insel die Burg Glambeck bauen. In einem Steuererfassungsbuch seiner Besitztümer von 1231, dem so genannten Waldemar-Erdbuch, sind in lateinischer Sprache erstmals die Dörfer auf der Insel genannt und es ist sogar verzeichnet, ob die Bewohner (christianisierte) Slawen oder Kolonisten waren. Auch die Stadt Burg wurde in diesem Buch als Besitztum Waldemars genannt, und zwar unter dem Namen „tho der Borch up Vemere" (bei der Burg über dem Meer).

Christoph II., ein weiterer Dänenkönig, erließ im Jahre 1320 als Rechtsgrundlage zur Verwaltung der Insel das *Fehmarnsche Landrecht*, das 550 Jahre Gültigkeit besitzen sollte. Doch bereits im Jahre 1326 wurde im Rahmen einer Erbfolge die bis dahin zum (dänischen) Herzogtum Schleswig gehörende Insel Lehen der Schauenburger Grafen von Holstein. Ob Fehmarn nun zu Dänemark, zu Schleswig oder zu Holstein gehören sollte, war damit aber noch lange nicht geklärt, denn die Dänen erkannten die erbliche Belehnung der Schauenburger Grafen nicht an. Es gab von nun an ständig kriegerische Auseinandersetzungen um die fruchtbare Insel. 1357 erobert der Dänenkönig *Waldemar IV.* Fehmarn. Aber schon im Jahr 1359 eroberte der Schauenburger *Graf Adolf VII. von Holstein* die Insel wieder zurück und leistete deshalb zum Dank an die Gottesmutter Maria für diesen Sieg ein Gelübde zur Gründung des Nonnenklosters Ahrensbök (zwischen Lübeck und Eutin gelegen).

In diesen unruhigen Zeiten des späten 14. Jh., als kein Landesherr die endgültige Kontrolle über die Insel dauerhaft erlangte, wurde Fehmarn abermals zum Unterschlupf für Piraten, diesmal der „Vitalienbrüder" unter Klaus Störtebeker.

Auch in den folgenden Jahrhunderten hielten die immer wieder zu gewalttätigen Auseinandersetzungen führenden ständigen Streitereien zwischen den *holsteinischen Grafen* und den *dänischen Königen* an.

Seit dem Beginn der nachbarschaftlichen Fehden im Jahr 1200 hat die Insel bis heute 27 Herrschaftswechsel über sich ergehen lassen müssen, 21 Mal war sie in Kriege verwickelt. Den traurigen Höhepunkt erreichte der Konflikt mit den Schauenburger Grafen im Jahr 1420, als der für seine Erbarmungslosigkeit bekannte dänische *König Erich VII.*, übrigens der ehemalige Herzog von Pommern, mit vielen Schiffen und Booten vor der Insel auftauchte, um das „väterliche Erbe" von den Holsteinern zurückzuerobern. Zunächst wurden seine Soldaten von den Holsteiner Landsknechten zweimal zurückgeschlagen und er musste gewaltige Verluste hinnehmen. Im dritten Anlauf gelang ihm dann durch ein Täuschungsmanöver die Erstürmung Fehmarns, bei der die Insel komplett verwüstet wurde. Die etwa 3000 wutentbrannten Söldner richteten ein unvorstellbares Gemetzel unter der Bevölkerung an. Auch Frauen und Kinder blieben nicht verschont. Der Überlieferung nach haben nur drei der damals 2500 Einwohner, realistisch geschätzt maximal 10 % der Einwohner das unvorstellbare Blutbad überlebt. Die Insel war damit prak-

Freie Fehmaraner

Wenn es um Geschichte geht, heben Fehmaraner vor allen Dingen ihre Unabhängigkeit hervor.

Der Dänenkönig Christoph II. erließ schon im Jahre 1320 als Rechtsgrundlage für die Verwaltung und die Verhandlung von Strafangelegenheiten ein Landrecht für Fehmarn. Ausgenommen davon war Burg (im 15. Jh. für kurze Zeit auch Lemkenhafen), denn hier galt das lübische Stadtrecht. Verwaltungsmittelpunkt und Versammlungsort für die aus 110 Vertretern aller Fehmaraner Dörfer gebildete Landschaftsversammlung wurde das zentral gelegene Örtchen Landkirchen. Die Landschaftsversammlung stand einem vom dänischen König eingesetzten Inselvogt (mit Wohnsitz auf Burg Glambeck) in politischen und rechtlichen Fragen zur Seite. In der Landkirchener Petri-Kirche ist heute noch der *Landesblock* erhalten. Diese bereits im 13. Jh. aus dem Stamm einer Eiche gefertigte Truhe diente zur Aufbewahrung der wichtigsten Urkunden und Siegel und war durch drei große Schlösser gesichert. Die drei zum Öffnen benötig-

ten Schlüssel befanden sich im Besitz dreier Vertrauensleute aus den drei Kirchspielen der Insel. Fast 550 Jahre besaß das Fehmarnsche Landrecht – mit leichten Veränderungen – Gültigkeit. Erst als die Insel ab 1867 der preußischen Gesetzgebung unterlag, wurde die rechtliche Zweiteilung zwischen der Landschaft Fehmarn und der Stadt Burg aufgehoben.

Eine historische Besonderheit: der Landesblock von Landkirchen

In ihrer durchaus bewegten Geschichte blieben die Fehmaraner immer freie Bauern und waren lediglich dem Landesherrn unterstellt. Im Gegensatz zu ihren Nachbarn auf dem Festland wurden sie nie Leibeigene irgendeines Adelsgeschlechts, in dessen Hand sich weite Teile Ostholsteins befanden. Darauf waren die Bauern stolz, und stets sorgten sie dafür, dass dies auch so blieb. Denn hatte der Adel einmal Landbesitz auf der Insel, dann kauften die selbstbewussten und allmählich auch wohlhabenden Bauern dem jeweiligen adeligen Herrn seine Besitztümer einfach zu einem guten Preis ab. Als die adeligen Familien Ostholsteins dennoch versuchten, auch auf Fehmarn Gutsherrnschaft und Leibeigenschaft einzuführen, wurden die Fehmaraner durch ihren Landesherren, den Fürstbischof Herzog Johann Friedrich aus Eutin (Lübeck), unterstützt: Er verbot dem Adel im Jahre 1617 kurzerhand jeglichen Landbesitz auf der Insel.

Dieses Privileg war aber teuer bezahlt, denn die relative Freiheit der Fehmaraner Bauernschaft war allzu häufig mit kriegerischen Auseinandersetzungen verbunden. Zu oft erweckte die fruchtbare und strategisch günstig gelegene Insel die Begehrlichkeiten fremder Machthaber. Zudem brachen immer wieder nachbarschaftliche Fehden und Kriege zwischen Dänen und Holsteinern aus.

tisch entvölkert, weshalb diese grauenvolle Tat nach wie vor als Tiefpunkt der Inselgeschichte gilt. An der Außenwand der Nikolai-Kirche in Burg erinnert eine Sandsteintafel – Fehmarnsches Memorial genannt – an diese blutige Zerstörung.

Schon 1424 erobert der letzte Schauenburger, *Graf Adolf VIII.*, die Insel mit Unterstützung von zu Hilfe gerufenen Piraten zurück. Die ständigen kriegerischen Auseinandersetzungen ließen beide Königshäuser am Ende ausbluten.

Wenig später, nämlich 1435, sicherte sich Graf Adolf im Frieden von Vordingborg das ganze Herzogtum Schleswig, der Dänenkönig Erich musste abdanken. Aber Graf Adolf war durch die Kriegskosten so hoch verschuldet, dass er noch im gleichen Jahr das völlig verarmte Fehmarn (bis zum Jahr 1490) an die Hansestadt Lübeck verpfänden musste. Bei der nun folgenden Einwanderungswelle, die etwa 100 Jahre andauerte, wanderten Menschen aller Herkunft und Schichten ein, darunter auch geflohene Leibeigene. Die Zeiten wurden nun ruhiger und die Hanse (siehe S. 173) blühte auf.

Im Jahr 1459 starb Adolf VIII. als Herzog von Schleswig und Graf von Holstein ohne männliche Nachkommen, weshalb mit ihm die schauenburgische Linie erlosch. Sein Neffe, der aus dem Hause Oldenburg stammende dänische König *Christian I.*, wurde nun Landesherr von Schleswig und Holstein. Diese Ironie der Geschichte ist vielleicht ein Paradebeispiel dafür, wie sinnlos die wegen Grenzziehungen geführten Kriege mit ihren unsäglich hohen Opferzahlen im Grunde genommen sind. Denn nun war Fehmarn wieder dänisch. Allerdings wurde mit König Christian I. von Dänemark, der ja nun zugleich Herzog von Schleswig und Graf von Holstein war, im Jahr 1460 das so genannte *Ripener Privileg* vereinbart, das der Insel Eigenständigkeit garantierte. Außerdem sah es vor, dass Schleswig und Holstein „auf ewig ungeteilt" zusammenbleiben sollten. Die Formel von der ewigen Einheit („dat se bliven tosamende up ewich ungedeelt") wurde oft beschworen und besungen, hielt der Realität aber nicht lange stand. Schon nach dem Tod Christians I. gab es erneut Zwietracht, denn jetzt teilten die Erben das Land untereinander auf, was wiederum jahrhundertelang zu kriegerischen Auseinandersetzungen führte. Die nun gebildeten Herzogtümer Schleswig und Holstein zerfielen zunächst wie ein Flickenteppich in einen königlich-dänischen Teil und einen Teil des herzoglichen Hauses Schleswig-Holstein-Gottorf, von denen jeder später noch weiter aufgespalten wurde.

Um 1540 hält die Reformation Einzug auf Fehmarn, und das vergleichsweise friedlich. Naturkatastrophen und Seuchen dezimierten die Bevölkerung im 16. und 17. Jh. jedoch abermals erheblich (um etwa 1000 Menschen). Ein weiteres bemerkenswertes Datum der Inselgeschichte ist das Jahr 1580, denn damals erhielt der Gottorfer Graf vom dänischen König für Fehmarn eine lavendelblaue Lehnsfahne mit goldener Krone. Die *Inselfahne mit der Krone* weht noch heute allerorts auf Fehmarn. Im gleichen Jahr kam auf dem Erbwege Fehmarn wieder an das Hause Schleswig-Holstein-Gottorf. Erbe und damit neuer Landesherr war der Erzbischof von Bremen und Lübeck, der als *Herzog Johann Adolf* der erste protestantische Fürstbischof wurde.

Im *Dreißigjährigen Krieg* hatte die Insel dann wieder schwer zu leiden, weil sie in den Dänisch-Schwedischen Krieg hineingezogen wurde. 1644 versenkte die schwedisch-niederländische Flotte in einer Seeschlacht bei Fehmarn fast alle dänischen Schiffe. Auf der Insel selbst wehrte sich ein von dänischen Soldaten unterstütztes fehmarnsches Landaufgebot erbittert gegen die schwedischen Truppen. 73 Fehmaraner bezahlten diesen Kampf mit ihrem Leben. Bei Landkirchen erinnert ein Ge-

denkstein, der so genannte Kriegssoll, an das Debakel (siehe S. 129). Zwar blieb die Insel dänisch, doch führten weiter anhaltende Kriegswirren (so die späteren Nordischen Kriege zwischen Dänemark und Schweden und die Napoleonischen Kriege), nicht zuletzt wegen der aufzubringenden Kriegssteuern, zum wirtschaftlichen Niedergang und stürzten die Insulaner in Not und Elend. Im Grunde genommen ging es bei den Streitereien immer um das Gleiche, nämlich um die Herrschaft im Herzogtum Schleswig, zu dem seit jeher auch die kleine Insel Fehmarn gehörte (obwohl diese – nur durch den Fehmarnsund vom Holsteinischen Festland getrennt – geografisch eigentlich ja näher an Holstein als an Schleswig lag). Erst ab dem späten 18. Jh. wurden die politischen Verhältnisse stabiler. Nachdem Holstein um 1760 im Zuge der Schleswig-Gottorfer *Erbfolge* zwischenzeitlich für mehrere Jahre an den aus dem Hause Gottorf stammenden russischen Zaren *Peter III.* gefallen war, tauschte dessen Sohn 1773 seine Besitzungen in Schleswig und Holstein gegen die zur dänischen Krone gehörenden Grafschaften Oldenburg und Delmenhorst. Schleswig und Holstein mit Fehmarn wurden so fester Bestandteil des dänischen Königreiches. Etwas friedli-
chere Zeiten brachen nun an, die Land-
wirtschaft blühte auf und brachte zunächst Wohlstand. Bald allerdings kam
es zu einer Überbevölkerung, weshalb
ab 1800 auch aus Fehmarn zahlreiche
Menschen in die USA und nach Süd-
amerika auswanderten.

Im 19. Jh. schließlich klärten sich die
Machtverhältnisse zwischen Dänen und
Holsteinern zugunsten der Deutschen.
1848 erhoben sich die Schleswig-Hol-
steiner mit einer provisorischen Regierung in Kiel gegen die dänischen Ge-
samtstaatspläne, doch die Revolte schei-
terte zunächst. Schleswig und Holstein
bewahrten jedoch immerhin ihren Son-
derstatus. Als Dänemark 1864 versuchte,
zumindest den Landesteil Schleswig ganz
dem Königreich einzuverleiben, nutzte
Preußen die Gelegenheit und erklärte
Dänemark den Krieg. Preußische Truppen und die mit ihnen verbündeten
Österreicher rückten in Holstein und
Schleswig und damit auch auf Fehmarn
ein. Mit neun beschlagnahmten Fischer-
booten landeten 160 Preußen in Feh-

*Weht seit 1580 über Fehmarn:
die Inselfahne mit goldener Krone*

marnsund und überrumpelten die wenigen dänischen Polizisten im Schlaf. Lediglich am Fährhafen und in Burg vor Wisser's Hotel kam es zu kleineren Schieße-
reien, bei denen zwei Menschen umkamen. Deutlich barbarischer ging es andernorts
zu; der Sieg über Dänemark war hart umkämpft. Nach der Entscheidungsschlacht
an den Düppeler Schanzen (am Brückenkopf zur dänischen Insel Als), die allein
fast 5000 Todesopfer forderte, wurde ganz Schleswig-Holstein 1867 *preußische*

Provinz. Fehmarn gehörte jetzt dem neu gebildeten Kreis Oldenburg in Holstein an. Die freien Fehmaraner Bauern, jahrhundertelang von Dänemark verwaltet, wurden nun preußische Bürger mit allen Rechten und Pflichten, auch der Pflicht zum Kriegsdienst. Peinlich genau wurden Verwaltung und Regierung des Landes nach preußischem Muster umstrukturiert. Damit hatte das jahrhundertealte Fehmarn- sche Landrecht ausgedient. 1871 wurde Schleswig-Holstein mit Fehmarn schließ- lich *Teil des Deutschen Reiches.*

Abermals besserten sich die wirtschaftlichen Verhältnisse, v. a. mit der Errichtung der neuen Häfen in Burgstaaken (1871) und Orth (1881). 1901 kam mit dem Bau der Inselbahn der öffentliche Personenverkehr auf die Insel. In erster Linie wurde die Bahn aber für den Güterverkehr auf der Insel benötigt, insbesondere für den Getreidetransport zu den Häfen. Hier und dort erinnern noch einige Schienen oder Bahnhofsgebäude an diese Eisenbahnzeit, so z. B. in Orth, Petersdorf, Landkirchen und Burgstaaken. Der Personennahverkehr per Schiene kam auf der Insel jedoch schon 1963 zum Erliegen, der Güterverkehr funktionierte noch 30 Jahre länger. Heute existiert lediglich eine Bahn-Transitstrecke von der Fehmarnsundbrücke über Berg bis zum Fährbahnhof Puttgarden.

Der Erste Weltkrieg forderte auf Fehmarn viele Opfer unter den Insulanern, die als Soldaten in den Krieg zogen. Auch der *Zweite Weltkrieg* brachte – wie überall – Not und Elend. Nach dem Krieg wurde der Insel ihr außerordentlich fruchtbarer Humusboden – die Schwarzerde, die den Ruhm der Insel als ergiebige Kornkam- mer Schleswig-Holsteins begründete – beinahe zum Verhängnis, denn seinetwe- gen wollte die Sowjetunion Fehmarn ihrer Besatzungszone einverleiben. Nur dem beharrlichen Auftreten des britischen Abgesandten Lord Strang of Stonesfield ist es zu verdanken, dass die damalige sowjetische Zonengrenze östlich an Fehmarn vor- bei gezogen wurde. In Burg stiftete man ihm dafür eine Gedenktafel (am Heimat- museum). Ein weiteres Problem, mit dem sich die Insel nach dem Zweiten Welt- krieg konfrontiert sah, war die enorme Zuwanderung von Heimatvertriebenen: Durch die kurzfristige Aufnahme von 18.000 Flüchtlingen aus den ehemaligen deutschen Ostgebieten verdoppelte sich die Bevölkerung Schleswig-Holsteins mit einem Schlage. Zwar wurden 1948 einige Vertriebene in andere Bundesländer um- gesiedelt, dennoch mussten viele Flüchtlinge auf Fehmarn integriert werden. Die Zusammenführung der vielen Menschen ohne Wohnung und Eigentum stellte eine gewaltige Leistung dar.

Von großer Bedeutung für die weitere Entwicklung Fehmarns war der Bau der *Feh- marnsundbrücke.* Noch zu dänischer Zeit, im Jahr 1863, hatte der königlich-däni- sche Baumeister *Gustav Kröhnke*, ein deutscher Zivilingenieur und Landvermesser, der dänischen Regierung ausgereifte Pläne für den Bau der kürzesten (Eisenbahn-) Verbindung zwischen Hamburg und Kopenhagen vorgelegt. Die vorgesehene Strecke sollte in etwa der Route folgen, die auch die Vögel bei ihren Wan- derungen von Norden nach Süden nehmen (Vogelfluglinie), und stieß auf große Zustimmung. Daher initiierte Kröhnke auch eine Fährverbindung von Puttgarden nach Rødby. 1867 wurde die Insel preußisch und auch die preußische Regierung war angetan von dem Vorhaben. Trotzdem sollte es noch fast 100 Jahre dauern, bis die Vogelfluglinie endlich verwirklicht wurde. Im Jahr 1963 war es endlich soweit: Die Fehmarnsundbrücke verband die Insel mit dem Festland und sorgte auf der Insel nicht nur für einen Transitverkehr nach Skandinavien, sondern auch dafür, dass der Tourismus endgültig Fuß fasste und die Landwirtschaft als größte Einnahmequelle ablöste.

Eine weitere historisch bedeutsame Entscheidung wurde mit dem geplanten Bau der Beltbrücke getroffen, die ab 2018 Fehmarn mit der dänischen Insel Lolland verbinden soll (siehe S. 109) – mit bislang unbekannten Folgen für die Insel.

Im Jahr 2003 wurde aus den vormalig selbstständigen Gemeinden Bannesdorf, Landkirchen, Westfehmarn sowie der Stadt Burg auf Fehmarn die „neue" *Stadt Fehmarn*. Fehmarn mit seinen nur knapp 13.000 Einwohnern wurde damit zur flächenmäßig zweitgrößten Stadt des Landes Schleswig-Holstein.

Die Doppeleiche – Symbol der Zusammengehörigkeit von Schleswig und Holstein

Die heutige Einheit des nördlichsten deutschen Bundeslandes hat eine lange Vorgeschichte. Bis Mitte des 15. Jh. herrschten die Schauenburger Grafen über Schleswig und Holstein. Als dann der letzte Schauenburger Graf, Adolf VIII., kinderlos starb, wählte die schleswig-holsteinische Ritterschaft dessen Neffen, den dänischen König Christian I., zum Landesherrn. Mit diesem wurde im Jahr 1460 im so genannten *Ripener Privileg* vereinbart, dass die zwei Herzogtümer „auf ewig ungeteilt" (*up ewich ungedeelt*) bleiben sollten. Allerdings galt das von Deutschen und Dänen besiedelte Herzogtum Schleswig weiterhin als königlich-dänisches Lehen, während das ausschließlich von Deutschen besiedelte Holstein nach wie vor Teil des Heiligen Römischen Reiches Deutscher Nation blieb und damit Reichslehen war. Bei einer Trennung hätte Schleswig also vom dänischen König und Holstein vom deutschen König als Lehen an einen neuen Landesherrn vergeben werden können. In der Folgezeit war Dänemark immer wieder bestrebt, auch Holstein ganz seinem Königreich zuzuschlagen.

Als 1848 die endgültige Einverleibung ins dänische Königreich drohte, erhoben sich die – durch den zunehmenden Deutschnationalismus ermutigten – Holsteiner und die deutschsprachigen Einwohner im südlichen Schleswig gegen die Dänen, blieben jedoch zunächst ohne Erfolg damit. Erst nach dem Deutsch-Dänischen Krieg von 1864 wurden Schleswig und Holstein dann 1867 schließlich gemeinsam preußisch.

Zur Erinnerung an die Revolte von 1848 wurden an ihrem 50. Jahrestag 1898 überall in – dem nun zum deutschen Kaiserreich gehörenden – Schleswig-Holstein Doppeleichen gepflanzt. Die Doppeleiche hatte man als Symbol für die Zusammengehörigkeit von Schleswig und Holstein gewählt, zum einen, weil die Eiche als „deutscher Baum schlechthin" galt, zum anderen, weil Doppeleichen Bäume sind, die zwar zwei getrennte – manchmal auch zusammengewachsene – Stämme haben, aber eine gemeinsame Krone bilden. Man kann sie nicht voneinander trennen, ohne dass der ganze Baum zerstört oder schwer beschädigt wird.

Etwa hundert Doppeleichen haben in Schleswig-Holstein die Zeit überdauert, ein besonders schönes und eng umschlungenes Exemplar steht mitten in Burg im unteren Teil der Breiten Straße (auf einer Grünfläche vor dem Restaurant *Doppeleiche*).

Reisepraktisches

Anreise/Verkehrsmittel vor Ort

Trotz hoher Spritpreise reisen fast alle Fehmarnurlauber mit dem Auto an. Das verwundert nicht, denn mit öffentlichen Verkehrsmitteln, nämlich Bahn und Bus, ist die Insel nur verhältnismäßig umständlich zu erreichen.

Auto

Bei der Anreise mit dem Auto muss man zwangsläufig bei Hamburg die Elbe passieren, glücklicherweise jedoch nicht durch das stauträchtige Nadelöhr Elbtunnel, sondern über die Elbbrücken, wobei es auch dort immer wieder zu Behinderungen kommt. Von Hamburg aus führt die A 1 weiter nach Lübeck und dann immer schön die Lübecker Bucht entlang. Und weil auf Fehmarn die Fernstraße endet und es von dort aus Richtung Dänemark nur noch per Fähre weitergeht, ist für den Fernverkehr die Insel schon ab Hamburg beschildert. Die A 1 endet kurz vor der Fehmarnsundbrücke und eine breit ausgebaute Bundesstraße führt quer über die Insel bis Puttgarden. Zur Hauptreisezeit kann es hier zu Rückstaus kommen, denn die Route ist als so genannte Vogelfluglinie auch die Haupttransitstrecke nach Skandinavien.

Nadelöhr zur Insel: die Sundbrücke

Bei stürmischem Wind, den es auf der Brücke oft gibt, wird sie für Lastwagen- und Wohnwagengespanne gesperrt, weil leere LKW-Anhänger und Wohnwagen gelegentlich durch den Winddruck umkippen. Für die anreisenden Camper heißt es dann einfach: warten und vielleicht dem nahen Heiligenhafen oder Großenbrode einen Besuch abstatten. Gegen Abend flaut der Wind auch an stürmischen Tagen für gewöhnlich ab, sodass der Weiterfahrt nach Fehmarn schließlich nichts mehr im Wege steht.

Wenn man nach Burg oder zum Südstrand möchte, sollte man nicht der Ausschilderung über das westliche Industriegebiet (wo das Meereszentrum liegt) folgen. Denn hier sorgen, besonders an trüben Tagen, an denen das Meer nicht zum Baden einlädt, zahlreiche Tagesbesucher dafür, dass die Inselhauptstadt im Verkehrschaos versinkt. Besser nimmt man nach der Fehmarnsundbrücke gleich die erste Ausfahrt, um über Blieschendorf nicht nur schneller, sondern sogar auf etwas kürzerem Wege nach Burg und zum Südstrand in Burgtiefe zu gelangen.

Bahn

Im Jahr 2010 wurde nach jahrzehntelanger Pause ein Teilstück der alten Inselbahn reaktiviert und ein neuer kleiner Kopfbahnhof in Burg (Am Steinkamp) gebaut. Alle zwei Stunden wird er von Regionalzügen aus Lübeck angefahren. Ab 2011 sollen am Bahnhof Fehmarn-Burg auch InterCity-Züge halten. Zudem verkehrt in den Sommermonaten am Wochenende der Hamburger *Strand-Express*, der vor allem Tagesausflügler aus dem Raum Hamburg auf die Insel locken soll (Fahrradmitnahme möglich).

Auch Fernzüge rollen über die Fehmarnsundbrücke. Sie halten im Regelfall in Puttgarden, wo sie in die Fähre nach Dänemark verladen werden. Seit dort 1997 zwischen Fünen und Seeland eine Brücke über den Großen Belt gebaut wurde, fahren allerdings zahlreiche Fernzüge und alle Güterzüge einen rund 160 km langen Umweg, um diese Verbindung zu nutzen und die zeitraubende Fähre zu umgehen. Ab der für das Jahr 2018 geplanten Fertigstellung der 19 km langen Fehmarnbeltbrücke wird aber wohl wieder verstärkt der kürzere Weg über Fehmarn gewählt werden.

Mit dem *Schleswig-Holstein-Ticket* (gilt auch für Hamburg und Mecklenburg-Vorpommern) können bis zu fünf Personen einen Tag lang ab 9 Uhr alle Nahverkehrszüge der Bahn für nur 30 € nutzen (Infos unter www.bahn.de).

*Relikte einer Inselbahn:
Schienen bei Landkirchen*

Bus

Schon für die Anreise nach Fehmarn gibt es eine Alternative zum Auto, zumindest von Berlin und Hamburg aus, denn hier existiert ein Busshuttle der Firma Autokraft. Im Sommerhalbjahr fährt ein Bus von Berlin über Travemünde und weitere Ostseebäder die Küste hoch bis nach Fehmarn (Abfahrt Berlin sonntags 10 Uhr, Ankunft Burgtiefe 17.45 Uhr, Rückfahrt samstags 9 Uhr, hin und zurück 71 €, Kinder 57 €).

Ebenfalls nur im Sommer verkehrt von Hamburg aus täglich der so genannte *Bäderbus* (Abfahrt 8 Uhr Hauptbahnhof, Rückfahrt 18.45 Uhr) über Lübeck und dann an der Küste entlang nach Heiligenhafen (Ankunft 11.25 Uhr, Rückfahrt 15.25 Uhr). Die Rückfahrkarte ab Hamburg kostet 25 € (Kinder 14,20 €, Familienkarte 48 €). In Heiligenhafen muss man dann in einen Linienbus umsteigen, um die letzten Kilometer nach Fehmarn zurückzulegen.

Anglerglück an der Sundbrücke

Vor Ort ist das *Busnetz* auf die Inselhauptstadt Burg ausgerichtet und recht dünn. Die einzige Strecke, die fast stündlich gefahren wird, ist die der Linie 5751 von Burgtiefe zum Bahnhof Puttgarden.

Vor allem die kleinen Ortschaften der Insel sind mit dem Bus schwer zu erreichen, besonders in der Ferienzeit, denn die Busse verkehren hier in der Regel nur an Schultagen. Dies gilt für die Linien 5752 (Burg–Fehmarnsund–Burg; nur an Schultagen, dreimal tägl.); 5753 (Burg–Katharinenhof–Burg; ebenfalls nur dreimal an Schultagen); 5754 (Burg–Orth; etwa alle zwei Stunden an Schultagen) und Linie 5756 (Petersdorf–Westermarkelsdorf–Petersdorf; dreimal an Schultagen).

Wegen dieser unzureichenden Verbindungen haben sich die Bürger Fehmarns selbst geholfen und gemeinsam einen Bürgerbusverein organisiert. Der *Bürgerbus* ist ein Kleinbus, der von ehrenamtlichen Fahrerinnen und Fahrern gelenkt wird und wie ein normaler Linienbus nach einem festgelegten Fahrplan und zu den örtlich geltenden Tarifen verkehrt. Für Ostseecard-Inhaber kostet er pro Tour nur 50 Cent (sonst 2 €).

Momentan kann man den Bürgerbus auf folgenden sechs Strecken nutzen, die er dreimal täglich fährt: **Tour 1** (auch Linie 5781): Burg–Camping Miramar–Burg; **Tour 2** (auch Linie 5780): Burg–Wulfen–Burgstaaken–Burg. **Tour 3** (auch Linie 5782): Burg–Staberdorf–Meeschendorf–Südstrand–Burg; **Tour 4**: Burg–Katharinenhof–Klausdorf–Burg; **Tour 5** (auch Linie 5783): Burg–Landkirchen–Albertsdorf–Lemkenhafen–Burg; **Tour 6**: Burg–Landkirchen–Petersdorf–Vogelreservat Wallnau–Burg. Ausgangspunkt ist immer die Bushaltestelle nordwestlich des Burger Marktplatzes (Niendorfer Platz).

Im Winter verkehrt der Bürgerbus Mo, Mi und Fr als Anrufbus (Fahrtwunsch eine halbe Stunde vor Abfahrt unter ☎ 04362-90525 melden).
● *Information*   **Firma Autokraft GmbH**, ☎ 01803-121999, www.autokraft.de und www.berlinlinie.de sowie www.baederbus. de. Außerdem bei den regionalen Fremdenverkehrsämtern.
Infos und Fahrplan über den **Bürgerbus** unter www.buergerbus-fehmarn.de.

Aktivurlaub und Sport

Der klassische Fehmarnurlauber ist mit dem Fahrrad unterwegs. Gut ausgeschilderte Radwege führen kreuz und quer über die Insel. Als Funsport-Hochburg des Nordens gilt Fehmarn längst nicht nur wegen seiner guten Bedingungen für Windsurfer: Von der Kitesurf-Trophy über Siloclimbing bis zum Beachvolleyball-Turnier wird alles geboten; dem Aktivurlaub sind kaum Grenzen gesetzt.

Angeln/Kutterangeln

Fehmarn ist ein beliebtes Revier für Brandungsangler. Außer in den Naturschutzgebieten ist Angeln rund um die Insel erlaubt und entsprechend beliebt. Plattfische und Aale beißen hier an, in der Dämmerung lassen sich auch Meerforellen und gelegentlich ein Dorsch überlisten. Wer es auf Hornhechte abgesehen hat, der wird v. a. am Fehmarnsund fündig.

Interessant ist Fehmarn für Angler das ganze Jahr über, die beste Fangzeit ist jedoch von Februar bis Mai und von Ende September bis Dezember.

Beliebt sind ebenso die täglich angebotenen achtstündigen Kutterfahrten für Einzelangler und Vereine zu den besonders für den Dorschfang günstigen Gebieten der westlichen Ostsee und des Langelandbelts.

Neben dem Meer versprechen auch die Vereinsgewässer des Angelsportvereins Burg (ASV) fette Beute. Es sind dies die 1 ha große Torfkuhle (westlich von Burg) und der 43 ha große Sahrensdorfer Binnensee (bei Burgtiefe). Hier fängt man v. a. Karpfen, Zander, Hecht und auch Aale.

Brandungsangeln: Für das Angeln in Schleswig-Holstein ist ein Bundesfischereischein notwendig. Gäste ohne diesen Schein können sich bei der Stadtverwaltung Burg für 20 € eine Ausnahmegenehmigung besorgen, die 40 Tage lang gilt (Bürgerbüro, Bahnhofstr. 5, ☏ 04371-506640). Für das Kutterangeln ist keine Erlaubniskarte notwendig.

Hochseeangeln: In Burgstaaken MS „Südwind" (7–15.15 Uhr, Erwachsene 30 €, Kinder 13 €, Leihangel 8 €. ☏ 04371-1263); MS „Kehrheim" und MS „Silverland" (7.30–15.30 Uhr, Erwachsene 30 €, Kinder bis 14 Jahre 15 €, ☏ 04371-2149); in Orth MS „Antares" (7.30–15 Uhr, 28 €, Kinder 14 €, ☏ 04372-611).

Binnenseeangeln: Vereinsgewässer Torfkuhle und Sahrensdorfer Binnensee des Angelsportvereins Burg. Wer hier die Angel auswerfen möchte, braucht lediglich eine Gästekarte des ASV (pro Tag 7 €, Woche 25 €). Erhältlich bei Batic Kölln Fehmarn, Burgstaaken 50, ☏ 04371-3151, oder Angelsport Schmidt, Burg, Landkirchener Weg 34, ☏ 04371-502163, www.asv-fehmarn.de.

Ausflugskutter unter der Fehmarnsundbrücke

Reisepraktisches

Beachvolleyball

Vor allem am feinsandigen Südstrand finden Beachvolleyballer optimale Bedingungen und auch die entsprechende Spielfläche mit Netz. Längst hat sich die Insel einen Namen als Ausrichtungsort hochklassiger Beachvolleyball-Turniere gemacht und ist beispielsweise (meist im Juli oder August) Austragungsort der „smart beach tour", bei der die Zuschauer an der Südstrandpromenade von Burgtiefe ein sportlicher Leckerbissen in einer Mischung aus Show und Fun erwartet.

Fahrradfahren

Fehmarn ist eine Fahrradinsel. 171 km gut ausgeschilderte Radwege sorgen dafür, dass jedes Inseldorf und jeder Strand auch mit dem Fahrrad zu erreichen ist und v. a. in der Hochsaison fast überall radelnde Urlauber unterwegs sind. Weil immerhin

Ideal zum Radwandern:
Fahrradinsel Fehmarn

etwa 70 km des Ostseeküstenradweges rund um die Insel führen, trifft man gelegentlich auch auf Radwanderer, die auf dem Fehmarn-Teilstück dieses Fernradwegs unterwegs sind. An fast jedem Abzweig der Fahrradwege ist auf den kleinen Hinweisschildern in grüner Schrift nicht nur das jeweilige Ziel, es ist dankenswerterweise immer auch die Entfernung bis dorthin angegeben. Eine über dieses Buch hinausgehende zusätzliche Radwanderkarte benötigen Sie deshalb nicht (siehe hintere Umschlagsklappe).

Der Inselwesten ist zwar platt wie eine Flunder, häufig hat man allerdings mit recht kräftigem Gegenwind zu kämpfen. Im Inselosten wird es etwas hügeliger, größere Steigungen gibt es aber nicht. Bei den meisten Verbindungsstraßen von Dorf zu Dorf handelt es sich um kleine asphaltierte Wege und Sträßchen. Hier muss auch mit Autoverkehr gerechnet werden. Die wenigen größeren Kreisstraßen sind im Regelfall von einem extra Fahrradweg begleitet. An den Küstenstreifen im Westen und Norden kann man völlig autofrei auf oder an den Deichen entlangfahren, an den Steilküsten im Südosten gibt es weniger Radwege in unmittelbarer Küstennähe.

Damit gerade auch Familien mit Kindern ihre Radtour-Erfolge dokumentieren können, sind über die Insel insgesamt 24 Stempelstationen verteilt, an denen man sich für seinen *Radwanderpass* einen Kontrollstempel abholen kann. Mit 10, 15 oder 20 Stempeln lässt sich dann im Bürgerbüro (Bahnhofstraße 5 in Burg, ☎ 04371-506654) und beim Tourismus-Service für 3 € die bronzene, silberne oder goldene Radnadel Fehmarns erwerben. Der Radwanderpass liegt nicht nur im Tourismus-Service, sondern auch an allen Stempelstationen (z. B. in Museen und Restaurants) aus.

Wer kein Fahrrad mitgebracht hat, kann fast überall auf der Insel Räder ausleihen. Die Mietpreise für ein Fahrrad liegen bei 5–7 € pro Tag und bei etwa 25 € pro Woche. Folgende Verleihstationen gibt es auf der Insel:

- *Burg* **Bruns**, Staakensweg 71, ☎ 0151-22593469; **Conny's Zweiradladen** (auch Quads und Roller), Breite Straße 46, ☎ 04371-1303, sowie am Südstrand im IFA-Haus Kopenhagen; **Fahrrad-Shop-Fehmarn**, Landkirchener Weg 23, ☎ 04371-608869; **2-Rad-Marquart**, Süderstraße 24, ☎ 04371-3326; **Heike Grimm**, Staakensweg 67, ☎ 04371-4824; **Familie Struve**, Wilhelmstraße 4, ☎ 04371-4999.
- *Dänschendorf* **Wilhelm Becker**, Middeldor 1, ☎ 04372-331.
- *Kopendorf* **Liane Widder**, Hauptstraße 28, ☎ 04372-8197.
- *Landkirchen* **Nico Hinz**, Meisterstraße 17, ☎ 04371-3334 und 3096.
- *Lemkenhafen* **Gitti's Rad- und Moped-verleih**, Königstraße 10, ☎ 04372-1698.
- *Orth* **Windsurfing-Fehmarn**, Am Hafen 2, ☎ 04372-1052.
- *Puttgarden* **Ulbricht/Plath**, Strandweg 13, ☎ 04371-4977.
- *Westermarkelsdorf* **Vera Rahlf**, Haus Nr. 2, ☎ 04372-806688.
- *Wulfener Hals* **Camping Wulfener Hals**, Haus Nr. 2, ☎ 04371-86280.

Fliegen

In Neujellingsdorf gibt es den kleinsten offiziellen Flugplatz Deutschlands. Hier ist lediglich ein einziges Privatflugzeug beheimatet, mit dem bei schönem Wetter täglich Rundflüge angeboten werden. Natürlich können auch Sportflieger diesen Flugplatz für eine Stippvisite ansteuern. Infos unter www.fehmarn-air.de oder im Reiseteil dieses Buches unter *Neujellingsdorf* (S. 133).

Golf

Fehmarns einziger Golfplatz liegt landschaftlich reizvoll auf den hügeligen Wulfener Bergen. Der 18-Loch-Platz ist gewissermaßen umgeben von der Ostsee und dem Burger Binnensee. Ein netter Gag ist das „Inselgrün" auf dem neunten Loch, das eine dem Grundriss Fehmarns nachempfundene und über einen kleinen Brückensteg zu erreichende Mini-Insel ist. Das Wasser rundherum hat hier schon so manchen Ball verschluckt. Ein 9-Loch-Kurzlochplatz, eine Driving Range, ein Golfshop und eine Clubgaststätte (mit großer Terrasse) dürfen natürlich nicht fehlen.
Golfpark Fehmarn, Wulfener Hals, ☎ 04371-6969, www.golfclub-insel-fehmarn.de.

Silhouette der Insel: Golfplatz aus der Luft

Reisepraktisches

Inlineskating

Zu den Funsportarten, die auf der Insel im Trend liegen, gehört das Inlineskating, denn auf Fehmarn gibt es reichlich asphaltierte Wege. Das flache Gelände eignet sich bestens für die ganze Familie und auch flotte Fahrer kommen auf ihre Kosten. Die Ausrüstung muss man nicht unbedingt von zu Hause mitbringen, denn die nötigen Utensilien wie Skates und Protektoren kann man sich vor Ort leihen. Inline-Kurse werden ebenfalls angeboten.

Infos zu Ausrüstung, Tourenvorschläge und Kurse beim Tourismus-Service unter ✆ 04371-506300. Verleih bei Windsurfing-Fehmarn, Orth, Am Hafen 2, ✆ 04372-1052; Leihgebühr Inliner 2,50 € pro Std. (plus 0,75 € für Protektoren) und 10 € pro Tag (plus 3 € für Protektoren).

Kanu-/Kajakfahren

Die ursprünglichste Form dieses Wassersportes ist das Seekajakfahren und hierfür bzw. zum Küstenkanuwandern ist Fehmarn bestens geeignet. Der Blick vom Meer aus auf die Uferstreifen bietet einen eindrucksvollen Perspektivwechsel, außerdem erlebt man beim Paddeln, vorbei an Stränden oder Steilküsten, die unmittelbare Auseinandersetzung mit Naturgewalten wie Wind und Wellen. Es ist allerdings gar nicht so einfach, mit dem Kanu oder Kajak auf einer Welle zu „surfen", ohne von dieser aus dem Gleichgewicht gebracht oder umgeworfen zu werden. Daher werden auf Fehmarn auch spezielle Seekajak-Kurse angeboten.

Herausforderung: Siloclimbing in Burgstaaken

Windsurfing-Fehmarn, Orth, Am Hafen 2, ✆ 04372-1052; Leihgebühr 1er-Kajak 4 € pro Std. und 16 € pro Tag; Kanu/Kanadier (2 bis 3 Pers.) 8 € pro Std. und 32 € pro Tag. Vom Campingplatz Wallnau aus bietet **Kanu-Aktiv** aus Bienenbüttel (bei Lüneburg) im Sommer spezielle Seekajak-Kurse auf Fehmarn an; ✆ 05823-955339.

Klettern

Kaum zu glauben, aber die flache Insel bietet auch Kletterern zwei anspruchsvolle Herausforderungen: das Siloclimbing in Burgstaaken und den Hochseilgarten in Meeschendorf.

Kletterhighlight ist die höchste Freeclimbing-Anlage Deutschlands im Hafen von Burgstaaken. Hier können Kletterfreaks an gewaltigen ehemaligen Getreidesilos auf einer Höhe von bis zu 40 m der neuen Trendsportart Siloclimbing nachgehen. Der mit Haken, Hilfen und Hindernissen versehene Betonturm bietet fünf verschiedene Strecken unterschiedlicher Schwierigkeitsgrade.

Erlebnisorientierte Urlauber können auch im Hochseilgarten von Meeschendorf ihre Grenzen ausloten, wo es in der luftiger Höhe von 12 m die verschiedensten

Hindernisse zu überwinden gilt, was eine Menge Selbstüberwindung erfordert, aber viel Spannung verspricht.

Siloclimbing Fehmarn, am Hafen in Burgstaaken, April–Okt. tägl. ab 10 Uhr, open end. 1 Std. Klettern (inkl. Ausrüstung) 10 €, ☎ 04371-503102. **Hochseilgarten Meeschendorf** (auf dem Camping Südstrand), hier werden 2-stündige Kletterveranstaltungen angeboten (ab 14 J.). Voranmeldung ist obligatorisch, Termine gibt es v. a. am Mi, Fr u. So, für Gruppen ab 8 Teilnehmern auch an anderen Tagen. 20 €, ☎ 04371-2189 (Voranmeldung). www.hochseilgarten-fehmarn.de.

Motorboot

Fehmarn ist nicht nur ein Traumrevier für Segler, seine schönen Küstenstreifen sind auch bei Motorbootausflüglern beliebt. Liegeplätze gibt es in den Häfen der Insel; zudem haben viele Campingplätze eine eigene Bootsslipanlage, die im Sommer von zahlreichen Freizeitkapitänen für ihre motorbetriebenen Kleinboote genutzt wird. Motorboote und sogar Jet-Ski sind auf Fehmarn auch zu mieten. Voraussetzung ist in der Regel der Sportbootführerschein See. Es gibt aber auch schwach motorisierte Boote (für Angler) zu mieten, bei denen kein Führerschein erforderlich ist.

Bootsvermietung Sanner, am Yachthafen Burgtiefe, Hubertusweg 8 (Motorboote, Angelboote mit und ohne Führerschein, auch Jet-Ski-Verleih), ☎ 04371-502899 und ☎ 0177- 2468437; **Motorboote Neumann** (Motorboote mit und ohne Führerschein), Burgstaaken, Menzelweg am Deich (auch am Südstrand), ☎ 04371-5479.

Motorsport/Kart

Eine Bootshalle am Hafen von Burgstaaken wird jeden Sommer zu einer Indoor-Kartbahn umfunktioniert und bietet so auf über 3500 m² einen Rundkurs mit reichlich Motorengeräusch, Reifenstapeln und allem, was dazugehört.

Außerdem gibt es an der Landstraße zwischen Burg und Landkirchen ein 12.000 m² großes Outdoor-Gelände, auf dem v. a. Kinder von 5 bis 15 Jahren ihre Runden mit dem Minitraktor oder einem Quad drehen können.

Kart-Sport Center MonteCarlo, Mai–Sept. tägl. 12–20 Uhr (Sa/So schon ab 11 Uhr), jeweils 12 Min. Erwachsene 14 €; Kinder 10 €, Hafenstaße 69b, ☎ 0162-6605857 und ☎ 04371- 502430. **Minitraktor- und Quad-Bahn Fehmarn** an der Straße Burg/Landkirchen, Abzweig Ostermarkelsdorf, in der Saison tägl. 10–18 Uhr.

Reiten

Holstein und mit ihm Fehmarn ist ein Pferdeland, immerhin wurde eine ganze Pferderasse nach dieser Landschaft benannt. Ein Ausritt am Strand oder durch die weich geschwungenen Hügel ist ein besonderes Erlebnis. Deshalb ist man an vielen Orten auf Fehmarn auf Reiterferien eingestellt. Das Programm reicht von geführten Ponyausritten für Kinder über Schulungsangebote für Reiter jeder Könnensstufe bis hin zum Turnierreiten für die Profis. Zum Teil kann man direkt am Ort des Geschehens wohnen und Ferien auf dem Bauernhof bzw. Reiterhof verbringen. Auch auf manchen Campingplätzen wird Reiten, meist Ponyreiten für die Kinder, angeboten.

Bannesdorf: *Ferienhof Ogrisek*, Rosenstraße 14, 04371-879369; **Burg/Wulfen**: *Reiterhof Witt*, Süderstraße 7, ☎ 04371-505673; **Blieschendorf**: *Gestüt Rüder*, Dorfstraße 5, ☎ 04371-3206; **Gahlendorf**: *Heinz Rickert*, Gahlendorf 1, ☎ 04371-2294; **Klausdorf**: *Peter Rauert*, ☎ 04371-4366; **Presen**: *Familie Riessen*, Haus-Nr. 16, ☎ 04371-86220; **Wallnau**: *Campingplatz Wallnau*, ☎ 04372-991616. Ausritte auf Fehmarn werden auch angeboten unter www.ausrittinsel.de.

Reisepraktisches

Sauna

Wer auch oder gerade im Urlaub auf einen Saunagang nicht verzichten möchte, kann sowohl im öffentlichen Schwimmbad wie auch in speziellen Saunabädern, Fitness-Studios und auf Campingplätzen saunieren.

Saunawelt in der Badewelt FehMare in Burgtiefe, April–Sept. tägl. 10–20 Uhr, Okt.–März 14–21 Uhr (Erwachsene 17 €; Kinder 11 €), Südstrandpromenade 1, ☎ 04371-88996-0, www.fehmare.de. **Sonnenhof Lutz Peters**, Lindenallee 38, Vadersdorf (Sauna nur nach Voranmeldung), Tageskarte 9 €, ☎ 04371-6363, www.fehmarn-sonnenhof.de. **Strandsauna Wallnau**, finnische Blockhaussauna direkt an der Ostsee auf dem Campingplatz Wallnau, ganzjährig geöffnet, wechselnde Öffnungszeiten, ☎ 04372-1303.

Segeln/Katamaran/Häfen

Fehmarn gilt als eines der schönsten Segelreviere Deutschlands. Ideale Segelwinde sind fast immer garantiert, einem romantischen Törn an der Küste entlang bis hinüber in die Dänische Südsee steht somit nichts im Wege. Neben dem Fährhafen Puttgarden und dem Kommunalhafen Burgstaaken gibt es auf der Insel fünf Yachthäfen, in denen Gastlieger herzlich willkommen sind.

Charterangebote und auch Einsteigerprogramme lassen kaum Wünsche offen. In den Häfen oder am Strand liegen Yachten, Jollen und Optis bereit. Schnuppersegeln, Kindersegeln sowie der klassische Segelkurs von der Pike auf sind ebenso im Angebot wie sportliche Action auf dem Katamaran.

• *Segeln/Katamaran* Burgtiefe: **Yacht- und Segelschule Dübe**, Am Yachthafen 7, ☎ 04371-6426; Gold: **Surfen & Segeln Gold** (auch Katamaran), Haus Nr.4, ☎ 04371-6959; *Wallnau:* **Wassersportschule Wallnau**, Camping Wallnau, ☎ 04372-456; *Wulfen:* **Katamaranschule Wulfen**, Camping Wulfener Hals, ☎ 04371-5988.
Die in den 1960er-Jahren zum Erliegen gekommene Tradition des **Gästesegelns** lebt auf Fehmarn mit dem von einem Verein unterhaltenen Traditionssegler „Onkel Charly" wieder auf (Liegeplatz Hafen Fehmarnsund); Infos und Anmeldungen unter: Segeln mit „Onkel Charly" e. V.; c/o Kpt. Jürgen Boos, Gold 1a, ☎ 04371-4663 und ☎ 0171-5424182.
• *Häfen* Yachthafen Burgstaaken, ☎ 04371-864606; Yachthafen Burgtiefe, ☎ 04371-506360; Marina Fehmarnsund, ☎ 04371-6713; Yachthafen Lemkenhafen, ☎ 04371-1250; Yachthafen Orth, ☎ 04371-1282.

Tauchen

Auch unter Wasser hat Fehmarn einiges zu bieten. Nicht nur die Stille des Meeres mit typischer Ostsee-Meeresflora und -fauna lockt verstärkt Taucher auf die Insel. Es sind v. a. die Wracktauchgänge, die sich zunehmender Beliebtheit erfreuen. Denn vor den Riffen der Insel liegen als stumme Zeugen vergangener Schiffskatastrophen einige Wracks auf dem Meeresgrund.

Natürlich kann man das ganze Jahr über in der Ostsee tauchen, am schönsten ist es jedoch im Sommerhalbjahr, wenn das Meer etwas wärmer ist. Nicht dass das kalte Wasser den Tauchern zu schaffen machen würde – sie sind in der Regel gut ausgerüstet. Aber bei Wassertemperaturen von unter 14 °C minimieren die Meeresbewohner ihre Aktivitäten und man bekommt nur wenige Fische zu sehen. Länger anhaltende Wassertemperaturen von über 20 °C sind allerdings ebenfalls problematisch, da sie eine starke Vermehrung der Blaualgen fördern. In den letzten Jahren

Rund um Fehmarn: ein traumhaftes Segelrevier

gab es vor der Küste deshalb im Hochsommer immer wieder Blaualgenalarm und teilweise musste das Baden verboten werden. Denn die Blaualgen trüben nicht nur das Wasser ein, einige Arten sind auch giftig und machen jeden Tauch- und Badespaß zunichte, da sie Magen-/Darmbeschwerden oder Hautreizungen hervorrufen können. Glasklares Wasser gibt es in der Ostsee ohnehin nicht. Auch bei normaler Algenaktivität ist die See immer etwas eingetrübt. Im Sommer liegt die Sichtweite unter Wasser bei etwa 5 m, im Frühjahr und Herbst sieht man gut doppelt so weit.

Tauchplätze (Tauchspots) findet man an vielen Stränden rund um Fehmarn, insgesamt sind es 13. Tauchschulen bieten dort neben Tauchgängen vom Land aus auch Bootstauchgänge an; die Palette reichet von Schnuppertauchen über Einsteigerprogramme bis hin zu Tauchgängen für Erfahrene. Tauchen bleibt immer auch ein gefährliches Vergnügen. 2010 starben am Wulfener Hals zwei Kinder durch einen tragischen Unfall beim Schnuppertauchen.

Tauchbasis Katharinenhof (tauchen-fehmarn.de), Dorfstraße 27, ✆ 04371-5493; **Tauchschule Fehmarn** (www.tauchschule-fehmarn.de), Basis auf dem Strandcamping Wallnau, ✆ 04371-6234 und ✆ 0173-6245725.

Tennis

Freunde des Weißen Sports kommen ebenfalls auf ihre Kosten, wenngleich die windige Insel nicht immer ein Paradies für Tennisspieler ist. Beim Tennisclub Burgtiefe, im Tennis-Center Westermarkelsdorf und auf dem Campingplatz am Fehmarnsund kann man dennoch sein Können unter Beweis stellen.

Fehmarnscher Tennisclub Burgtiefe, Südstrand (vier Plätze), ✆ 04371-9822; **Tennis-Center Fehmarn**, Westermarkelsdorf (Tennishalle), Haus Nr. 2, ✆ 04372-806688. **Campingplatz Miramar**, Fehmarnsund (Außenplatz), ✆ 04371-3220.

Wandern

Fehmarn ist keine typische Wanderinsel; zu sehr dominieren die Freizeitradler. Trotzdem hat der Tourismus-Service in den letzten Jahren verstärkt Anstrengungen unternommen, um auch am Wanderboom teilzuhaben. Einige kleinere Wanderwege wurden zu diesem Zweck ausgewiesen. Außerdem gibt es einen 65 km langen Wanderweg rund um die Insel. Offiziell beginnt der Weg am Hafen von Burgstaaken und führt dann im Uhrzeigersinn direkt am Wasser oder zumindest nahe der Küste entlang, häufig jedoch auf einer Route, auf der auch Fahrradfahrer unterwegs sind.

Die prachtvolle Natur genießen kann man natürlich auch bei einem langen Spaziergang am Strand oder auf den windigen Wegen der zerklüfteten Steilküsten. Gesunde Luft ist garantiert.

Wind- und Kitesurfen

Die Insel ist mit ihren Stränden und Meeresbuchten Deutschlands Eldorado für beide Sportarten geworden. Nicht von ungefähr ist Fehmarn bei Surfern und Kitern als „Hawaii des Nordens" bekannt. Ideale Winde, oft kräftige Nordwestwinde, sorgen dafür, dass Wind- und Kitesurfer fast immer auf ihre Kosten kommen. Im Rahmen des alljährlich an Christi Himmelfahrt veranstalteten Surffestivals am Wulfener Hals wurde als eine Art Schaukampf das „Race around Fehmarn" ausgetragen. Auf dem 80 km langen Rundkurs traten dabei einige wenige Surfprofis gegen einen

Beliebtes Stehrevier bei Wind- und Kitesurfern: Wulfener Hals

international erfahrenen Katamaransegler oder ein schnelles Segelboot der Tornado-Klasse an. Einen Rekord schaffte im Jahr 2007 der erfolgreichste Windsurfer aller Zeiten, der 36-malige Weltmeister Björn Dunkerbeck. Er umrundete Fehmarn in der Zeit von zwei Stunden und 54 Minuten. Diesen fabelhaften Rekord verbesserte Bernd Flessner beim Surffestival 2009 sogar noch um sechs Minuten. Seit 2010 ist das Surffestival nach Pelzerhaken/Lübecker Bucht verlegt worden; am Wulfener Hals findet jedoch mit dem „Surf- und Kite-Festival Fehmarn" ebenfalls am Himmelfahrtswochenende eine Konkurrenzveranstaltung statt.

Auch bei den Kitesurfern ist die Insel in der Szene weltweit bekannt und genießt einen legendären Ruf. Immerhin wurde beim Worldcup am Grünen Brink im Jahr 2003 vom US-Amerikaner Adam Koch der inoffizielle Hangtime-Weltrekord von 13,2 Sekunden aufgestellt.

Aber man muss natürlich kein Profi sein, um hier dem Windsurf- und Kitesport zu frönen. Außer in den Naturschutzgebieten ist das Surfen an fast allen Stellen erlaubt und an einem der insgesamt 14 auf Fehmarn ausgewiesenen Spots dürfte jeder die für ihn passenden Bedingungen finden:

Für *Anfänger* eignen sich besonders die großen und maximal 1,5 m tiefen Stehreviere in der Orther Reede und am Burger Binnensee. Dies sind v. a. Orth selbst sowie das nahe Gollendorfer Wiek, das Lemkenhafener Wiek, Gold und Wulfen. Mit relativ viel Betrieb ist hier immer zu rechnen, denn die bequemen Stehreviere sind auch bei Könnern sehr beliebt.

Fortgeschrittenes Können ist an der tieferen Südwestküste in Strukkamp und am nahen Hünengrab bei Albertsdorf sowie im Inselwesten in Püttsee und Bojendorf erforderlich. Gute Fortgeschrittene, die noch stärkeren Wellengang schätzen, finden im Norden der Insel beim Grünen Brink ein kleines Stehrevier.

Könner wagen sich auch in tiefere Gewässer wie die am Teichhof und am Strand von Altenteil. Hier und am westlichen Gahlendorfer Strand ist teilweise sogar Wellenreiten möglich. Ein gutes Brandungsrevier ist auch der steinige Strand von Presen. In Fehmarnsund und in Meeschendorf sollten sich ebenfalls nur Könner aufs Wasser wagen, denn wie im nordwestlichen Westermarkelsdorf ist hier mit kräftigen Strömungen zu rechnen.

Einen Flyer der Surfspots ist beim Umweltrat der Stadt Fehmarn erhältlich (Rathaus, Markt 1, Download unter www.meeting-points.de/downloads.php). Folgende Anbieter für Schulung und Verleih gibt es auf der Insel:

- *Burg* **Windsport Fehmarn**, Osterstr. 45–47, ✆ 04371-87792.
- *Burgtiefe* **Windsurfing Charchulla**, Strandallee 27, ✆ 04371-3400.
- *Gold* **Surfen & Segeln Gold**, Haus Nr. 4, ✆ 04371-6959 und 6570; **KiteBoarding Fehmarn GmbH**, Sahrensdorf 12 (Station und Treffpunkt in Gold), ✆ 0173-9451710.
- *Landkirchen* **Surfshop Fehmarn**, Hauptstr. 44, ✆ 04371-5888. **Kitecoach** (nur Kite), ✆ 04371-8899833.
- *Orth* **CampInn+Surf**, Am Hafen 1, ✆ 04371-806880. **Windsurfing Fehmarn**, Am Hafen 2, ✆ 04372-1052. **Windgeister Fehmarn** (nur Kite), Am Hafen 4, ✆ 04372-1806.
- *Wallnau* **Wassersportschule Wallnau**, Camping Wallnau, ✆ 04372-456.
- *Wulfener Hals* **Windsurfing Wulfen**, Camping Wulfener Hals, ✆ 04371-5988.

Die Deutsche Gesellschaft zur Rettung Schiffbrüchiger (DGzRS)

Mitte des 19. Jh. gerieten vor den deutschen Küsten jährlich Dutzende Schiffe in Seenot, doch fehlende Ausrüstung und das seit dem Mittelalter geltende Strandrecht, nach dem – sofern es keine Überlebenden gab – das angeschwemmte Strandgut den Küstenbewohnern gehörte, verhinderten häufig die Rettung der Verunglückten. Furchtbare Schiffskatastrophen, wie die des Auswandererschiffs Johanne mit 77 Toten im November 1854 vor der Insel Spiekeroog, führten jedoch zu einem Umdenken und letztlich im Jahr 1865 zur Gründung der DGzRS. Anfangs fuhren die wagemutigen Retter noch in offenen Ruderbooten hinaus; heute gilt die Gesellschaft als einer der modernsten Seenotrettungsdienste der Welt. Ihre Zentrale, von der aus die Rettungsdienste aller 54 sich in ständiger Einsatzbereitschaft befindenden Stationen entlang der Nord- und Ostseeküste koordiniert werden, hat sie in Bremen. 800 Freiwillige und 186 Festangestellte stehen in Diensten der DGzRS, mehr als 77.000 Menschen konnten bis heute mithilfe der Seenotkreuzer und Seerettungsboote aus (lebens)gefährlichen Situationen befreit werden. Nach wie vor sind die Seenotretter unabhängig von staatlicher Unterstützung. Die Gesellschaft finanziert sich ausschließlich durch Spenden und freiwillige Zuwendungen.

Auch rund um Fehmarn sichern die Boote der DGzRS die Berufs- und Freizeitschifffahrt und leisten Erstaunliches. Im Fährhafen Puttgarden ist das wendige 9,5-m-Boot „Emil Zimmermann" (Baujahr 2000) mit einer freiwilligen Besatzung stationiert. Um noch schneller vor Ort zu sein, liegt auf einer Seeposition vor Fehmarn der riesige Seenot-Rettungskreuzer „John T. Essberger" (Baujahr 1975). Das 44 m lange Rettungsschiff verfügt über ein Tochterboot, ein Hospital und sogar ein Hubschrauberlandedeck. Es hat eine Stammbesatzung von 13 Mann. Sein Liegeplatz ist der ehemalige Marinehafen von Großenbrode.

Baden und Strände

Obwohl sich die Ostsee auch im Sommer selten auf mehr als 19 °C erwärmt, sind die vielen Strände Fehmarns an schönen Tagen äußerst beliebt und zur Hochsaison recht voll. Oft handelt es sich um Naturstrände, die aber fast alle ihre Liebhaber finden, weil sie meist relativ gut erreichbar sind. Abgelegene und daher einsamere Strände gibt es nur sehr wenige. Eine Auflistung aller 25 Strände der Insel finden Sie auf S. 64 ff.

Die gepflegten Strände der Touristenzentren sind tagsüber selbstverständlich bewacht, und zwar durch die DLRG, die mit gelb-roten Flaggen die Badezone kennzeichnet. Eine zusätzliche gelbe Flagge an den Beobachtungsstationen bedeutet Gefahr beim Baden und Schwimmen. Ist eine rote Flagge aufgehängt, herrscht allgemeines Badeverbot.

Wunderschöner Naturstrand im Süden: Wulfen

Da es an der Ostsee lediglich bei stürmischem Wetter eine nennenswerte Brandung gibt und die Ufer an den meisten Strände flach abfallen, ist auch für Kinder fast überall ein gefahrloses Baden möglich. (Vorsicht ist aber beim Spielen an den zahlreichen glitschigen Buhnen geboten, denn die Steine unter diesen Befestigungen sind sehr scharfkantig.) Wer zu weit hinausschwimmt, muss allerdings mit starken Strömungen rechnen; dies gilt v. a. für den Fehmarnsund und die Nordwestspitze der Insel.

Wenn das Wetter einmal nicht mitspielt, muss das Hallenbad herhalten. Direkt am Burger Südstrand gibt es die Poollandschaft FehMare, mit Wellenbecken, Rutsche und großzügigem Wellnessbereich.

● *Schwimmbad* **Badewelt FehMare**, im Jahr 2009 gründlich modernisiert und erweitert. Sechs Becken, darunter ein großes Wellenbecken, Außenrutsche und ein großzügiger Wellnessbereich mit Dachterrasse und verschiedenen Saunen, Gastronomiebereich. In der Saison tägl.10–20 Uhr, Nebensaison 14–19 Uhr (Sauna bis 22 Uhr). Erwachsene Wellenbad solo 6 €; 3 Std. Badewelt 11 €, ganzer Tag Badewelt 13 € (inkl. Saunawelt 17 €). Kinder 3 Std. 5 €, ganzer Tag 7 € (inkl. Saunawelt 11 €). Familienkarte 40 €. Burgtiefe, Südstrandpromenade 1, ✆ 04371/889960; www.fehmare.de.

● *Sauberkeit* Der Südstrand wird regelmäßig gesäubert, auch das angeschwemmte Seegras wird immer wieder entfernt.

● *Wasserqualität und -temperatur* Die Wasserqualität ist im Allgemeinen gut und wird ständig überwacht. Aktuelle Daten sind unter www.badewasserqualitaet.schleswig-holstein.de zugänglich. Infos und Vorhersagen über Wassertemperaturen, Wind und Wasserstände bekommt man unter www.bsh.de.

● *FKK* Abseits der Kurstrände vielerorts an den Naturstränden gestattet bzw. geduldet. Zudem gibt es extra ausgewiesene FKK-Strandabschnitte an den Campingplätzen Wallnau (mit Strandsauna) und Wulfener Hals.

Die Strände

Die Insel Fehmarn bietet auf 78 km Küstenlänge fast ein Abbild des gesamten Ostseeküstenverlaufs. Steile Küsten wechseln mit flachen Ufern ab, denen z. T. Sandbänke vorgelagert sind. Strand ist also nicht gleich Strand: Streckenweise finden sich feinsandige Abschnitte, an vielen Stellen sind die Strände jedoch reichlich mit Steinen durchsetzt und werden dann vornehm als „Naturstrand" bezeichnet. Die beschaulichen Naturstrände haben aber durchaus ihren ganz besonderen Reiz und eignen sich hervorragend für ausgedehnte Strandwanderungen. Das badetouristische Zentrum der Insel ist jedoch der Südstrand von Burgtiefe. Sein feiner Sand garantiert Badevergnügen pur, v. a. für Familien mit Kindern.

Auch Sonnenanbetern bietet der *Süden* mit diesem breitesten und feinsandigsten Strand der Insel ideale Bedingungen, denn in den Mittagsstunden steht die Sonne direkt über dem Meer, sodass man beim Sonnenbaden den Blick aufs Wasser genießen kann. Die Strandabschnitte vor den Deichen an der windigen *Westküste* sind eher schmal und vielfach mit Steinen durchsetzt. Im *Norden*, zwischen dem Markelsdorfer Huk und Puttgarden, erstreckt sich eine wunderbare Dünenlandschaft mit Nehrungshaken und Binnenseen. Die kilometerlangen Strände davor sind meist recht windig. Der Sand ist relativ grob und ebenfalls mit Steinen durchsetzt; und vor der wildromantischen Steilküstenlandschaft im *Osten* sind die Naturstrände meist besonders steinig.

Im Folgenden werden alle Strände rund um die Insel genannt. Ein kurzer Hinweis auf den jeweiligen Strand findet sich auch im Reiseteil des Buches. Sofern man nicht einen der wenigen Strände, an denen es Strandkörbe zu mieten gibt, besucht, empfiehlt es sich unbedingt, ein Strandzelt mitzunehmen. Dieses dient nicht nur als Sonnenschutz, sondern an den z. T. stürmischen Küstenabschnitten der Insel v. a. auch als Windschutz.

Strände im Süden Fehmarns

Strukkamphuk: Relativ feinsandiger, von der DLRG bewachter Strand vor dem Campingplatz Strukkamphuk (im Wasser leider viele Steine). Für Strandbesucher gibt es einen kostenlosen Parkplatz, der aber wegen des Campingbetriebs oft sehr voll ist. Den Norden des Strandes (mit Dixi-Klo) kann man auch recht gut vom Hünengrab Alwerstein aus erreichen (über Albertsdorf). Vom dortigen kleinen Parkplatz (gebührenfrei) sind es 500 m Fußweg zum Strand. Strukkamphuk liegt zwar im Süden der Insel, sein Strand ist aber kein Südstrand, sondern nach Westen ausgerichtet, weil die Küstenlinie hier einen Knick nach Norden macht.

Fehmarnsund: Wunderschön vor dem gleichnamigen Ort (der lediglich aus einigen wenigen Häusern besteht) gelegener Strand mit Blick auf die alles überragende Fehmarnsundbrücke. Der Sand ist fein, im Wasser allerdings mitunter von Steinen durchsetzt. (Kostenlose) Parkplätze vor dem Minideich, Restaurant vor Ort.

Als eine Art Geheimtipp kann der Strandabschnitt westlich der Sundbrücke gelten. den man (mit dem Auto) nur über das Dorf Strukkamp erreicht. Eine schöne Allee führt zum Wasser und endet unmittelbar an der Brücke (mit etwas Parkraum), wo sich ein ungeahnt schönes Plätzchen findet: ein kleiner, aber für Fehmarns Verhältnisse weicher und fast immer leerer Sandstrand. Im Wasser wird es jedoch auch hier wieder steinig. Vor allem nachmittags hat man einen sonnigen Logenblick auf die majestätische Sundbrücke.

Schutz bei Wind und Wetter: Strandkörbe bei Bojendorf

Der Strandkorb

Er gehört zum Bild der Küste wie der Strand und das Meer. Ein Strandkorb erlaubt es, den Tag bei jedem Wetter zu genießen, er ist Windschutz und Schattenspender zugleich. In ihm kann man sogar einen kurzen Regenschauer überstehen, und das schon seit über 120 Jahren.

Im Jahr 1882 ging die rheumakranke Elfriede Maltzahn aus Kühlungsborn (ein damals schon bekanntes mecklenburgisches Seebad) zum Rostocker Hof-Korbmacher Wilhelm Bartelmann. Sie beauftragte ihn, ihr einen Korbstuhl zu fertigen, in dem sie die Seeluft windgeschützt genießen konnte. Damit war der Strandkorb geboren und feierte schon bald durchschlagende Erfolge. Mit der Zeit wurden die Strandkörbe immer komfortabler und bekamen ein bewegliches Oberteil. Zuletzt musste das Rohrgeflecht weichen und wurde durch witterungsbeständigeren Kunststoff ersetzt. Doch trotz aller Vorteile: Diese ausgesprochen praktische Erfindung ist eine ganz und gar deutsche Eigenheit und konnte sich im Ausland nie richtig durchsetzen. Wer es ausprobieren will: Mit einer Tagesmiete von 6 bis 8 Euro ist man dabei. Und Auswahl gibt es reichlich: 70.000 Körbe warten an den deutschen Küsten auf Urlauber, teilweise sind sie schon von zu Hause aus per Internet buchbar.

Wulfen: Schöner und etwas versteckt gelegener Strand mit herrlichem Blick auf das gegenüberliegende Festland. Südlich des Ortes Wulfen führt ein Weg 500 m hinauf auf die Steilküste, wo es einen kostenlosen Parkplatz mit Toilettenhaus gibt. Wenige Meter entfernt geht eine Treppe hinunter zum unbewachten, aber feinsandigen Naturstrand vor der Abbruchkante, der noch wenig bekannt ist (siehe Bild S. 63).

Wulfener Hals: Fast die gesamte Landzunge Wulfener Hals wird von einem riesigen Campingplatz beansprucht. Die Flachwasserzone am Burger Binnensee ist ein optimales Stehrevier für Wind- und Kitesurfer, daher ist alles auf Camper und Surfer eingerichtet; reine Badetouristen sind weniger gefragt. Campinggäste baden am in den Binnensee hineinragenden Nehrungshaken, der als schmaler Strand fungiert und von der DLRG überwacht wird. Parkplatzgebühr für Tagesgäste 6 €.

Südstrand (Burgtiefe): Fehmarns feinsandiger, kurtaxenpflichtiger und natürlich DLRG-bewachter Hauptstrand ist reichlich mit Strandkörben gespickt (Tagesmiete 7 €). Für Kinder optimal geht es hier steinfrei ins flache Wasser. Außerdem liegt der schöne Sandstrand bei den meist vorherrschenden Nordwestwinden relativ geschützt. Am Südstrand gibt es eine Strandpromenade, ein Meerwasserschwimmbad, zahlreiche Einkehrmöglichkeiten und alles, was ein Ostseebad sonst noch so ausmacht. Mit entsprechendem Trubel ist hier deshalb v. a. im Hochsommer zu rechnen. Kostenlose Parkplätze sind aber in ausreichender Menge vorhanden.

● *Strandkorbvermieter* Abschnitt RA: Regine Ahrens, ☎ 04371-5847; Abschnitt L: Manfred Lüthje, ☎ 04371-6677; Abschnitt LA: Geb. Lafrenz, ☎ 04371-5239; Abschnitt MC: H. U. Bumann, ☎ 04371-2337; Abschnitt KR: Kai Rüder, ☎ 04371-3206. Tagesmiete jeweils 7 €. Automat für Tagesstrandkarte (1,20 €).

Meeschendorf/Staberdorf: Vor den Campingplätzen südlich von Meeschendorf und der südlich von Staberdorf gelegenen Ferienresidenz Fehmarnsund erstreckt sich ein relativ schmaler, aber vergleichsweise feinsandiger Strand, der bis zur Staberhuk genannten südöstlichen Spitze der Insel reicht. Nahe der Unterkünfte wird der durch Steinbuhnen gesicherte Naturstrand im Sommer von der DLRG überwacht. Die Parkmöglichkeiten sind begrenzt.

Strandkorbvermieter Ludolf Schröder, Sahrensdorf, ☎ 04371-3200, Tagesmiete 7 €.

Wildromantische Steilküste: Strand im Osten (Katharinenhof)

Strände im Osten Fehmarns

Staberhuk: 2 km hinter Staberdorf führt die Straße zu einer Marineortungsstelle, deren großer Antennenturm weithin sichtbar ist. Dort befindet sich auf der relativ niedrigen Steilküste ein kleiner Parkplatz (sogar mit WC), vor dem sich eine sehr

schöne sandige (wenn auch von großen Steinen durchsetzte) Bucht nach Osten hin
öffnet. Der Strand ist hier 10–15 m breit und im Hochsommer sehr beliebt.

Eine weitere, allerdings nur für Radfahrer und Fußgänger bestehende Möglichkeit,
von Staberdorf aus ans Wasser zu kommen, ist der ca. 1,5 km lange, für Autos ver-
botene Fahrweg, der etwas versteckt bei der Straße „An Hinrichsbarg" abgeht und
fast schnurgerade zum Oststrand führt. An diesem schmalen Naturstrand hat man
auf der sonst vollen Insel garantiert seine Ruhe – es gibt sie also doch noch, die unberührte Bucht auf Fehmarn.

Katharinenhof: Kurz vor dem Campingplatz liegt rechts ein kleiner, kostenloser Parkplatz am Waldrand (mit Dixi-Klo), von dem aus man zum wildromantischen, aber
sehr steinigen Strand gelangt. Die hier im Schnitt 5 m hohe Steilküste wird durch
starken Regen oder Sturm ständig ein wenig mehr abgetragen. Auch Bäume rutschen mitunter ab und liegen dann zusammen mit zahlreichen großen Findlingen am
Strand, an dem es nachmittags sehr schattig ist. Die vielen Steinesucher, für die der
Strand von Katharinenhof eine wahre Fundgrube ist, stört das aber nicht weiter.

Gahlendorf: Am Reiterhof vorbei erreicht man über eine kleine, gewundene Straße
nach 2 km einen ruhigen Küstenabschnitt zwischen den beiden Campingplätzen von
Katharinenhof und Klausdorf. Hier bietet sich das gewohnte Bild der Ostküste: ein
schmaler, steiniger, aber netter Strand. Parkplatz und WC vor Ort (gebührenfrei).

Klausdorf: Zwei unterschiedliche Strandabschnitte findet man hier.
Südlich des Ortes führt eine Straße zum 2 km entfernten Campingplatz Klausdorf,
der wunderschön auf einer niedrigen, mit großen Felsbrocken gegen ein weiteres Ab-
brechen gesicherten Steilküste liegt. Davor befindet sich ein kleiner, mit Buhnen be-
festigter Strand. Die Parkmöglichkeiten sind wegen des Campingbetriebs beschränkt.

Nördlich von Klausdorf und damit nördlich des Windparks Klingenberg kommt
man auf einem kleinen Weg ebenfalls nach 2 km zum Strand, der an dieser Stelle
rau und steinig ist. Weil hier die Steilküste endet, ist das flache Ufer nur durch einen Deich geschützt. Das Auto kann man auf einem kleinen kostenlosen Parkplatz
(mit Dixi-Klo) stehen lassen.

Presen: Nur 500 m entfernt von diesem beschaulichen Örtchen liegt hinter dem
Deich, der von Klausdorf bis Marienleuchte reicht, ein sehr sauberer, aber auch sehr
steiniger Naturstrand, an dem sehr vereinzelt sogar einige wenige (private) Strandkörbe stehen. Parken kann man auf einem relativ großen gebührenfreien Parkplatz
(mit Toilettenhaus).

Marienleuchte: Eher ein Häufchen Steine als ein Strand, nicht gerade empfehlenswert.

Strände im Norden Fehmarns

Puttgarden: Der Strand befindet sich 500 m nördlich des Ortes Puttgarden. Hier
gibt es einen kleinen Parkplatz und einen einfachen Campingplatz. „Strand" ist für
diese Ansammlung grober Steine allerdings etwas hochgegriffen. Immerhin kann
man aber recht schön auf der Deichwiese liegen und Richtung Osten den nahen
Fährbetrieb beobachten, während westlich des Ortes Kitesurfer die flachen Gewässer als optimales Trainingsgebiet für sich entdeckt haben. Ein Stück weiter in Richtung Grüner Brink wird das Ufer zunehmend feinsandiger und breiter.

Grüner Brink: Vom Parkplatz des Naturschutzgebietes führt ein gepflasterter Fahrweg zum 800 m entfernt liegenden und für die Nordseite der Insel sehr feinsandigen Badestrand, an dem es einen großen, kostenfreien Parkplatz, eine Imbissbude,

einen Kinderspielplatz und sogar eine Strandkorbvermietung gibt (siehe Bild S. 70). Wegen der vorgelagerten großen und sehr flachen Sandbank ist dieser DLRG-bewachte Strand ideal für Familien mit kleinen Kindern. Weil das Wasser so flach ist und hier häufig der Wind bläst, haben allerdings auch Kitesurfer diesen Strandabschnitt für sich entdeckt.

Strandkorbvermieter Nico Thomsen, Matthiasfelde, ✆ 04371-3192. Tagesmiete 7 €; Automat für Tagesstrandkarte (1,20 €).

Gammendorfer Strand: Der fast 3 km nördlich von Gammendorf gelegene relativ schmale und etwas grobsandige Strandabschnitt ist bekannt durch das Niobe-Denkmal (siehe S. 70) und den riesigen Campingplatz. Der Strand hinter dem breiten Deich erstreckt sich von hier aus kilometerweit nach Westen bis zum Markelsdorfer Huk. Parkplätze vorhanden.

Teichhof: Der 2 km nördlich von Wenkendorf gelegene Strandabschnitt Teichhof ist ein von Dünen gesäumter, relativ steiniger und unbewachter Naturstrand. Es gibt einen Campingplatz, eine Gaststätte und einen recht kleinen Tagesparkplatz. Als Windschutz hat man hinter dem Deich (wie auch am benachbarten Gammendorfer Strand) einige Nadelbäume gepflanzt, aus denen mittlerweile ein kleines Wäldchen geworden ist.

Strand am Belt/Altenteil: Gut 1 km nördlich des Ortes Altenteil gelegen findet man diesen ebenfalls dünenbewehrten, von einem großen Campingplatz gesäumten und sogar DLRG-bewachten Naturstrand, der zunächst etwas steiniger ist, zum nahen Markelsdorfer Huk hin aber immer feinsandiger und auch breiter wird. Man kann hier herrlich um die Nordwestspitze der Insel herumlaufen und findet zwischen den Dünen ab und an ein besonders sandiges und windgeschütztes Plätzchen. Vor dem Areal befindet sich ein kleiner Parkplatz.

Strände im Westen Fehmarns

Westermarkelsdorf: Ein kurviges Sträßchen führt 500 m westlich von Westermarkelsdorf zum Meer. Der schöne, jedoch steinige Strand ist bei Strandspaziergängern und Surfern, v. a. aber bei Brandungsanglern beliebt. Beim Schwimmen darf man sich wegen der starken Strömungen nicht weit hinauswagen. Autos kann man auf einem kleinen kostenfreien Parkplatz hinter dem Deich abstellen (Wohnmobile nicht, nur 1,80 m Durchfahrtshöhe!).

Bojendorf: Wer den 700 m westlich von Bojendorf liegenden Badestrand besuchen möchte, kann dort auf dem großen, gebührenfreien Parkplatz parken und sich am Imbiss (mit windgeschützter Terrasse und WC) stärken, bevor es über den Deich zu dem 40 m breiten und von der DLRG bewachten Strandabschnitt geht. Dieser ist zwar steinig, aber immerhin mit etwas Sandanteil, weshalb es sogar Strandkörbe (für 6 € pro Tag) zu mieten gibt (siehe Bild S. 65). Im Wasser ist, wie überall an der Westküste Fehmarns, auf jeden Fall mit Steinen zu rechnen (Badeschuhe sind zu empfehlen).

Der Strand von Bojendorf liegt im Norden des riesigen Campingareals von Wallnau, weshalb am weitläufigen Strand auch einige Campinggäste anzutreffen sind.

Strandkorbvermieter Uwe Rosenberg, Bojendorf, ✆ 04372-558. Automat für Tagesstrandkarte (1,20 €).

Wallnau: Vor dem Campingplatz Wallnau sind die Parkmöglichkeiten begrenzt und relativ weit vom Wasser entfernt. Man besucht diesen vergleichsweise sandigen Strandabschnitt besser vom nördlichen Bojendorf aus.

Schmal und windig: Westküstenstrand (Wallnau)

Die zum Campingplatz führende Straße ist gleichzeitig der Zufahrtsweg zum Wasservogelreservat Wallnau. 500 m hinter dem Campingplatz befindet sich ein kleiner kostenloser und fast immer leerer Parkplatz (mit Dixi-Klo). Von hier aus sind es nur ein paar Meter durch die Schilfwiese zum Meer. Den Strand davor kann man eigentlich nicht als solchen bezeichnen, weil es sich nur um einen schmalen, rauen und v. a. sehr steinigen Küstenabschnitt am Deich handelt. Immerhin hat man dort aber selbst im Hochsommer auf der sonst übervollen Insel seine Ruhe.

Püttsee-Strand: Die abseits von den Dörfern gelegenen Strände Fehmarns gehören meist den Campern, dieser hier nicht. Nördlich von Püttsee gelangt man über eine kleine Straße zum 1 km entfernten Strand. Hier, an der Südgrenze des Naturschutzgebietes Wallnau, gibt es nur einen großen Parkplatz, eine Toilette und jenseits des Deiches eben den von Steinen durchsetzten Strand (Parkgebühr 2 € pro Tag). Surfer schätzen diese Stelle wegen des Windes, der tagsüber mitunter recht kräftig bläst, und wegen der Wellen. Abends flaut es in der Regel etwas ab, besonders in der untergehenden Abendsonne ist es hier dann sehr malerisch.

Flügger Strand: Der Flügger Strand ähnelt dem Püttsee-Strand. Er fällt flach ab und ist noch etwas sandiger als der in Püttsee. Im Wasser ist es allerdings zunächst recht steinig, ein bisschen weiter draußen wird es wieder sandiger. Frequentiert wird der Strand vornehmlich von den Gästen der beiden Campingplätze, da Parkplätze absolute Mangelware sind. Einen findigen Anlieger hat dies auf die Idee gebracht, auf seinem Parkplatz 2 € Gebühr (passend am Automat einzuwerfen) zu verlangen. Es sind aber weniger die Badegäste, die diesen Parkplatz nutzen, sondern in erster Linie die Besucher des nahen Leuchtturms.

Flügger Leuchtturm: Direkt vor dem Areal des Leuchtturms führt geradeaus ein kleiner Trampelpfad zum Meer und zu einem besonders schönen Strandabschnitt mit Dünen. Der Platz ist so etwas wie ein Geheimtipp, weil er nur mit dem Fahrrad

Von den Anfängen des Badelebens ...

Bis Ende des 18. Jh. galt das Meer generell als wild und stürmisch, war also nach landläufiger Meinung im Gegensatz zu den geschützten Binnengewässern zum Baden nicht geeignet. Dann wurde die in England damals bereits vertretene Ansicht, dass das Meerwasser durchaus der Gesundheit förderlich sei, auch hierzulande hoffähig, und zwar im wahrsten Sinne des Wortes. 1793 nämlich überredete der Leibarzt des Herzogs von Mecklenburg, Professor *Samuel Gottlieb Vogel* (1750–1837), in Heiligendamm bei Bad Doberan eine ganze Hofgesellschaft, sich dem bis dahin verschmähten Ostseewasser auszusetzen – und das noch dazu im September! Mit Meeresbadevergnügen im modernen Sinne hatte die von Vogel initiierte Veranstaltung freilich noch nichts zu tun; es war eher ein wohldosierter

Annäherungsversuch an das neue Element, der die adelige Gesellschaft nicht gleich überfordern sollte: Man stellte Badewannen an den Strand, füllte sie mit Ostseewasser, spannte ein schützendes Zelt um das kleine „Privatmeer", kleidete sich um, stieg hinein und ließ es sich dort mehr oder minder gut gehen. Ein wahrlich bescheidener Anfang, aber doch so etwas wie die Geburtsstunde deutscher Ostsee-Badefreuden.

Der nächste Schritt in Sachen „Eroberung der Ostsee" ließ nicht lange auf sich warten, denn ab 1800 etwa begann die Ära der so genannten *Badekarren*, die nun an der Ostseeküste Mode wurden. In diesen komplett geschlossenen Gefährten wurde man von Pferden ins hüfttiefe Wasser gezogen, wo man seine mobile Umkleidekabine nach hinten hinaus verlassen konnte – selbstverständlich geschützt von einer ausladenden

Strandkiosk am Grünen Brink

Markise, die jeden neugierigen Blick verhinderte (Voyeure hätten allerdings ohnehin keine Freude gehabt, denn die Badekostüme dieser Zeit waren lediglich leicht reduzierte Versionen der Tagesmode). Fast ein ganzes Jahrhundert lang hat der Badekarren die Badekultur an der Ostseeküste geprägt.

Dann folgte das Zeitalter der Badeanstalten, die als fest installierte Badehäuser auf Holzpfählen gebaut wurden und vom Strand bis weit ins Meer hineinreichten. Von einer Plattform aus konnte man von dort ins kühle Wasser gelangen. Dies musste natürlich streng nach dem Gebot der Geschlechtertrennung geschehen: Es gab separate Badehäuser für Männer und Frauen, möglichst nicht nebeneinander platziert, damit man sich nicht ins Gehege kam. Außerhalb der Badeanstalten den Schritt ins Meer zu wagen war strengstens verboten, und das Strandleben genoss man im Liegestuhl, natürlich von Kopf bis Fuß bekleidet. Badeanstalten dieser Art waren noch bis in die 1920er-Jahre ein vertrautes Bild an der Ostseeküste. Erst danach kamen so genannte Familienbäder auf, in denen die Geschlechtertrennung aufgelockert wurde.

(oder mit langem Fußmarsch) zu erreichen und demzufolge wenig besucht ist. Auch hier gilt: Ab der Wasserlinie ist es zunächst sehr steinig, im etwas tieferen Wasser wird der Boden aber schnell sandig-weich.

Orth: Der idyllische Ort Orth hat keinen Badestrand im eigentlichen Sinne: An der zu Fuß oder mit dem Rad erreichbaren Westseite des Hafens führen Holztreppen ins Wasser, das Sonnenbad genießt man auf einer schmalen Wiese. Die flachen Gewässer rund um Orth sind v. a. ein Surf- und Kitesurfrevier. Am Hafen gibt es einige kostenlose Parkplätze; gebührenpflichtiges Parken am Ortsrand für 1,50 € (Wohnmobil 3,50 €).

Gold: Auch Gold ist eher ein Platz für Surfer, die die Orther Bucht als Stehrevier schätzen. Immerhin gibt es aber einen ganz schmalen Sandstreifen mit Minibuhnen, eine Liegewiese über dem Strand bietet etwas mehr Platz. Gebührenpflichtiger Parkplatz vor Ort (2 €).

Essen und Trinken

Vielleicht liegt es am rauen, windigen Wetter oder an der Abgeschiedenheit der Insel, dass sich hier eine noch etwas deftigere Küche, als sie in Ostholstein ohnehin üblich ist, entwickelt hat. Mit fettem Schweinefleisch und kräftigen Mehlklößen kann man auf Fehmarn nichts falsch machen.

Wohl auch deshalb gilt in den Augen mancher Gourmets Fehmarn immer noch als kulinarisches Entwicklungsland. Tatsächlich ist in den Dörfern und am Südstrand meist kräftige Hausmannskost üblich, für die man inzwischen z. T. natürlich auch längst gehobenere Preise zahlt. Wahre Touristenfallen mit fettigen Schnitzeln und ebensolchen Pommes gibt es aber immer weniger. Stattdessen eröffnen mehr und mehr gute Gaststätten, gelegentlich sogar Spezialitätenrestaurants.

In einigen Restaurants der Küste und auf Fehmarn steht das so genannte „Ostseegericht" auf der Speisekarte. Bei diesem handelt es sich um ein Menü, das einzelne Restaurants der Ostseeküste jeweils für ihre Teilnahme beim jährlichen Wettbewerb um das „Ostseegericht des Jahres" kreieren. Nach dessen Präsentation dort bieten sie ihr Menü dann das ganze Jahr über zu einem vergleichsweise günstigen Preis (2011 waren es 12 €) an.

Wer die etwas ungewöhnlichere regionale Küche ausprobieren möchte, dem seien folgende Gerichte empfohlen: Zunächst der *Grote Hans,* ein im Wasser gekochter Hefeteig, der in verschiedenen Variationen angeboten wird, beispielsweise mit Schweinebacke gefüllt und gut gewürzt mit reichlich Senfsoße übergossen. Nicht ganz jedermanns Geschmack dürfte das *Schwarzsauer* sein, das früher am Schlachttag zubereitet wurde: Kleine Schweinefleischstücke (auch von Schnauze und Bein) werden mit Schweineblut verkocht und mit Gewürzen verfeinert. Süßsauer eingekocht und dann frisch gebraten wird die *Gänse-* oder *Entenkeule,* die vornehmlich in der kalten Jahreszeit serviert wird.

Der kulinarische Klassiker schlechthin ist in der Winterzeit jedoch im ganzen Norden der *Grünkohl.* Die Grünkohlsaison beginnt nach dem ersten Frost, wenn dieser die Bitterstoffe der Pflanze in Zucker umgewandelt hat. Passend zum rauen Klima gibt's dann Grünkohl mit Schweinebacke, Kochwurst und Kasseler, wobei alte Grünkohlesser immer sagen, „Schweinebacke muss, Kochwurst kann, Kasseler braucht nicht".

Typisch für die Region ist das *Labskaus,* das wohl bekannteste Seemannsgericht. Ursprünglich handelte es sich um ein typisches Restegericht, mittlerweile ist dessen Zusammensetzung natürlich standardisiert: Matjes, gepökeltes Fleisch, Rote Beete und Kartoffeln werden vermengt und mit einem Spiegelei gekrönt.

Weit verbreitet sind auch die weniger „dramatischen" Spezialitäten wie *Räucherfisch* und *Holsteiner Katenrauchschinken,* die in ganz Ostholstein in oft historischen Räuchereien erzeugt werden.

Seefisch wird fast allerorts angeboten, die Gerichte unterscheiden sich jedoch zumeist nicht wesentlich von den gängigen Fischspezialitäten anderer deutscher Küstenregionen. Empfehlenswert ist es auf jeden Fall, sich in Burgstaaken beispielsweise Dorsch, Scholle oder Butt fangfrisch vom Kutter zu besorgen – der Geschmack ist wirklich unvergleichlich. Leider kann man sich in vielen Restaurants Fehmarns nicht immer sicher sein, ob der Fisch frisch aus dem nächsten Hafen kommt oder tiefgefroren angeliefert wurde, denn die Nachfrage nach Fisch übersteigt zur Hochsaison das regionale Angebot. Frischer *Matjes* ist ab Mai in allen Variationen überall an der Küste erhältlich. Dem Namen nach bekannt sind v. a. die *Kieler Sprotten.* Die Sprotte ist ein heringsartiger Fisch, der – fast immer geräuchert – mit seinen feinen Gräten, aber ohne Kopf und Schwanz gegessen wird. (Die längste Tradition übrigens hat das Sprottenräuchern in Eckernförde und nicht, wie

man glauben könnte, in Kiel, dem der Räucherfisch seinen Namen verdankt: Von Kiel aus konnte die verderbliche Ware auf dem schnellstem Weg mit der Bahn in weite Teile Deutschlands befördert werden und so kam es, dass auf allen hölzernen Kisten, in denen die Sprotten transportiert wurden, Kiel als Name des Versandbahnhofs stand. „Echte Kieler Sprotten" müssen aus dem Großraum der Kieler Bucht stammen, die meisten als „Kieler Sprotten" verkauften Fische werden jedoch heute im Nordseeraum gefangen.)

Bemerkenswert ist auch das Angebot an *Süßwasserfischen.* In den Binnenseen der Insel tummeln sich beispielsweise Karpfen, Zander, Hecht und auch Aale. Im Winter ist Karpfenzeit. Der wohlschmeckende, aber grätenreiche Fisch wird dann in einigen Gasthöfen meist als im Bierteig gebackenes Filet angeboten.

Es geht auch ohne Laden: Verkaufsstand in Landkirchen

Egal ob Fisch oder Fleisch gegessen wird, was den Nachtisch angeht, so ist eine Speise auf Fehmarn überhaupt nicht wegzudenken: die aus verschiedenen Beeren zubereitete *rote Grütze.* Gelegentlich werden auch Büdel angeboten. Das sind unter Dampf gegarte Mehlbeutel aus Mehl, Eiern, Hefe, lauwarmer Milch und Buttermilch, die mit heißen Kirschen serviert werden.

Eine Besonderheit der Insel ist die *Fehmarnsche Kröpel*, ein Gebäck, das es früher nur zur Zeit der Weizenernte gab. Hergestellt wird sie, indem man Milch mit Butter, Salz und Kardamom zum Kochen bringt, Hartweizengrieß hinzugibt und das Ganze zu einem Kloß rührt. Anschließend nimmt man den Topf vom Herd, mengt Eier unter die Masse und verrührt sie nach dem Abkühlen noch einmal mit fein gemahlenem Weizen, Zucker, Zitronensaft und Hefe. Diesen Teig lässt man gehen, knetet ihn dann erneut und formt kleine Bällchen daraus, die kurz in heißem Fett gebacken und anschließend in Zucker gewälzt werden.

Ein besonderes Ritual gibt es auf Fehmarn beim Kuchenessen: Auf privaten Feiern wird der Kuchen nicht vorgeschnitten, sondern jeder schneidet sich selbst ein Stück davon ab und reicht ihn dann an seinen Nächsten weiter.

Bei den Getränken bevorzugt der Fehmaraner ein gut gehopftes Bier; Wein hat auf der Insel keine Tradition, ist aber schon allein der Touristen wegen überall erhältlich. Weil das heimische Essen meist so deftig ist, gehört zum

Lecker: Eis schlecken in Burg vor dem Senator-Thomsen-Haus

Abschluss ein *Köm,* also ein Kümmelschnaps, einfach dazu. In seiner Stammkneipe bestellt der Norddeutsche auch gerne „Lütt un Lütt", also Bier und Korn.

Zur Kaffeezeit gibt es dann noch Besonderheiten wie *Tote Tante* oder *Pharisäer,* die zwar gerne als einheimische Spezialitäten angepriesen werden, in Wirklichkeit aber im Nordseeraum ihren Ursprung haben. Der Pharisäer verdankt seine Entstehung angeblich dem Sündenfall in einer norddeutschen Gemeinde. Dort nämlich soll der Pfarrer heftigst gegen die Angewohnheit seiner Gläubigen, immer wieder Alkohol zu trinken, gewettert haben. Also nahmen die Einwohner ihre tägliche Ration Rum heimlich zu sich, indem sie ihn in den Kaffee schütteten, den sie mit einer als Geruchsbremse dienenden Sahnehaube garnierten. Als man dem Pfarrer irrtümlich auf einer Feier auch eine Tasse des „Kaffees" servierte, flog der Schwindel auf und der Geistliche rief daraufhin entrüstet: „Ihr Pharisäer". Von da an hatte das Getränk, das v. a. an kalten Wintertagen auch heute noch gerne getrunken wird, seinen Namen. Bei der „Toten Tante", die in anderen Regionen eher als „Lumumba" bekannt ist, wird im Unterschied zum Pharisäer Kakao statt Kaffee verwendet und die Sahnehaube mit Schokostreuseln verziert.

Ein insbesondere in der dunklen Jahreszeit gern getrunkenes Getränk der Norddeutschen ist der *Grog,* also Rum mit heißem Wasser und Zucker. Er schmeckt v. a. an kalten, stürmischen Tagen und wärmt von innen. Der Grog ist aber keineswegs eine norddeutsche oder gar Fehmaraner Erfindung, sondern hat seinen Ursprung in der englischen Seeschifffahrt des 18. Jh., als zur Erhaltung der Moral an Bord große Mengen Rum verteilt wurden. Dies allerdings hatte eine zunehmende Trunkenheit auf den Schiffen zur Folge. Ein gewisser Admiral Vernon ordnete daher an, den Rum mit Wasser zu strecken, was den Matrosen gar nicht gefiel, und weil dieser Admiral stets ein wasserfestes Gewand aus derbem Grogramstoff trug, wurde er und später dann das Getränk „Old Grog" genannt. Vielleicht kommt der Name aber auch einfach vom engl. „groggy", denn zu viel vom leckeren Rum, dem aus Zuckerrohr hergestellten Alkohol, macht auf Dauer wirklich müde.

Wie kommt die Krabbe ins Brötchen?

Allerorts werden auf Fehmarn neben Fischbrötchen auch Krabbenbrötchen angeboten. Die „Krabben" hierfür stammen allerdings nicht aus der Ost-, sondern aus der Nordsee und es handelt sich bei ihnen auch gar nicht um Krabben, sondern um die kleinste Speisegarnele der Welt. „Granat" wird diese hochwertige Delikatesse mit süßlich-nussigem Aroma an der Nordseeküste genannt. Sofort nach dem Fang werden die kleinen Garnelen noch an Bord mit Seewasser gekocht und erhalten dadurch ihre typisch rotbraune Farbe. Wirklich fangfrischen Granat bekommt man in der Regel allenfalls ungepult zu kaufen. Da bislang keine Krabbenpulmaschine Marktreife erreicht hat, müssen die Garnelen nämlich alle von Hand gepult werden und das lässt man aus Lohnkostengründen zu über 80 % in Marokko machen. So ist es sehr wahrscheinlich, dass die angeblich ganz frischen Krabben auf dem Brötchen bereits den langen Weg von der Nordsee nach Afrika und wieder zurück bis nach Fehmarn hinter sich haben. Eine holländische Firma beherrscht diesen Markt und kauft fast alle Nordseekrabben auf; Globalisierung nennt man das!

Familienurlaub mit Kindern

Ebbe und Flut sind auf Fehmarn kaum zu spüren, was diese Insel mit ihren flachen Ufersäumen zu einem idealen Feriengebiet für Familien mit Kindern macht – zu Hunderten ziehen diese zur Ferienzeit an die vielen Strände, an denen es zudem kaum Brandung gibt. Vor allem der Burger Südstrand gleicht dann teilweise einer einzigen riesigen Sandkiste. Hier gibt es immer etwas zu erleben, zu sehen und zu buddeln. Nicht zuletzt im Interesse stressgeplagter Eltern verfügen der Südstrand und die meisten Campingplätze über spezielle Kindereinrichtungen bzw. organisieren eine Kinderbetreuung und/oder zahlreiche Veranstaltungen für die Kleinen. Die Palette reicht von Strandspielplätzen über Clown-Vorführungen bis zur öffentlichen Darbietung von Gutenachtgeschichten.

Immer wieder ein – noch dazu preiswertes – Erlebnis für Kinder ist das Drachensteigenlassen, das wegen des beständigen Winds jederzeit möglich ist. Gelegentlich finden auf Fehmarn auch Drachenfeste statt, bei denen die Besten dieser Zunft ihr Können zeigen.

Highlights kommerzieller Art gibt es zur Genüge, schließlich möchten die lieben Kleinen ja etwas erleben, und dafür öffnen Mama und Papa schon mal gerne ihren Geldbeutel. Es gibt ein interessantes Aquarium (Meereszentrum) und ein U-Boot zu besichtigen, außerdem versprechen eine große Modelleisenbahn, die Experimenta (eine Art Physik-Show) sowie die Ausstellung „Planet Erde" Spaß und Spannung. Sportlich ambitionierte Kinder finden ihr Betätigungsfeld beim Siloclimbing oder im Hochseilgarten sowie auf der Indoor-Kartbahn, der Mintraktor- und Quadbahn und natürlich beim Wassersport.

Auch außerhalb Fehmarns locken zahlreiche Ausflugsziele. Zu empfehlen sind sicher der Hansa-Park in Sierksdorf, ein riesiger Freizeit- und Familienpark, und die Karl-May-Spiele in Bad Segeberg. Der Museumshof in Lensahn und das Schleswig-Holsteinische Freilichtmuseum in Kiel-Molfsee sind ebenfalls einen Besuch wert (siehe S. 183 ff.).

Fehmarn im Internet

Fehmarn ist nicht nur außerordentlich häufig, sondern auch sehr informativ im Internet vertreten. Nützliche Informationen über die Insel bekommt man unter folgenden Adressen: www.fehmarn.de; www.stadtfehmarn.de; www.webcam-fehmarn.de; www.fehmarn24.de; www.ostsee.de/insel-fehmarn; www.fehmarnmagazin.de; www.insel-fehmarn.de; www.fehmarn-aktuell.de; www.burg-fehmarn.de; www.fehmarn-echo.de; www.gruenundblau-fehmarn.de und www.reisecenter-fehmarn.de. Über Links sind bei diesen Adressen teilweise auch Unterkünfte buchbar.

Klima und Reisezeit

Entgegen ihrem Ruf ist die Ostseeküste in Wirklichkeit ein Schönwettergebiet. In Sachen Sonne liegt Fehmarn noch vor dem Allgäu und dem Breisgau bundesweit an der Spitze; mit über 2000 Sonnenstunden gibt es hier in manchen Jahren sogar den meisten Sonnenschein in ganz Deutschland. Außerdem ist die saubere Inselluft eine Wohltat für die Atemwege.

Dass die Ostseeküste zu den regenärmsten und sonnenreichsten Gebieten Deutschlands gehört, liegt daran, dass die Wolken häufig erst über dem Festland abregnen. In Hamburg mag noch so ein Schmuddelwetter sein – auf der Insel scheint bereits wieder die Sonne. Allerdings geht es auf Fehmarn oft auch ganz schön stürmisch zu. Wegen der ständigen Brise ändert sich das Wetter aber ebenso oft schlagartig und lange Regenperioden sind eher selten. Die staubfreie, jod- und salzkristallhaltige Luft gilt als gesundheitsfördernd, v. a. für Allergiker. Ihre heilende Wirkung versucht man immer stärker zu vermarkten, beispielsweise über Angebote zur natürlichen Sole-Inhalation, die den Stoffwechsel aktiviert, und bei Atemwegsbeschwerden, Herz- und Kreislauf-

Frische Luft ist garantiert: Püttsee-Strand im Inselwesten

erkrankungen sowie Störungen des vegetativen Nervensystems und der Schild-drüsenfunktion helfen soll. Wie dem auch sei, die Abwehrkräfte werden auf jeden Fall durch das milde Reizklima und das erfrischende Meerwasser gestärkt.

Fehmarn ist daher nicht nur im Sommer eine Reise wert. Auf der Insel ist das ganze Jahr über Saison, auch in den vergleichsweise milden Wintern. Badetemperaturen werden aber nur im Hochsommer erreicht.

Fasst man die statistischen Daten zum Klima noch einmal kurz zusammen, so lässt sich sagen: Fehmarn hat

- mit die höchste Sonnenscheindauer Deutschlands (ca. 1740 Stunden pro Jahr).
- die geringsten Niederschläge Schleswig-Holsteins (ca. 570 mm pro Jahr), der re-genreichste Monat ist der November (durchschnittlich 60 mm).
- vergleichsweise hohe Durchschnittstemperaturen, aber selten sehr heiße Tage über 25 °C. Die Jahresdurchschnittstemperatur beträgt 8,3 °C; die kältesten Monate sind Januar und Februar mit durchschnittlich 0,5 °C, die wärmsten Monate Juli und August mit jeweils 16,6 °C.
- häufig kräftige Windgeschwindigkeiten bei meist westlichen Windrichtungen (im Durchschnitt 4 Beaufort = 6m/s).

Kur und Genesungsurlaub

Fehmarn und speziell der Burger Südstrand sind seit 1974 als Ostseeheilbad aner-kannt. Angeboten werden hier beispielsweise Kuren zur Behandlung von chroni-schen und allergischen Atemwegserkrankungen, Stoffwechselstörungen sowie Er-krankungen von Knochen, Gelenken und Wirbelsäule. Verschiedene Fachkliniken bieten auch Mutter/Vater-Kind-Kuren an.

- *Information/Adressen* Kuranwendungen werden angeboten bei: **Hof Bellevue**, bei Lemkenhafen (Fachklinik für ganzheitliche Medizin), ✆ 04372-997010, www.hof-bellevue.de. **Kurhotel Hasselbarth**, Burg (Hotel mit med. Bäderabteilung), ✆ 04371-86180, www.hotel.hasselbarth.de. **Therapeutikum West-fehmarn**, Petersdorf (Fachklinik für Kinder und Erwachsene mit Erkrankungen der Haut und Atemwege, Mutter/Vater-Kind-Kur), ✆ 04372-8080, www.therapeutikum-west fehmarn.de. **Südstrandklinik Fehmarn**, Burg-tiefe (Kinder-Reha, Mutter/Vater-Kind-Kur), ✆ 04371-893320, www.ifagesundheit.de. **Physiotherapie Scherer**, (Massagen, Schmerz-therapie, Krankengymnastik, Lymphdraina-gen usw.), Burg, Sommerweg 23, ✆ 04371-8794652, www.petrascherer.com

Tourismusbeitrag/Ostseecard/ Gästekarte

Um die der Erholung dienenden öffentlichen Einrichtungen finanzieren und unter-halten zu können, wird in den Urlaubsorten der Ostseeküste und auch auf Feh-marn ein Tourismusbeitrag erhoben. Gäste von Ferienwohnungen entrichten den Beitrag üblicherweise beim Tourismus-Service; vielfach wird dieser aber schon gleich bei der Buchung erhoben. Hotels und Pensionen sind ohnehin angehalten, den Tourismusbeitrag gleich mit der Übernachtung abzurechnen.

Im Gegenzug erhält man dafür die so genannte *ostseecard*, eine Gästekarte, mit der man zuallererst einmal von den Strandgebühren befreit ist. Darüber hinaus erhält man mit ihr ermäßigten Eintritt in den Schwimmbädern und Museen der Region sowie Rabatte in verschiedenen Restaurants und Geschäften, z. T. auch in Linienbussen. Da die *ostseecard* anders als die traditionellen Kurkarten ortsübergreifend gültig ist, müssen Fehmarnurlauber bei Abstechern in andere, dem Verbund angeschlossene Ferienorte nicht auf die Vergünstigungen verzichten. Insbesondere entfällt damit das lästige Lösen von Strandkarten, ohne die man früher die Strände „fremder" Ostseebäder nicht betreten durfte. Nur Tagesausflügler, die nicht im Besitz einer Gästekarte sind, müssen ihren Obolus weiterhin per Strandkarte entrichten (erhältlich im Tourismus-Service oder beim Strandkorbvermieter, häufig inzwischen auch am Automaten). Ob Sie gezahlt haben bzw. Inhaber einer *ostseecard* sind, wird am Südstrand von Kontrolleuren überprüft.

Seit 2009 gilt auf der ganzen Insel ein einheitlicher Tourismusbeitrag, der auf Fehmarn nur von erwachsenen Gästen zu zahlen ist. Sie beträgt in der Zwischensaison vom 1.1. bis 14.5. und vom 15.9. bis 31.12. 0,50 € pro Person und Tag; in der Hauptsaison vom 15.5. bis 14.9. 1 €. Tagesgäste zahlen am Südstrand, am Strand von Meeschendorf, Bojendorf und am Grünen Brink 1,20 € für eine Tagesstrandkarte (am Automaten). Wer dort ohne gültige Kurkarte angetroffen wird, zahlt einen Nachlösebetrag von 3,60 €.

Angeschlossen an den **Ostseekarten-Verbund** sind neben Fehmarn die Orte Laboe, Schönberg, Hohwacht, Heiligenhafen, Großenbrode, Dahme, Kellenhusen, Grömitz, Neustadt, Pelzerhaken, Rettin, Sierksdorf, Scharbeutz, Timmendorfer Strand und Travemünde. Nicht zum Verbund zählen Weissenhäuser Strand, Sehlendorfer Strand sowie die Städte Eutin, Bad Malente und Plön.

Touristeninformation

Der Tourismus-Service mit zentraler Zimmervermittlung für die ganze Insel befindet sich direkt am Südstrand in Burgtiefe, Südstrandpromenade 1, ☎ 04371-506 300. Buchungshotline ☎ 04371-506333. Eine Zweigniederlassung gibt es am Ortseingang im Stadtteil Burg, Landkirchener Weg 46 (direkt neben McDonald's), 23769 Burg auf Fehmarn, ☎ 04371-8794784, Öffnungszeiten: Mo–Fr 9–18 Uhr, Sa/So 10– 15 Uhr, www.fehmarn.de. Zudem gibt es auf Fehmarn noch einige private Vermittlungsbüros (siehe „Übernachten").

Übernachten

Die meisten Fehmarnurlauber wählen zum Übernachten eine Ferienwohnung, von denen es hier eine große Anzahl gibt. Pensionen und Hotels sind dagegen Mangelware. Für Campingfreunde ist die Insel ein Paradies, denn an vielen Küstenstreifen gibt es einen schönen Campingplatz in unmittelbarer Meeresnähe.

Das ist ein Wettbewerbsvorteil, denn auf Fehmarn liegt fast kein Ort direkt am Wasser, sieht man von Burgtiefe mit seinem großen Südstrand einmal ab. Weil es vergleichsweise nur wenige Quartiere direkt am Meer gibt und auch weil es in den meisten Dörfern keinerlei Einkaufsmöglichkeiten gibt, muss man immer ein wenig mobil sein. Dazu eignet sich auf Fehmarn neben dem Auto natürlich insbesondere das Fahrrad.

Besonders in der Hochsaison zwischen Juni und August ist die Insel fast gänzlich ausgebucht; hier empfiehlt sich unbedingt eine frühzeitige Reservierung. Und auch auf Fehmarn gilt: Eine gute Lage hat ihren Preis. Viele Vermieter lassen aber – wie überall – v. a. in der Nebensaison mit sich reden und gewähren einen mitunter deutlichen Preisnachlass. Die Preise bei den Unterkünften schwanken zwischen Haupt- und Nebensaison deshalb z. T. erheblich.

Hotels/Pensionen/Privatzimmer: Luxushotels gibt es keine; anders als Sylt oder Juist ist Fehmarn eben keine Schickeria-Insel. Aber auch sonst ist das Angebot eher beschränkt, insgesamt gibt es nur etwa zehn Hotels und zehn Pensionen. Die Hotels bewegen sich auf einem 3-Sterne-Niveau oder darunter. Im Buch sind die Hotels und Pensionen jeweils unter der betreffenden Ortschaft aufgeführt. Alle genannten DZ-Preise sind inklusive Frühstück und beziehen sich auf die Hauptsaison. Preiswerte Alternativen sind die über 50 Anbieter von einfach ausgestatteten Privatzimmern. In der Regel haben die Vermieter mehr als nur ein einziges Zimmer im Angebot, Frühstück ist inklusive. Ein Unterkunftsverzeichnis ist beim Tourismus-Service erhältlich.

Ferienwohnungen und Ferienhäuser: Auf der Insel gibt es eine große Auswahl von etwa 1800 Ferienwohnungen und 150 Ferienhäusern, die von verschiedenen Agenturen vermittelt werden.

Der **Tourismus-Service Fehmarn** ist zugleich auch zentrale Zimmervermittlung der Insel. Hier hält man ein umfangreiches Unterkunftsverzeichnis bereit. Adresse: Südstrandpromenade 1 (Burgtiefe), 23769 Fehmarn, ☎ 04371-506300 (Buchungshotline ☎ 04371-506333) und Landkirchener Weg 46, ☎ 04371-8794784. Online-Buchung unter **www.fehmarn.de**.

Außerdem gibt es eine Reihe privater Vermittlungsbüros:

Travel Center Fehmarn GmbH, hier kann man ebenfalls ein informatives Unterkunftsverzeichnis beziehen. Landkirchener Weg 1, 23769 Fehmarn/Burg, ☎ 04371-87878. Online-Buchung unter www.travel-center-fehmarn.de.

Gästezentrale Burg, Niendorfer Weg 12, 23769 Fehmarn/Burg, ☎ 04371-6338. Buchung unter www.gaestezentrale.de.

Michaela Lüthje, St. Georg Weg 26, 23769 Fehmarn/Burg, ☎ 04371-6687, Buchungshotline ☎ 0176-24683211. Buchungen auch unter www.fehmarn-pur.de.

Fehmarn-Ferien Ratssollweg 15, 23769 Petersdorf, ☎ 04372-8090. Buchungen auch unter www.fehmarn-ferien.de.

Buchungen sind ebenfalls möglich unter www.insel-fehmarn.de, www.reisecenter-fehmarn.de, www.fehmarn-travel.de, www.fehmarn-echo.de, www.ostsee-inselurlaub-fehmarn.de. Ansonsten gibt es noch eine Reihe überregionaler Ferienwohnungsvermittler, die Fehmarn im Angebot haben.

Wegen der wirklich unüberschaubaren Fülle von Angeboten im Bereich Ferienwohnungen haben wir im Reiseteil dieses Buches auf entsprechende Hinweise verzichtet.

Idyllisch: Urlaub auf dem Bauernhof in Presen

Urlaub auf dem Bauernhof: Auch die Variante „Urlaub auf dem Bauernhof" ist auf Fehmarn immer mehr im Kommen. Derzeit gibt es auf der Insel etwa 40 Ferienhöfe, die jeweils einige Ferienwohnungen und gelegentlich auch Privatzimmer eingerichtet haben. Hier fühlen sich v. a. Familien mit Kindern wohl. Außer im Unterkunftsverzeichnis sind Infos über die Bauernhöfe auch unter www.bauernhof-erlebnis.de zu finden.

Jugendherberge: Fehmarns Jugendherberge liegt am südöstlichen Ortsrand von Burg, etwa 2,5 km vom Südstrand entfernt. Die familienfreundliche 182-Betten-Herberge aus den 1960er-Jahren ist vergleichsweise einfach ausgestattet, aber immer gut besucht. Es gibt überwiegend 6-Bett-Zimmer, aber auch ein paar nette Blockhäuser für Familien. Die Übernachtung mit Frühstück kostet 17,90 €. Gäste ab 27 Jahren zahlen einen Zuschlag von 3 € pro Nacht. Aufschlag für Vollpension 6,20 €. Voraussetzung ist ein gültiger Jugendherbergsausweis (bis 26 Jahre 12,50 €, für Senioren oder Familien 21 € pro Jahr). Im Winter zeitweise geschlossen. Mathildenstr. 34, 23769 Fehmarn, ✆ 04371-2150, www.jugendherberge.de. oder www.jugendherberge.de/jh/burg.

Camping: Ganz sicher ist die Insel ein Magnet für Campingfreunde. Das Angebot von über 6000 Stellplätzen spricht für sich und so tummeln sich hier im Sommer geradezu die Wohnwagen und Wohnmobile. Außer in Burgtiefe gibt es an fast jedem Küstenstreifen einen Platz, insgesamt sind es 16 gut geführte und gepflegte Campingplätze; alle in Strandnähe gelegen.

Nicht erlaubt, aber romantisch: wildes Campen an der Ostküste

Die z. T. sehr großen Komfortplätze bieten reichlich Sportmöglichkeiten, Kinderbetreuung und Animation, fast immer sind auch Lebensmittelladen und Restaurant vorhanden. Man muss nicht einmal mit dem eigenen Caravan anreisen, denn 14 der 16 Plätze halten Mietwohnwagen bereit. Viele Campingplätze sind jedoch im Hochsommer sehr voll; eine Reservierung ist dann dringend zu empfehlen. Die meisten Plätze sind nur in der Zeit von April bis Oktober geöffnet, drei machen allerdings selbst im Winter keine Pause. Camping ist auf Fehmarn ein schönes, aber kein billiges Vergnügen, die Preise pro Übernachtung liegen für eine Familie pro Stellplatz bei 22–50 €.

Alle Plätze sind im Reiseteil des Buches bei den jeweiligen Ortschaften ausführlich beschrieben.

Eine schöne Übersicht und Darstellung **aller Campingplätze Fehmarns** mit dem Titel „Camping-Paradies" erhält man kostenlos beim Tourismus-Service. Infos gibt es zudem unter www.campingparadies-fehmarn.de.

Wohnmobil: Wohnmobilisten sind auf Fehmarn gerne gesehen. Am Strand Grüner Brink, direkt am Hafen von Burgstaaken oder auch in der Innenstadt von Burg (Osterstraße), darf man sein Gefährt für 8 € (Automat) pro Nacht abstellen. Darüber hinaus gibt es einen reinen Wohnmobil-Campingplatz (Nähe Puttgarden/Grüner Brink) und alle 16 Campingplätze bieten zusätzlich für Wohnmobilisten besondere Wohnmobil-Standplätze an. Freies Übernachten direkt an der Küste oder auch im Insel-Kernland hingegen ist ein Problem. Auf den meisten Parkplätzen ist das nächtliche Abstellen von Wohnmobilen untersagt.

▲ Malerischer Hafen: Orth

Rund um die Insel

Touristenzentrum Fehmarns: Südstrand Burgtiefe

Burg

Die Inselhauptstadt (seit 1974 Ostseeheilbad) hat Flair. Wer dieses erleben will, wird zunächst – insbesondere an trüben Tagen in der Hochsaison – in einer Blechlawine stecken, die sich langsam Richtung Burg quält. Ist man erst einmal angekommen, lässt sich die malerische Kleinstadt problemlos zu Fuß erkunden. Sie bietet einige kulturelle Höhenpunkte und eignet sich hervorragend für einen gemütlichen Einkaufsbummel. In Burgstaaken, dem Hafen, herrscht täglich geschäftig-maritimes Treiben und in Burgtiefe liegt einer der wenigen Südstrände der Ostsee.

Wegen des zu bestimmten Zeiten hohen Verkehrsaufkommens besucht man die Stadt besser am frühen Vormittag oder bei schönem Wetter, wenn sich die meisten Touristen am Strand tummeln. Viele vom Festland anreisende Tagesbesucher zieht es – ebenso wie eine Reihe dänischer und schwedischer Urlauber, die sich auf der Rückreise nach Skandinavien in den umliegenden Supermärkten gleich auch noch mit reichlich Alkoholika eindecken – v. a. in das weithin bekannte Meereszentrum im Gewerbegebiet am westlichen Ortsrand. Vom Festland oder vom Inselsüden kommende Ortskundige benutzen daher gerne die Straße über Blieschendorf, um ein wenig abseits des täglichen Verkehrschaos in die Inselmetropole Burg zu gelangen.

Die Hauptstraße zieht sich durch den ganzen Ort und verbreitert sich am Markt, dem schönsten und lebhaftesten Flecken der Stadt. Ungewöhnlich ist, dass die historischen Häuserreihen auf der einen Seite der Hauptstraße auf dem Niveau der Fahrbahn liegen, während auf der anderen Straßenseite die hübschen, mit Restaurants, Boutiquen oder anderen kleinen Geschäften besetzten und eng aneinandergereihten Häuschen so hoch liegen, als ständen sie auf einem Deich. Grobes Kopfsteinpflaster und die vor den Bürger- und Fachwerkhäusern stehenden großen Bäume, meist Linden, verstärken die romantische, zum Bummeln einladende Stimmung.

Am Südende der Breiten Straße lohnt es sich, der Nikolai-Kirche einen Besuch abzustatten und das danebenliegende Heimatmuseum zu besuchen (siehe die Beschreibungen bei den Sehenswürdigkeiten S. 91 und 93). Wer die etwas unbekanntere Seite des Ortes kennen lernen will, sollte auch die kleineren Gassen und die Parks ringsherum aufsuchen. Mitten in der Innenstadt findet man z. B. im efeubewachsenen kleinen Bürgerpark in der Breiten Straße 28 (hinter dem Senator-Thomsen-Haus) neben einigen alten Baumriesen und einem Spielplatz eine unter Naturschutz stehende Stechpalme von seltener Schönheit (botanischer Name *Ilex*). Sie wächst direkt hinter dem Senator-Thomsen-Haus, einer Fachwerkvilla (von 1781), in der im Sommer wechselnde Ausstellungen gezeigt werden (siehe Foto S. 73). Ein anderer kleiner Park ist der Stadtpark in der Bahnhofstraße (hinter der Polizei am Verkehrskreisel). In dem Gebäude am Rande des Parks befindet sich heute die Stadtbücherei, bis 1976 war hier das Amtsgericht untergebracht. Der verlassene Bau dahinter wurde bis 1939 als Inselgefängnis benutzt. Sichtblenden an der Rückfront lassen dies noch erkennen. Auf der gegenüberliegenden Seite der verkehrsreichen Bahnhofstraße befindet sich der Schwanenteich, ebenfalls ein idyllisches Plätzchen im Grünen.

Neben der Innenstadt gibt es drei weitere Ortsteile, die Burgstaaken, Neue Tiefe und Burgtiefe heißen und mit ihrem Namen bereits viel über die Entstehungsgeschichte der Stadt aussagen.

Ursprünglich hatte Burg einen natürlichen Hafen, dessen Zufahrt bis etwa zum heutigen Marktplatz reichte. Als dieser im Mittelalter zunehmend verlandete, musste er an eine andere Stelle, an die *Neue Tiefe*, verlegt werden. Neue Tiefe ist heute nichts anderes als ein kleiner Wohnort in der Nähe des Burger Binnensees auf dem Weg zum Südstrand. Besondere Sehenswürdigkeiten findet man hier keine und selbst einen Hafen gibt es nicht mehr. Dieser befindet sich inzwischen im knapp 2 km südlich der Innenstadt gelegenen *Burgstaaken*, wo er in den 1860er-Jahren von den Preußen angelegt wurde. Ohne ihn wäre Burg wohl nur halb so attraktiv. Das Wort „Staaken" bedeutet übrigens so viel wie Gefängnis; eine Strafanstalt gibt es auf Fehmarn aber nicht mehr.

Bereits die holprige Straße nach Burgstaaken, der Staakensweg, ist bemerkenswert. Sie ist auf voller Länge mit Steinen bestückt, die einst mühsam aus dem Meer „herausgefischt" wurden. Im Hafen selbst herrscht nach wie vor Betriebsamkeit, wenn am späten Nachmittag die Kutter einlaufen und der Fisch fangfrisch verkauft wird. Am Kai sind die Netze zum Trocknen ausgebreitet, dahinter locken Fischimbiss und Fischrestaurant. Und wer die Kutteratmosphäre hautnah spüren will, den laden einige Fischkutter zur Hafenrundfahrt oder auch zur Hochseeangeltour ein. Zwar ist der Hafen gut mit (gebührenpflichtigen) Parkplätzen ausgestattet, doch während des berühmten Hafenfests, das alle zwei Jahre stattfindet, ist Burgstaaken dicht. Wem der Trubel nichts ausmacht, der sollte das Fest und v. a. das Kutterrennen nicht verpassen, bei dem die Fischer mit voller Kraft auf die Pier zurasen und es dann doch noch irgendwie schaffen, ihre Kutter herumzureißen, um sauber anzulegen.

Aber auch unabhängig davon ist am Hafen einiges los. Hoch überragt wird Burgstaaken von den Getreidesilos, die mittlerweile ganz den Kletterern gehören. Hier kann sich jeder beim Siloclimbing versuchen. Blickfang am Hafen ist außerdem ein auf dem Trockenen liegendes U-Boot, das nun als Museum fungiert. Ebenfalls in

Hafennähe findet man drei Erlebnisausstellungen und eine Indoor-Kartbahn (eine genaue Beschreibung hierzu gibt es auf S. 94 ff.).

Von der Zeit, als der Hafen weniger dem Tourismus als dem Güterumschlag diente, zeugen die an einigen Stellen noch vorhandenen alten Eisenbahnschienen. Man hat die alte Eisenbahntrasse zu einem Rad- und Fußweg umfunktioniert, auf dem man Burgs Hafen von der Innenstadt aus wesentlich gefahrloser erreicht als über den belebten Staakensweg.

Gegenüber von Burgstaaken liegt am südlichen Ufer des Burger Binnensees auf einem Nehrungshaken der Ortsteil *Burgtiefe* mit einem großen und modernen Yachthafen im Norden und Fehmarns Hauptstrand im Süden. Der Strand ist kurtaxenpflichtig, immerhin werden dafür aber reichlich kostenlose Parkplätze geboten und außerdem: Wo sonst an der Ostsee gibt es schon einen reinen, noch dazu feinsandigen Südstrand? Im Volksmund wird

Altes Rathaus am Markt

das Touristenzentrum Burgs deshalb auch nicht Burgtiefe, sondern schlicht *Südstrand* genannt. Bei schönem Wetter bietet der reichlich mit Strandkörben belegte breite Strand Badefreuden pur, ist dann aber auch richtig voll. Besonders Kindern bereiten das seichte Wasser und der Badesteg ein deutlich hörbares Badevergnügen. Nicht fehlen darf natürlich die obligatorische Promenade hinter der mit Hagebutten bepflanzten schmalen Schutzdüne. Moderne Appartementhäuser in Wellenform und v. a. die drei weithin sichtbaren Hochhäuser des Kur- und Ferienzentrums beherrschen die Szenerie dieses modernen Ortsteils und bilden einen krassen Gegensatz zu dem von historischen Bauten dominierten Erscheinungsbild des Hauptortes. Die 15-stöckigen Gebäude aus dem Jahr 1969 mögen von außen nicht schön anzusehen sein – einen fantastischen (Meeres-) Blick hat man von hier oben jedoch unbestritten. Verbunden sind sie durch eine 3000 m² große, gewächshausartige Laden- bzw. Restaurantpassage, in der sich auch ein Spielplatz mit Pid-Pad-Anlage (Tischminigolf) befindet. Bei Sonnenschein wird es unter dem Glasdach allerdings ganz schön heiß.

Versteckt und wie ein Fremdkörper inmitten moderner Tourismusbauten wirkend liegen in Hochhausnähe die Trümmer der Burg Glambeck, die im Jahre 1210 zum Schutz des Hafens vom dänischen König Waldemar II. auf der Sandnehrung erbaut wurde. Die Ruine gehört zwar zu den historisch bedeutsamsten, nicht aber unbedingt zu den sehenswürdigsten Bauten der Insel. Viel mehr als ein paar Mauerreste sind nicht erhalten geblieben, denn die im Jahr 1627 zerstörte Burg war lange Zeit unter dem Flugsand verschwunden. Erst bei der großen Sturmflut 1872 wurden die Trümmer teilweise wieder freigespült und im Jahr 1908 endgültig freigelegt.

Steinfischer

Auf Fehmarn gab es nie einen Steinbruch. Steine wurden als Baumaterial aber dringend gebraucht. Also fischte man mit Flachbooten in Küstennähe lose Steine auf, die so groß waren, dass ein Mann sie gerade noch an Bord hieven konnte. Bald jedoch waren die am leichtesten zu erreichenden Steingründe „abgefischt" und man begann, mit besserer Technik auch in tiefere Gewässer vorzudringen. Was man von dort als Ladung mitbrachte, wurde am Hafen nach Gewicht bezahlt und oft gleich vor Ort von Steinklopfern bearbeitet. Eine Menge Steine wurde gebraucht (v. a. für den Bau des Burgstaakener Hafens in den Jahren 1868–71) und teilweise sogar exportiert, z. B. für den Bau der Hafenmolen von Kiel, Cuxhafen, Rødbyhavn und Kopenhagen sowie für die Errichtung des Marine-Ehrenmals von Laboe. Kaum zu glauben, aber noch bis weit ins 20. Jh. hinein gab es diese Art des Broterwerbs auf Fehmarn.

Burg
Karte S. 89

Geschichte

Die Burg, die namensgebend für die spätere Siedlung wurde, gab es bereits zur Slawenzeit im 11. Jh. Burg ist damit neben Haithabu, Oldenburg und Lübeck eine der ältesten städtischen Siedlungen in Schleswig-Holstein. Bereits ab dem 14. Jh. hatte es eine Sonderstellung auf Fehmarn: Im Unterschied zum übrigen – mit dem Fehmaraner Landrecht ausgestatteten – Inselgebiet galt hier das lübische Stadtrecht, da Handel, Schiffseigner und Justiz zu Zeiten der anbrechenden Geldwirtschaft für die Festlegung gemeinsamer Gewichte und Maße ein verlässlich geschriebenes Recht benötigten.

Als die Stadt im 15. Jh. dann auch noch an die Hansestadt Lübeck verpfändet wurde, erlebte sie einen gewaltigen Aufschwung. Sie wurde zu einem wichtigen Vorposten der Hanse vor den Toren Skandinaviens. Von zentraler Bedeutung für den Handel war natürlich der Hafen, der damals noch bis zum heutigen Burger Marktplatz reichte und von einer Befestigung am heutigen Südstrand (Burgruine Glambeck) geschützt wurde. Ende des 16. Jh. führte die zunehmende Versandung des Hafens jedoch zum Niedergang der Stadt. Dass man ihn an eine andere Stelle, an die *Neue Tiefe*, verlegte, nützte nur wenig, denn nicht allein die Hafenversandung, auch Kriegswirren, Naturkatastrophen und Seuchen sorgten dafür, dass Burg regelrecht verarmte. Erst als 1867 Fehmarn an Preußen fiel, begann der langsame Wiederaufstieg der Stadt, der wiederum eng mit dem Bau einer völlig neuen Hafenanlage, nun in Burgstaaken, verknüpft war. In dem 1974 auf seine heutige Größe erweiterten Hafen besteht allerdings weiterhin die Gefahr einer Versandung, weshalb die Fahrrinne im Burger Binnensee ständig durch Baggerungen freigehalten werden muss.

Amtsrichter Willy Raschies

Mit dem Jahr 1963 endete auf der Insel in zweifacher Hinsicht das Zeitalter der Isolation, denn nicht nur wurde zu diesem Zeitpunkt die Fehmarnsundbrücke fertiggestellt – im gleichen Jahr ging auch der legendäre Amtsrichter *Willy Raschies*, der bis dahin mit seiner ganz eigenen Art der Gesetzesauslegung auf der Insel „herrschte", im Alter von 68 Jahren in den wohlverdienten Ruhestand. Auf Trunkenheit am Steuer gab es während seiner Amtszeit z. B. grundsätzlich keine Bewährung, wer erwischt wurde, musste seine Strafe auch tatsächlich absitzen. Und auch hinsichtlich der Straffälligkeit bei Verletzung der Mitführungspflicht von Flaggen an Bord hatte Raschies seine ganz eigenen Ansichten. Als die Staatsanwaltschaft 1947 beim Amtsgericht Burg a. F. einen Antrag auf Bestrafung des Fischers Pahlke stellte, weil dieser die von den Engländern befohlene Flagge nicht gesetzt habe, seine Erklärung, sie in einem Wirbelsturm in Nord-Norwegen verloren zu haben, nicht glaubhaft sei und er abgesehen davon sowieso eine Reserveflagge mitzuführen habe, lehnte Amtsgerichtsrat *Raschies* den Antrag ab mit den Worten: „Ich möchte den Angeklagten nicht bestrafen. Die Ausrede mit dem Wirbelsturm in Nord-Norwegen glaube ich auch nicht. Sie ist aber gut. Hätte er den Sturm in den Fehmarnsund verlegt, würden wir es mit der Beweisführung leichter haben. Was das Nichtmitführen der Reserveflagge angeht, so missbillige auch ich als alter Pessimist solches Verhalten aufs Nachdrücklichste. Aber wir können doch nicht alle Optimisten bestrafen. Die Fischer sind nun mal leichtfertige Gesellen. Sie fahren aus in Sturm und Nacht bei Eis und Schnee und begeben sich in Lebensgefahr, ohne sich einen Reservekutter mitzunehmen."

Auch schön war die Begründung seines Urteils in einem Fall, der sich viele Jahre später, schon zu Zeiten des aufkommenden Tourismus, zutrug. Ein Bauer war von einer Urlauberin wegen Tierquälerei verklagt worden, weil er seine Rindviecher beim Treiben zum Bahnhof recht ruppig behandelt habe. Die beiden Laienrichter beim Schöffengericht in Burg a. F., dem Gesamtanteil der Inselbevölkerung entsprechend ebenfalls Bauern, konnten an dem Verhalten ihres Kollegen natürlich nichts Anrüchiges finden. Geschlossen stimmten sie für Freispruch, den der listige Vorsitzende Raschies so formulierte: „Der Angeklagte wird von dem Vorwurf der Tierquälerei von zwei Ochsen freigesprochen."

Information/Adresse (siehe Karte S. 89)

- *Information/Zimmervermittlung* siehe S. 77.
- *Führungen* **Altstadtbummel** unter sachkundiger Führung in der Vor- und Nachsaison, Dauer 1–1,5 Std. Infos beim Tourismus-Service, ☎ 04371-506300.
- *Fundbüro* **Bürgerbüro**, Bahnhofstraße 5, Burg auf Fehmarn, ☎ 04371-506 oder 641 und 645.
- *Kino* **Burg-Film-Theater (9)**, eines der schönsten Kinos im Norden liegt etwas versteckt mitten in Burgs Stadtzentrum und ist ein Speisekino, d. h. vor dem Kinosessel

gibt es ein kleines Tischchen mit Lampe, an dem Snacks und Getränke verzehrt werden können. Breite Straße 13a, ☎ 04371-6728. Programmansage ☎ 04371-9555.
- *Kutterfahrten und Angeltouren* Am Hafen von Burgstaaken verdienen sich einige Fischer im Sommer ein Zubrot mit Kutterrundfahrten, Schaufischen und Angeltouren. 5-mal täglich werden einstündige Kutterrundfahrten für 8 € angeboten (Kinder 5 €), Hochseeangeln (7 bzw. 7.30 Uhr) 30 € (Leihangel 8 €). Infos am Hafen direkt bei

den Booten oder bei MS „Seepferdchen" (Kutterfahrt), ☎ 04371-1263 und ☎ 0170-369 1423, bei Kutter „Tümmler" (Kutterfahrt) ☎ 0171-9916822, sowie MS „Kehrheim" und MS „Silverland", ☎ 04371-2149.

● *Parken* Mit beschilderten Großparkplätzen (Parkplatz West, Ost und Nord) im Innenstadtbereich versucht man, der Autoflut etwas Herr zu werden. Von hier aus sind es keine fünf Minuten Fußweg zur Stadtmitte (Gebühr: 1 € für 2 Std.; Tagespreis 3 €). Daneben gibt es noch einige Parkplätze direkt am Marktplatz (1 €/Std.), die aber fast immer belegt sind. Auf dem zentrumsnahen Parkplatz Osterstraße dürfen auch Wohnmobile stehen, sogar über Nacht (8 €).

Auch in Burgstaaken gibt es einen gebührenpflichtigen Parkplatz (für 2 Std.), für 8 € (Automat) dürfen auch hier Wohnmobile über Nacht parken.

● *Schwimmbad* **Badewelt FehMare**, weitläufige Pool-Landschaft direkt am Südstrand mit sechs Becken, darunter ein großes Wellenbecken, Außenrutsche und großzügiger Wellnessbereich mit Dachterrasse und verschiedenen Saunen; diverse Kursangebote und Gastronomiebereich „Kuli.Mare". In der Saison tägl. 10–20 Uhr, Nebensaison 14–19 Uhr (Sauna bis 22 Uhr). Erwachsene Wellenbad solo 6 €; 3 Std. Badewelt 11 €, ganzer Tag Badewelt 13 € (inkl. Saunawelt 17 €). Kinder 3 Std. 5 €, ganzer Tag 7 € (inkl. Saunawelt 11 €). Familienkarte 40 €. Burgtiefe, Südstrandpromenade 1, ☎ 04371-889960, www.fehmare.de.

● *Stadtrundfahrt* **Fehmarn-Express**, ein Traktor mit einem als Eisenbahnwagon getarnten Personenanhänger fährt ca. 45 Min. vom Marktplatz zum Hafen Burgstaaken,

zum Südstrand und über das Gewerbegebiet (Modellbahn) zurück. Die Fahrt kann an allen Haltestellen unterbrochen werden. Abfahrt am Marktplatz Burg täglich jede volle Stunde zwischen 9 und 18 Uhr. Erwachsene 5 €, Kinder 2,50 € (Kombiticket mit Modellbahn 10 €).

● *Taxi* **Taxi-Barnasch**, ☎ 04371-3349; **Taxi und Minicar**, ☎ 04371-6844 und 6796.

● *Wochenmarkt* Jeden Mittwoch 7–14 Uhr auf dem Marktplatz von Burg.

Kutter und fangfrischer Fisch:
Hafen Burgstaaken

Burg
Karte S. 89

Übernachten/Essen und Trinken (siehe Karte S. 89)

● *Übernachten* **Wisser's Hotel (3)**, Burgs 180 Jahre altes Traditionshaus im Herzen der Stadt bietet einfache, meist große und gepflegte Zimmer mit allem Komfort. Im hinteren Gebäudetrakt, in dem 2003 der historische Festsaal ausbrannte, befindet sich ein Gästehaus. Angeschlossen sind ein Restaurant-Café mit guter Küche und ein gepflegtes Bistro. Großzügige Terrasse vor dem Haus mit Blick auf den Marktplatz. DZ ab 98 €. Am Markt 21, ☎ 04371-3111, ✆ 04371-6620, www.wissers–hotel.de.

Hotel-Restaurant Burg-Klause (14), von außen ein nüchterner Zweckbau, innen aber gemütlich und sauber, reichlich Komfort auf

den Zimmern; Sauna, recht gute Küche, daher auch als Restaurant eine echte Alternative (reiche Auswahl). Weil der Wirt aus Bayern stammt, präsentiert sich das Restaurant mit schöner Kastendecke und groben Holztischen in alpenländischem Interieur. DZ 89 €. Blieschendorfer Weg 1–5, ☎ 04371-50020, ✆ 04371-1735, www.burgklause.de.

Kur-Ferienhotel Hasselbarth (12), einziges Hotel auf Fehmarn mit integrierter medizinischer Bäderabteilung. 36 °C warmes Bewegungsbecken, Sauna, Solarium im Haus. Komfortable Doppelzimmer mit Balkon. Ruhige Lage, wenige Gehminuten vom Stadtkern entfernt. DZ 90–98 €. Sahrensdorfer Str. 39, ℡ 04371-86180, 📠 04371-4780, www. hotel-hasselbarth.de.

Hotel Marktwirtschaft (4), ruhig und etwas versteckt in der Nähe des Marktplatzes gelegen. Zweckmäßige, nicht allzu große Zimmer. Im rustikalen Restaurant „Anno 1889", an dessen Wände Steine gemalt sind, gibt es ebenso rustikale Küche, auch Brotzeiten. DZ 75 €. Ohrtstraße 1, ℡ 04371-864118, 📠 04371-864120, www.reisecenter-fehmarn.de.

Schützenhof (15), das in Burgstaaken gelegene Hotel ist mit seinen 28 Zimmern schon eines der größten auf der Insel. Es liegt ruhig in einem Wäldchen vor dem Hafen und verfügt über mit dem üblichen Komfort ausgestattete Zimmer. Vorwiegend reifes Publikum. Im gutbürgerlichen Restaurant werden v. a. fangfrischer Fisch und andere regionale Gerichte serviert. Es gibt zwei riesige Galerie und eine gemütliche, holzvertäfelte Bierstube (mit Kachelofen). Tägl. Frühstücksbuffet, auch für Nicht-Hausgäste (12 €). DZ 96 €. Menzelweg 2, ℡ 04371-50080, 📠 04371-500814, www.hotel-schuetzenhof.org.

IFA-Fehmarn (19), das Hotel und Ferienzentrum nutzt den mittleren und zur Hälfte den westlichen der drei markanten Türme am Südstrand und vermietet die meisten Einheiten als Ferienwohnungen, für die aber auch der Hotelservice in Anspruch genommen werden kann. Das Frühstück wird dann im hoteleigenen Restaurant eingenommen. Über die Hochhaus-Architektur lässt sich streiten, die Aussicht von oben ist jedoch hervorragend. DZ im Appartement ab 132 €. Burgtiefe, Südstrandpromenade, ℡ 04371-890, 📠 04371-892000, www.ifa-fehmarn-hotel.com.

Hotel Intersol (21), typisches Strandhotel im Stil der 1980er-Jahre in toller Lage. Die 44 Zimmer und Familienstudios sind alle modernisiert und haben Dünen-, Strand- oder Meerblick. Restaurant, Bar und Solarium im Haus. DZ 94–139 €. Burgtiefe, Südstrandpromenade, ℡ 04371-8653, 📠 04371-3765, www.hotel-intersol.de.

● *Essen und Trinken in Burg* **Zur Traube (6)**, das alte, rosenbewachsene Inselhaus liegt etwas versteckt hinter dem Rathaus. Passend zum schönen Äußeren sind die Galerie gepflegt und gemütlich. Der Herkunft der Pächter ist es zu verdanken, dass es hier v. a. schwäbische und badische Spezialitäten gibt. Dass die hausgemachten Maultaschen hervorragend sind,

versteht sich daher fast von selbst. Auch guten Wein gibt es in der Traube, hauptsächlich von Baden-Württemberger Winzern. Ohrtstraße 9–11, ℡ 04371-888977.

Landhaus Doppeleiche (11), der Name verwirrt, denn es stehen zwei alte Linden vor dem Eingang. Die namensgebende Doppeleiche gibt es dennoch; sie steht auf der eingefassten Grünfläche der angrenzenden belebten Straße (siehe Kasten S. 49). Das traditionelle Haus ist heute ein gepflegtes italienisches Restaurant mit großer Speisekarte, in dem es neben Pizza und Pasta v. a. guten Fisch gibt (Dorade sowie Fische von Nord- und Ostsee). Auch Steaks und Lamm sind im Angebot. Innen sehr gemütlich-gediegen eingerichtet. Mit der alten Freitreppe im Flur wirkt das große Haus fast nobel. Windgeschützte Terrasse mit Korbsesseln vorm Haus, dort nachmittags auch Kaffeespezialitäten. Tägl. 11.30–22.30 Uhr. Breite Straße 32, ℡ 04371-9920.

Kartoffelhaus (7), unter dem Motto „Es muss nicht immer Kaviar sein" werden hier (etwas versteckt hinter dem Kino gelegen) in der Burger Innenstadt alle Variationen von leckeren Kartoffelgerichten (Kartoffelaufläufe, Kartoffelpizza u. a.) serviert. Im Kartoffelhaus gibt es aber auch Fleisch- und Fischgerichte (Schweinebraten/Scholle), serviert im klassisch-gemütlichen Ambiente mit Standuhr und alten Tischen. Tägl. 12–21.30 Uhr. Ohrtstraße 23, ℡ 04371-863839.

Landhaus Kröger (5), einfache Speisegaststätte im Herzen der Stadt. Reiche Auswahl an gutbürgerlichen Fisch- und Fleischgerichten. Große Terrasse an Burgs gepflasterter Haupteinkaufsstraße. Täglich 11–21.30 Uhr. Breite Str. 10, ℡ 04371-6753.

Il Gambero Rosso (13), kleine Pizzeria mit gemütlich-mediterraner Gaststube und engagierten jungen Wirtsleuten. Ganz am südlichen Ende der belebten Breiten Straße gelegen, sodass man von der mit Teakholzmöbeln ausgestatteten Terrasse direkt auf die Nikolai-Kirche schaut. Schmackhafte Pizzen, gute Pasta. Breite Str. 50, ℡ 04371-889750.

Café Jedermann (10), den Stichweg am Kino hinunter, gelangt man von der Breiten Straße direkt in das gemütliche, kleine Café mit seinem großen Biergarten. Am Publikum ist zu erkennen, dass das freundliche Interieur mit viel hellem Holz tatsächlich etwas für jedermann ist. Serviert werden guter Kuchen und viele Teespezialitäten. Tägl. 11–20 Uhr (in der Saison auch länger). Ohrtstr. 25, ℡ 04371-1411.

Meeres-
zentrum
Fehmarn

Landkirchener Weg

Modellbahn
und
Surfmuseum

Mümmendorfer Weg

Industriestr.

Am Steinkamp

Klaus-Groth-Str.

Bahnhofstraße

Kirchner
Dokumentation
im Stadtpark

Niendorfer Weg

Puttgarden

Bürgermeister-
Lafrenz-Straße

Birkenweg

Gahlendorfer Weg

Am Mellenthinpl.

Am Markt

Mellenthinstr.

Sport-
platz

Mühlenstr.

Wiesenweg

St. Nikolai

1
2
3
4
5 Rathaus
6
7
10 **9**
8
11
Peter Wiepert Heimatmuseum

Breite Str.

Osterstr.

Sahrensdorfer Str.

Sahrensdorfer Str.

12

13

14

Priesterstr.

Alter Postweg

Bleischendorfer Weg

Wulfener Weg

Bieslauer Straße

Sommerweg

Staakenweg

Grüner Weg

Königsberger Str.

Lotsenweg

Menzelweg

Spitweg

Am Deich

Kapellenweg

Mathildenstraße

St.-Jürgen-
Kapelle

Jugend-
herberge

Klemmweg

Strandallee

Katharinenhof

15

Abenteuer
Übersee
Experimenta

Planet
Erde

Burgstaaken

Burgstaaken

Birkenw.

Bürgermeister Fox - Straße

Neue Tiefe

16
17

18

U-Bootmuseum

Fischereihafen

Burger Binnensee

Burgstaaken

Am
Binnensee

Strandallee

Vogelschutz-
gebiet
Kohlhofinsel

Yachthafen
Burgtiefe

Burgruine
Glambek

19

Südstrandpromenade

Schwimmbad

Strandallee

Am
Jachthafen

Stranddistelweg

Strandhafer

Dünenweg

21 **20**

Südstrand

22

Burg

220 m

Im Hochsommer ganz schön voll: Südstrand Burgtiefe

Café Liebevoll (1), wie der Name schon sagt liebevoll eingerichtet mit antiken Gebrauchsmöbeln. Hinter dem Haus verbirgt sich ein sehr schöner, sonniger (und kindgerechten) Garten; eine ruhige Oase in der im Sommer oft übervollen Stadt. Es gibt nicht nur Früh- und Spätstücke, Torten und Kuchen. Das Liebevoll bietet mehr und versteht sich auch als „Kulturlabor". Regelmäßig gibt es im rückwärtigen, mit Bühne und alten Kinosesseln versehenen Saal Theater, Konzerte oder Lesungen (Info unter kulturlabor.biz). Di–So 9–18, Sa bis 24 Uhr. Bahnhofstr. 17, ☎ 04371-503716.

Frau Schmidt (2), schlicht-gemütlich mit Sesseln und Sofas eingerichtete Espressobar mit Kaffee- und Teespezialitäten. Täglich Frühstück bis 14 Uhr, abends Cocktailbar. Man sitzt gemütlich unter schattigen Linden auf der Terrasse und blickt auf das geschäftige Verkehrsnadelöhr in Richtung Markt. Ganzjährig ab 7 Uhr geöffnet (Sa/So ab 10 Uhr). Bahnhofstr. 1, ☎ 04371-8898414.

Fehmaraner Tee & Kaffee Kontor (8), im Herzen der Altstadt gelegen, nicht nur Tee- und Kaffeeverkauf, sondern auch ein nettes Café mit großer Terrasse. Tägl. ab 9.30 Uhr. Osterstraße 45, ☎ 04371-6694.

● *Essen und Trinken in Burgstaaken* **Zum goldenen Anker (16)**, traditionelle und gute Fischgaststätte direkt am Hafensilo von Burgstaaken. Maritimes Ambiente mit Netzen und Rettungsringen in den alten, hohen Speiseräumen, in denen es z. B. gutes

hausgemachtes Labskaus und Dorschfilet gibt. 11.30–14 Uhr und ab 17.30 Uhr, Mo Ruhetag. Burgstaaken 63, ☎ 04371-3163.

Fehmarnsches Fischlädchen (Fischereigenossenschaft Fehmarn) (18), großer Hafenimbiss mit Fischverkauf direkt am Burgstaakener Hafen. Es gibt v. a. deftige Fischgerichte mit Bratkartoffeln und natürlich leckere Fischbrötchen. Tische sowohl drinnen als auch auf der windgeschützten Terrasse draußen. Mo–Sa 9–18 Uhr, So 11–18 Uhr.

Café Kontor (17), gemütliches Café mit selbst gebackenen Kuchen im alten Hafenkontor von Burgstaaken, liebevoll mit zahlreichen schönen Wohnaccessoirs geschmückt, die auch käuflich zu erwerben sind. Tische im sehr gepflegten Garten mit Blick auf den rückwärtig gelegenen Hafen. 12–18 Uhr, ☎ 04371-6456.

● *Essen und Trinken in Burgtiefe (Südstrand)* **Restaurant Windrose (19)**, in der gewächshausartigen Laden- bzw. Restaurantpassage des Ifa-Ferienparks gelegen und zu diesem Hotel gehörend; modern gediegene Ausstattung; hier gibt es gute und frische Gerichte, auch Mittagstisch und Abendbüfett. Nur in der Saison geöffnet. Südstrandpromenade, ☎ 04371-892301.

Haus am Strand (20), am Südstrand von Burgtiefe, wo ansonsten Hochhäuser dominieren, liegt dieses reetgedeckte frühere Lotsenknechthaus, in dem heute eine gutbürgerliche Gastwirtschaft mit Café untergebracht ist. Innen ist es gemütlich eng, draußen gibt es eine große, windgeschützte Terrasse direkt an der Promenade. Üppige Karte mit Nudeln, Fleisch, Fisch und Salaten. Spezialität ist eine deftige Fischpfanne. Südstrandpromenade, ✆ 04371-9625.

Café Sorgenfrei (22), eine schönere Lage gibt es auf Fehmarn kaum. Am letzten Ende des Südstrandes direkt am Meer gelegen mit Blick auf den Wulfener Hals. Lichtdurchflutetes Café mit Cocktailbar. Tolle Holzter-rasse vor dem Haus, auf der sich wunderbar der Sonnenuntergang genießen lässt. Tägl. ab 10 Uhr (NS ab 12 Uhr) bis nach dem Sonnenuntergang geöffnet, So Frühstücksbüfett, einmal im Monat Vollmondparty mit immer neuen Cocktail-Spezialitäten. Südstrandpromenade 1, ✆ 01577-4016365. Vom Bootsanleger vor dem Haus fährt 5-mal am Tag ein Schiff hinüber nach Burgstaaken (2 €).

Kirchen

Nikolai-Kirche: Von innen zeigt sich die Kirche ganz anders, als man es von außen erwartet. Die Gewölbe sind viel niedriger, als das hoch aufragende Spitzdach annehmen lässt; alles wirkt hell und freundlich.. Obwohl die Kirche während der Gotik gebaut wurde, sind Decken und Wände im romanischen Stil bemalt.

Sehenswert sind der gotische Schnitzaltar aus der zweiten Hälfte des 14. Jh. – er ist weitgehend vergoldet und zeigt Szenen aus der Passions- und Ostergeschichte – sowie in der Mitte des nördlichen Seitenschiffs der Blasius-Altar (1513) Als einziger von ehemals acht Seitenaltären hat dieser die nachreformatorischen Umgestaltungen des Kircheninneren überdauert und zeigt Bilder aus dem Leben des heiligen Blasius. Auf der Kanzel (von 1667) gibt es nur eine bildliche Darstellung, nämlich die einer Taube (unter dem Kanzeldach) als Symbol des Heiligen Geistes. Hinter der Kanzel steht der so genannte „Armenblock", eine mit Eisenbeschlägen gesicherte Opfertruhe, in die früher jeden Sonntag der Klingelbeutel entleert wurde. Das gesammelte Geld wurde dann einmal im Jahr unter Bedürftige verteilt. Eine weitere Besonderheit ist das in die Ostwand links neben dem Chor eingelassene Becken, *Piscin* genannt. Hier wurde in den Zeiten vor der Reformation das nicht mehr benötigte Weih- und Taufwasser ausgeleert.

St. Nikolai verfügt über zwei Taufbecken: Ein pokalförmiges, aus gotländischem Stein gefertigtes Becken (19. Jh.) steht in der Nähe des Piscins, darüber hängt ein Votivschiff. Am gegenüberliegenden Seitenschiffjoch findet man das zweite, ein ursprünglich aus Schweden stammendes gotisches Bronzetaufbecken (von 1391) in Kelchform, unter dessen Sockel drei Bronzelöwen liegen. Wie es hierherkam, ist nicht ganz klar. Wahrscheinlich handelt es sich um eine Seeräuberbeute, vielleicht aber auch um Strandgut.

Der wuchtige, fast klotzig wirkende quadratische Glockenturm der um 1230 entstandenen und später mehrfach erweiterten Kirche wurde 1513 angebaut. Mit seiner Höhe von 48 m übertrumpft er jeden Leuchtturm der Insel (ebenso mit sei-

Mittelalterlich: Nikolai-Kirche

Burg
Karte S. 89

Burgs Flaniermeile: Breite Straße mit dem Heimatmuseum

ner Stabilität, denn die Mauern sind 2 m dick). Ursprünglich war er noch 18 m höher, seine Spitze hielt aber den Wetterverhältnissen nicht stand. Bei einem starken Nordweststurm im Jahre 1760 brach sie ab und wurde durch eine barocke Haube ersetzt.

An der Außenwand des Kirchenanbaus (ehemaliges Leichenhaus, heute Andachtsraum) sieht man eine graue Sandsteintafel, die in etwas verwitterter gotischer Schrift an die blutige Zerstörung der Insel im Jahr 1420 erinnert. Sie wird „Fehmarnsches Memorial" genannt.

April–Okt. täglich10–16 Uhr. In der Hochsaison Turmbesteigung von St. Nikolai jeweils So nach dem 10-Uhr-Gottesdienst. Im Juli und August Di 11 Uhr Kirchenführung, außerdem Mi 20 Uhr Orgelmusik bei Kerzenlicht (Eintritt 6–9 €). Breite Straße 47.

Jürgen-Kapelle: Diese kleine mittelalterliche Kapelle liegt an der nach Neue Tiefe führenden Straße (vor der Jugendherberge links). Der gotische Backsteinbau, der ursprünglich die Kapelle eines Siechenhauses für Pestkranke und Aussätzige war, hat viel erlebt. So lag in der Zeit des Hexenwahns im 17. Jh. in der Nähe der Kapelle beispielsweise der Verbrennungsplatz für die Fehmarner Hexen und unter dänischer Herrschaft musste der Bau schon mal als Pferdestall und Waffenkammer herhalten. Sehenswert ist neben den fast noch vollständig erhaltenen schönen Wandmalereien aus dem 15. Jh. das hölzerne Sakramentshaus aus dem 13. Jh.

Geöffnet ist die Kapelle leider nur zu den Gottesdienstzeiten und nach telefonischer Absprache bei der Verwaltung. Kapellenweg 13, ☎ 04371-506/640.

Ausstellungen und Museen

Meereszentrum Fehmarn: Weit über die Grenzen der Insel hinaus wird kräftig für dieses größte Hai-Aquarium Deutschlands geworben. Das führt dazu, dass sich besonders an Regentagen vor der am Ortseingang von Burg gelegenen Attraktion lange Warteschlangen bilden. Gewaltige Besuchermassen drängen sich dann durch das kommerziell ausgerichtete private Meereszentrums. Zu sehen gibt es in den 45 Schauaquarien etwa 1000 prächtige Meerestiere aus allen tropischen Regionen der

Welt, darunter zwölf Haiarten. „Hailight" ist denn auch ein mit drei Millionen Litern Wasser gefülltes Riesenaquarium, bei dem 16 m lange Panzerglasscheiben die Besucher von den schaurig-schönen Tieren trennen. Interessant sind auch der gläserne Tunnel, der mitten durch ein Riffbecken führt, und ein Rundaquarium, in dem ausgesuchte fluoreszierende Meereslebewesen zu bewundern sind. Viel bestaunt werden zudem die possierlichen Seepferdchen in ihrem eigenen Aquarium. Café und Souvenirshop dürfen natürlich nicht fehlen.

Tägl. 10–18 Uhr, im Sommer bis 19 Uhr. Erwachsene 10 € (in Begleitung eines Kindes 9 €), Kinder (ab 4 J) 6,50 €, Senioren/Jugendliche (ab 16 J.) 9 €, Familien mit zwei Kindern 31 €. Gertrudenthaler Straße 12 (im Gewerbegebiet am westlichen Ortseingang von Burg), ✆ 04371-4416, www.meereszentrum.de.

Modellbahn Fehmarn: In einer neu gebauten einfachen Halle im Gewerbegebiet am Ortseingang von Burg gibt es auf 1000 m² Gesamtfläche mehrere große Modelleisenbahnanlagen zu bestaunen, auf deren Gleisen von unterschiedlicher Spurweite etwa 100 Züge durch abwechslungsreiche Landschaften fahren. Zwei Wertmarken für kleinere Spielanlagen, die man selbst steuern kann, sind im Eintritt enthalten; für jeweils 1 € lassen sich drei weitere Wertmarken erwerben. Kleine Kinder können mit einer großen Holzeisenbahn spielen. Die viel beworbene Modellbahn Fehmarn ist nur etwas für wirkliche Liebhaber.

März–Okt. tägl. 10–18 Uhr. Erw. 6 €, Kinder (4–14 J.) 3 €. Im Eintrittspreis ist auch das Surfmuseum enthalten. Dem Museum ist ein Spielzeuggeschäft vorgelagert. Im Museum selbst gibt es ein kleines Café. Landkirchener Weg 46, ✆ 04371-869990, www.modellbahn-fehmarn.com.

Surfmuseum: Im selben Gebäude, in dem die Modellbahn Fehmarn untergebracht ist, befindet sich auch ein von einem Förderverein getragenes kleines Surfmuseum. Die Zwillingsbrüder Charchulla, die 1975 bereits die erste Windsurfschule auf der Insel eröffneten, haben über 30 Jahre später dieses – wie sie sagen – „weltweit erste Surfmuseum" gegründet. Zu sehen gibt es nicht nur Fotos über die Entwicklung des (Wind-)Surfsports, sondern auch Bretter, Trapeze, Gabelbäume und anderes Zubehör verschiedener Generationen sowie das mit einer Länge von 16,1 m längste Surfbrett der Welt. Acht Surfer werden benötigt, um dieses Monstrum gemeinsam zu fahren und dabei sehr beachtliche Geschwindigkeiten zu erreichen.

Im ersten Stock der Modelleisenbahn-Halle, März–Okt. tägl. 10–18 Uhr. Im Eintrittspreis des Modellbahnmuseums ist auch das Surfmuseum enthalten. Nur Surfmuseum: Erw. 3 €. Landkirchener Weg 46, ✆ 04371-869990, www.surfmuseum.de.

Peter-Wiepert-Heimatmuseum: Benannt nach dem unermüdlichen Heimatforscher Peter Wiepert (1890–1980), bietet das direkt neben der Nikolai-Kirche in drei Fachwerkhäusern untergebrachte Museum in 23 kleinen Räumen ein buntes, aber sehr interessantes Sammelsurium von Exponaten, das von Steinzeitfunden bis zur bäuerlichen Wohnungseinrichtung reicht. Hinzu kommen Mitbringsel Fehmarnscher Seeleute und einige Schiffsmodelle, u. a. auch das des untergegangenen Segelschulschiffs „Niobe" (siehe dazu Kasten S. 112).

Juni–Okt. Di–Sa 11–16 Uhr. Erwachsene 3 €, Schüler 2 €, Kinder (4–14 J.) 1 €. Breite Straße 49–51, Infos/Führungen unter ✆ 04371-6257.

Ernst-Ludwig-Kirchner-Dokumentation: Der Maler Ernst Ludwig Kirchner (1880–1938), Mitglied der Künstlervereinigung „Die Brücke", verbrachte vor dem Ersten Weltkrieg einige Sommerurlaube auf Fehmarn. Inspiriert von den besonderen Lichtverhältnissen der Insel und der rauen Küste vor der Tür seiner Sommerresidenz im Hause des Leuchtturmwärters von Staberhuk schuf er hier viele seiner

U 11: Blickfang am Hafen von Burgstaaken

Werke im Stil des aufkommenden Expressionismus. Die im ersten Stock der Stadt-
bücherei untergebrachte kleine Dokumentation informiert mit Schautafeln über
Kirchners Fehmarnaufenthalte und zeigt auch einige Nachdrucke seiner Bilder und
Bleistiftzeichnungen.

Stadtbibliothek: Mo–Fr 9.30–12 u. 14.30–18 Uhr, Mittwochnachmittag geschlossen. Eintritt
frei. Bahnhofstraße 47, Juli–Sept. sonntags 11.15 Uhr kostenlose Führungen; ☎ 04371-869590.

Rathaus/Naturkundeausstellung: Das im Jahr 1900 errichtete Gebäude steht unübersehbar in der Ortsmitte am Markt. Es wurde als Rathaus erbaut und dient
noch heute seinem ursprünglichen Zweck. Auch wenn es also kein Museum ist und
Ausstellungen hier nur selten stattfinden, lohnt sich durchaus ein Besuch. Ein paar
Stufen führen hinauf zur neuen Eingangstür. Man sollte sie ruhig einmal öffnen –
schließlich handelt es sich um ein öffentliches Gebäude – und die hohe Wartehalle
betreten. Diese ist mit mächtigen Balken und noch originalen hölzernen Wandbän-
ken versehen und könnte als Filmkulisse für eine Amtsstube aus der Zeit der vor-
letzten Jahrhundertwende dienen. Sehenswert ist auch der historische Sitzungssaal,
der den Besuchern wochentags (vormittags) offen steht.

Der Umweltrat der Insel hat im Rathaus darüber hinaus die geologische Ausstellung „Naturerlebnis Fehmarn" eingerichtet. Anhand von Versteinerungen, Minera-
lien und Bernsteinen erhält man einen tiefen Einblick in die Entstehung der Feh-
marn-Belt-Region.

Die Ausstellung ist Mo–Fr 10–12 und 14–18 Uhr geöffnet und hat einen separaten Eingang
an der Rückseite des Rathauses (Markt 1). ☎ 04371-506654. Eintritt frei. Besichtigung
Sitzungssaal Mo–Fr 8–12 Uhr, Anmeldung Zimmer 14. Am Markt 1, ☎ 04371-506122.

U-Boot-Museum: Seit dem Jahr 2005 beherrscht ein Original-U-Boot die Szenerie
am Hafen von Burgstaaken. U 11 wurde 1968 gebaut und war bis 2003 im Dienst
der Bundesmarine. Jetzt ist es effektvoll positioniert und lädt zur Besichtigung seines engen Innenlebens ein. Man kann beispielsweise durch das echte Periskop
schauen oder in einer Mannschaftskoje Probe liegen – kaum vorstellbar, dass das
Boot einst 22 Mann Besatzung beherbergte. Im Eintritt ist auch der Besuch der
Ausstellungshalle nebenan enthalten, in der die Geschichte der deutschen U-Boot-
Flotte(n) von 1945 bis 2010 dokumentiert wird.

In der Saison tägl. 10–19 Uhr. Erwachsene 6 €, Jugendliche (16–18 J.) 5 €, Kinder 4 €, Familien 17 €. Im Winterhalbjahr nur an Wochenenden. Hafen Burgstaaken, ✆ 04371-501142, www.ostsee-u-boot.de.

Experimenta: Die in einer ehemaligen Bootshalle in Burgstaaken untergebrachte Ausstellung ist eine Mischung aus Physik-Show zum Anfassen, Museum und Spielplatz für Kinder und Erwachsene. Phänomene aus den Bereichen Natur und Technik, z. B. optische Täuschungen, Riesenseifenblasen, Magnetismus, Licht und Schatten u. Ä., werden mithilfe von Ausstellungsstücken und Experimenten erfahrbar gemacht. Beeindruckende Höhepunkte sind ein 3D-Kino und die stündliche Vorführung eines Hochspannungsblitzes.

April–Okt. tägl. 10–16 Uhr, im Sommer auch bis 18 Uhr. Erwachsene 7 €, Kinder ab 4 J. 5 €. Hafenstr. 69 in Burgstaaken (Richtung Go-Kart-Bahn), ✆ 04371-864446, www.experimenta-fehmarn.de.

Planet Erde: In der Experimenta-Halle hat der gleiche Betreiber noch eine weitere – relativ kleine, aber sehr interessante – Lern- und Erlebnisausstellung aufgebaut. Sie ist als eine Art Reise vom Urknall über die Dinosaurierzeit bis hin zum heutigen Menschen zu verstehen. Gezeigt werden allerlei Fossilien und Versteinerungen wie ein Dino-Ei oder Meteoriten sowie kleine Ausstellungen, beispielsweise über Vulkane oder auch über die Welt des Körpers.

Höhepunkte der Schau sind die (nicht originalen) Skelette eines Mammuts und des wohl berühmtesten Raubsauriers, des Tyrannosaurus Rex (T-Rex), sowie ein Erdbebensimulator, auf den man sich stellen kann, um Erdbeben verschiedener Stärken nachzuempfinden.

Außerhalb der Halle gibt es ein überdachtes Grabungscamp, in dem Kinder nach Gold schürfen und (echte) Edelsteine ausgraben dürfen.

April–Okt. tägl. 10–16 Uhr, im Sommer auch bis 18 Uhr. Erwachsene 6 €, Kinder ab 4 J. 4,50 €. Edelsteinausgrabung und Goldwaschen inklusive. Museumsshop vor Ort. Hafenstr. 69 in Burgstaaken (Richtung Go-Kart-Bahn), ✆ 04371-879247, www.planet-erde-fehmarn.de.

Abenteuer Übersee: Die dritte Ausstellung in Burgstaakens Bootshalle ist eine Art Entdeckungsreise nach Übersee um das Jahr 1900. Wer genau hinschaut, entdeckt in dem bunten Sammelsurium aus aller Welt viele kuriose Exponate, beispielsweise südamerikanische Schrumpfköpfe, historische Waffen der Naturvölker oder auch eine zweiköpfige Schildkröte. Eine Sonderschau zeigt beeindruckende Streichholzmodelle, so z. B. einen in Originalgröße erbauten Formel-1-Wagen aus einer Million Streichhölzern.

April–Okt. tägl. 1016 Uhr, im Sommer auch bis 18 Uhr. Erwachsene 6 €, Kinder ab 4 J. 4,50 €. Hafenstr. 69 in Burgstaaken (Richtung Go-Kart-Bahn), ✆ 04371-864446, www.abenteuer-uebersee.de.

Siloclimbing: Die drei ehemaligen, mit Graffiti verzierten Getreidesilos, die den Hafen von Burgstaaken überragen, sind Deutschlands höchste künstliche Kletteranlage und bieten fünf verschiedene Routen unterschiedlichen Schwierigkeitsgrades (siehe Foto S. 56). Die höchste geht bis auf 40 m hinauf und übertrifft damit sogar den höchsten Leuchtturm der Insel in Flügge. Jeder (ab einer Körpergröße von 1,15 m) kann sich hier am Freeclimbing versuchen, das v. a. auch für Kinder und Jugendliche ein Spaß ist. Nach einer kurzen Einweisung werden die Kletterkünstler von den Eltern oder Begleitern gesichert. Vor Ort gibt es ein kleines Climber-Café.

April–Okt. täglich 10 Uhr, open end. 1 Std. Klettern (inkl. Ausrüstung) 10 €; Zusatzstunde 3 €. Am Hafen in Burgstaaken, ✆ 04371-503102, www.siloclimbing.de.

Burg
Karte S. 89

Die Dörfer Fehmarns

Alle 42 kleinen Dörfer und Ortschaften Fehmarns sind im Folgenden aufgeführt, auch wenn diese z. T. nur aus ein paar Häusern bestehen. Bis auf einige Ausnahmen sind alle Siedlungen im Mittelalter in der Form des *Fortadorfes* entstanden, d. h., die Häuser wurden an zwei Seiten (meist Ost- und Westseite) um einen rechteckigen Dorfplatz oder Dorfanger gruppiert. An diesem zentralen Platz lag meist auch der Dorfteich, der damals als Viehtränke diente und noch heute in fast jedem Dorf auf Fehmarn zu finden ist. Nach wie vor ist Fehmarn landwirtschaftlich geprägt, doch hat der Tourismus inzwischen selbst im kleinsten Weiler Einzug gehalten. Häuser, oft ganze Höfe oder Scheunen wurden zu Ferienwohnungen umgebaut und teilweise sind sogar größere Ferienhaussiedlungen entstanden.

Die Beschreibung der Ortschaften in diesem Reiseteil erfolgt gegen den Uhrzeigersinn vom Osten über den Nordwesten und Westen der Insel hin zu ihrem Mittelteil und dem südlichen Teil am Fehmarnsund. Sie folgt damit in etwa der historischen Aufgliederung der Insel in den Grenzen der ehemals selbstständigen Gemeinden Bannesdorf, Westfehmarn und Landkirchen, die erst im Jahre 2003 zur Stadt Fehmarn vereint wurden.

Mittelalterlicher Thingplatz: Staberdorf

Fehmarns Osten

Der östliche Teil der Insel, der bis zum Jahr 2003 die Landgemeinde Bannesdorf bildete, reicht von Staberhuk an der Südostspitze bis zum Fährbahnhof Puttgarden.

Hier dominiert die Steilküste, an welcher auch noch einige wenige Reste jenes Waldes erhalten sind, der früher einmal ganz Fehmarn bedeckte. Die Dörfer und Sehenswürdigkeiten im Ostteil der Insel liegen weit verteilt. Wenn es überhaupt noch urwüchsige und unberührte Küstenabschnitte auf Fehmarn gibt, dann hier. Die Strände, falls vorhanden, sind zwar mit großen Steinen durchsetzt, wegen ihres herben Charakters aber besonders reizvoll.

Sahrensdorf

Nur gut 2 km südöstlich von Burg gelegen war Sahrensdorf schon immer von der nahen Stadt geprägt. Wohl deshalb ist die Bebauung hier vergleichsweise eng. Der eher unspektakuläre Ort präsentiert sich heute als Mischung aus verwinkeltem Dorf mit kleinen, meist neueren Häusern und ein paar großen, ehemaligen Bauernhöfen. Besiedelt ist der Flecken wohl schon länger als das nahe Burg, denn rund um Sahrensdorf hat man viele steinzeitliche Fundplätze ausgemacht. Zum Ort gehörte ehemals auch die Landzunge von Burgtiefe mit dem heutigen Südstrand und dem Sahrensdorfer Binnensee. Mit dem aufkommenden Tourismus zu Beginn des 20. Jh. mussten die Sahrensdorfer dieses Filetstück aber an Burg abtreten.

Meeschendorf

Auf dem Weg zum Staberhuk durchquert man dieses hübsche Straßendorf. Meeschendorf ist ein typischer Fehmaraner Ort mit schönen alten Höfen und großen Vorgärten. Unter Campern ist der Dorfname wohlbekannt, denn vom Ort führt ein 1,5 km langer Stichweg an den Südstrand, wo sich gleich drei große Campingplätze befinden. Zudem sorgen in Meeschendorf ein Hochseilgarten und ein besonderer Minigolfplatz für Spaß und Spannung.

• *Übernachten/Camping* **Insel-Camp Fehmarn**, gepflegter Komfortplatz mit knapp 400 Stellplätzen am Meeschendorfer Strand; Wellnessbereich mit verschiedenen Saunen und kostenlosen Warmduschen, Mietwohnwagen. Einen Fahrradverleih gibt es auf diesem Komfortplatz ebenso wie eine Bootsslipanlage. SB-Markt, Bistro, April bis Mitte Okt. geöffnet. Erwachsene 8 €, Kinder 5 €, Stellplatz 14,50–20 €. ✆ 04371-50300, ☏ 04371-503010, www.inselcamp.de.

Camping-Südstrand, mit 450 Stellplätzen der größte an diesem Teil der Küste, direkt am Meer gelegen; natürlich mit allem Komfort: Kinderanimation, finnische Sauna und Abenteuerspielplatz mit Indianerdorf. Einige Mietwohnwagen. Der Hochseilgarten gehört zum Platz. April bis Ende Okt. geöffnet. Erwachsene 6 €, Kinder 2 €, Stellplatz 11–17 €. ✆ 04371-2189 oder 04371-9507 (Winter), ☏ 04371-4990, www.camping-suedstrand.de.

Europa-Camping, für fehmarnsche Verhältnisse ein kleines Areal mit 130 vergleichsweise preisgünstigen Plätzen, 200 m bis zum Meeschendorfer Naturstrand, Hundehalter sind willkommen. Fahrradvermietung. Restaurant und SB-Laden vor Ort. April bis Okt. geöffnet. Erwachsene 6 €, Kinder 2 €, Stellplatz 9–11 €. ✆ 04371-2419, ☏ 04502-777996, www.europacamping-vintz.de.

• *Adventure Golf* Minigolfplatz der Extraklasse mit 18 abwechslungsreichen und übergroßen Bahnen am Ortsausgang von Meeschendorf (Richtung Staberdorf). Kinderspielplatz und neues Café mit Panoramaterrasse. Eintritt 7 €, Kinder bis 16 J. 5 €, Familie 22 €, täglich 10–21 Uhr. ✆ 04371-864744; www.adventure-golf-fehmarn.de.

• *Hochseilgarten* Bei Meeschendorf werden beim Camping-Südstrand 2-stündige Kletterveranstaltungen im Hochseilgarten angeboten (ab 14 J.). Voranmeldung ist obligatorisch, Termine gibt es vor allem Di, Do u. Fr um 11 Uhr, für Gruppen ab acht Teilnehmern auch an anderen Tagen. 20 €, ✆ 04371-2189 (Voranmeldung). www.hochseilgarten-fehmarn.de.

Staberdorf/Staberhuk

Im äußersten Südosten der Insel ist die Landschaft für fehmarnsche Verhältnisse außerordentlich hügelig. Das hier etwas abseits gelegene Dorf mit etwa 160 Einwohnern strahlt eine angenehme Ruhe aus; die Straßennamen haben noch ihre ursprünglichen plattdeutschen Namen. Es gibt derer allerdings nur drei, nämlich Dörpstraat (Dorfstraße), Achter de Höf (hinter den Höfen) und An Hinrichsbarg (am Hinrichsberg).

Staberdorf hat nicht nur den für Fehmarn so typischen Dorfteich, man hat hier auch etwas rekonstruiert, was es früher in jedem Ort der Insel gab, nämlich einen

Die Dörfer Fehmarns

mittelalterlicher Thingplatz (oder Thingstätte). Dies ist eine heute eher kleine und unscheinbare, mit Feldsteinen eingefasste runde Bodenerhebung unmittelbar am Dorfteich, in deren Mitte eine Linde steht. In einem solchen Steinkreis saßen früher die Vertreter eines jeden Dorfes zusammen, um alle für die Dorfschaft wesentlichen Entscheidungen zu treffen.

Von Staberdorf aus ist es nur einen Katzensprung, nämlich 5 km, bis zum belebten Inselzentrum Burg oder zum gut besuchten Südstrand von Burgtiefe, dem größten Strand der Insel. Nur 1 km ist es bis zur Ferienresidenz Fehmarnstrand, die man über eine Sackgasse erreicht. Meerblick ist hier garantiert, allerdings muss man dafür in Kauf nehmen, dass es sich um modern-zweckmäßige Neubauten im Stile der 1980er-Jahre handelt. Historischen Charme findet man also keinen. Entschädigt wird man aber durch den schmalen und durch Steinbuhnen gesicherten Natur-Südstrand. Vom Ferienzentrum führt westwärts ein 3 km langer Strand- und Fahrradweg zum Strand nach Burgtiefe. Ostwärts geht es einen schönen Weg am Meer entlang zur Steilküste und weiter zum ebenfalls gut 3 km entfernten Leuchtturm Staberhuk.

Den Oststrand von Staberdorf erreicht man über einen für Autos verbotenen 1,5 km langen und schnurgeraden Fahrweg, eine Art Geheimtipp für Fußgänger und Fahrradfahrer, da er nicht ganz einfach zu finden ist (Straße „An Hinrichsbarg“). Man kommt auf diesem Weg an einer „Inselbesonderheit“ vorbei, auf die der Straßenname bereits hindeutet, und zwar am Hinrichsberg, der sich linker Hand hinter dem Dorf erhebt. Er ist zwar eher ein Hügel als ein Berg, doch mit seinen fast 27 m über NN die höchste Bodenerhebung Fehmarns und damit sozusagen der Gipfel der Insel. Sehr versteckt unter dornigem Gestrüpp und Bäumen inmitten eines riesigen Feldes gelegen hat hier oben ein Hünengrab die Zeit überdauert, das aufgrund seiner geschützten, unzugänglichen Lage vermutlich noch eine Weile unzerstört erhalten bleiben wird.

Leuchtturm Staberhuk: Wie so viele Ziele auf der Insel ist der Leuchtturm am besten mit dem Fahrrad zu erreichen, da eine direkte Zufahrt mit dem Auto nicht möglich ist. Fahrradfahrer gelangen jedoch bequem auf einem kleinen asphaltierten Weg von Staberdorf über das idyllische, aus sandfarbenen Backsteinen um 1830 erbaute Gut Staberhof zum Turm (siehe Foto S. 96).

Wer mit dem Auto zum Turm möchte, fährt am besten die nach Staberhof führende Straße ganz bis zum Ende durch und kommt so an eine bewachte Marineortungsstelle (mit gewaltigem Antennenturm). Daneben befindet sich auf der steilen Küste ein kleiner Parkplatz, vor dem sich eine sehr schöne, sandige (wenn auch von großen Steinen durchsetzte) Bucht nach Osten hin öffnet. Sie ist v. a. bei Anglern und Tauchern sehr beliebt. Von hier aus lässt sich der Leuchtturm in einer halbstündigen Strandwanderung gut zu Fuß erreichen (siehe Wanderung Nr. 2).

Der stämmig wirkende, 25 m hohe Ziegelturm Staberhuk wurde 1904 in Dienst gestellt und ist damit der jüngste Leuchtturm der Insel. Sein gusseisernes Laternengehäuse, die Galerie und das Geländer sind allerdings schon älter, denn sie wurden vom alten Helgoländer Leuchtturm übernommen (siehe Foto S. 11). Beim Bau des Turmes fanden die gleichen sandfarbenen Ziegel wie im benachbarten Gut Staberhof Verwendung. Diese hielten allerdings den Witterungsbedingungen nicht stand und mussten auf der Hälfte des Turmes durch rote Steine ersetzt werden, wodurch der nun zweifarbige Turm eine einmalige Charakteristik erhalten hat. Er tut als Orientierungsfeuer für den Fehmarnsund noch immer seinen Dienst, weil die Gewässer um Staberhuk wegen dicht unter der Wasseroberfläche liegender Felsbrocken für die Schifffahrt nach wie vor sehr tückisch sind. Das Areal um den Turm

ist eingezäunt und deshalb nicht zu besichtigen. Die schönen Leuchtturmwärterhäuschen werden als Ferienwohnungen genutzt.

In der Nähe des Turms befindet sich das *Staberholz*, neben dem kleinen Laubwald
im nahen Katharinenhof das einzige Gehölz auf der sonst baumarmen Insel, das
man als Wäldchen bezeichnen kann.

Es wurde einst vom adeligen Gut Staberhof angelegt. Überlebt hat es v. a. deshalb,
weil es dem dänischen Königshaus als Jagdgebiet diente und es bei Todesstrafe verboten war, dort Holz zu schlagen. Bis 1748 gehörte das Staberholz zum Besitz des dänischen Königs und bildete damit eine Ausnahme, da dem Adel eigentlich seit dem
17. Jh. jeglicher Landbesitz auf der Insel verboten war. Das nur 5,5 ha große Gehölz
blieb so als einziger Wald geschützt vor den freien Bauern, die fast die gesamte Insel
rodeten, um das fruchtbare Land zu beackern. Die Waldarmut Fehmarns ist also
sozusagen die Kehrseite der Errungenschaften einer freien Bauernschaft auf Fehmarn.

Sommerfrische in Staberhuk: Ernst Ludwig Kirchner

Schon der expressionistische Maler Ernst Ludwig Kirchner entdeckte die
Schönheit der Insel und ihrer Dörfer und ließ sich von den besonderen
Lichtverhältnissen Fehmarns inspirieren. 1908 wohnte Kirchner den Sommer über in der Stadt Burg, und von 1912 bis zum Ausbruch des Ersten
Weltkriegs 1914 verbrachte er jeweils die Sommermonate mit seiner Lebens-
gefährtin Erna Schilling im Haus des Leuchtturmwärters von Staberhuk. Die
während dieser vier Fehmaraner Sommer entstanden 117 Bilder machen
etwa 10 % von Kirchners malerischem Werk im Stil des aufkommenden Expressionismus aus. Außerdem entstanden hier Hunderte von Skizzen und
einige aus Holz geschnitzte Skulpturen sowie ein paar Holzschnitte.

Kirchner wurde 1880 in Aschaffenburg geboren. Er studierte zunächst Architektur, arbeitete nach erfolgreicher Beendigung des Studiums aber nicht
als Architekt, sondern schloss sich 1905 mit anderen Künstlern seiner Zeit
zur Künstlervereinigung „Die Brücke" zusammen, der er bis zu ihrer Auflösung 1913 angehörte. Nachdem er als Freiwilliger in einem Artillerieregi-
ment einen Nervenzusammenbruch erlitten hatte, zog er 1917 in die
Schweiz und genoss nach dem Ersten Weltkrieg in einigen für moderne
Kunst aufgeschlossenen Kreisen große Anerkennung. In Deutschland wurde
Kirchner nach der nationalsozialistischen Machtergreifung jedoch zunehmend diffamiert, bis man im Jahr 1937 639 seiner Werke als entartete Kunst
beschlagnahmte und aus den Museen entfernte. Verzweifelt über die Herab-
würdigung seiner Werke nahm sich der an Depressionen leidende mor-
phiumabhängige Künstler 1938 in Frauenkirch bei Davos das Leben.

Vitzdorf

Auf dem Weg nach Katharinenhof kommt man am kleinen Vitzdorf vorbei, einem
Ort ohne jegliche Höhepunkte, ohne Restaurant und ohne Geschäft. Die Straßen
sind auf den ersten Blick seltsam verzweigt. Den Großteil des Dorfes, in dem es ansonsten nur ein paar Bauernhöfe gibt, macht eine (nicht mehr ganz neue, aber
gepflegte) Ferienwohnanlage aus.

Katharinenhof

Der bekannteste, vielleicht auch schönste Fleck der Ostküste ist die Gegend um Katharinenhof. Eine alte Lindenallee führt in den Ort hinein, der 1920 durch die Aufteilung des ehemals gleichnamigen Gutshofs in mehrere kleine Ansiedlungen entstand. Katharinenhof ist deshalb kein Dorf im eigentlichen Sinne des Wortes, sondern eher eine Ansammlung von weit verstreuten Häusern und Höfen.

Die Lindenallee, die nach Katharinenhof hineinführt, endet nach einer 90°-Kurve an einem Campingplatz, den man wiederum über eine Allee, diesmal aus Kastanienbäumen, erreicht. Kurz vor dem Campingplatz geht es rechts hinunter zu ei-

nem kleinen, am Waldrand gelegenen Parkplatz. Die im Schnitt 5 m hohe Steilküste dahinter wird durch starken Regen oder Sturm ständig ein wenig mehr abgetragen. Auch Bäume rutschen mitunter ab und liegen dann zusammen mit zahlreichen großen Findlingen am Strand. Der ansonsten weitgehend kiesige Strand hat seinen speziellen Reiz, besonders am Nachmittag, wenn der Schatten der Bäume für besondere Lichtverhältnisse sorgt. Wer Ursprünglichkeit mehr schätzt als Komfort, ist hier ebenso richtig wie die Steinesucher, die v. a. nach stürmischen Tagen darauf hoffen, ein Körnchen Bernstein (siehe Kasten S. 41) oder einen Hühnergott (siehe Kasten S. 104) zu finden.

Bevor man zum Strand gelangt, kommt man am privaten Museum Katharinenhof vorbei. In der kleinen, hofartigen Anlage befindet sich ein Gartencafé, in dem es hausgemachten Kuchen gibt.

Museum Katharinenhof: Vor allem landwirtschaftliche Geräte und alte Werkzeuge prägen das Gesamtbild dieses Museums, das eine Mischung aus kleinem Freilicht- und Heimatmuseum ist. Im Zentrum stehen eine fast 500 Jahre alte Räucherkate (die einst in der Gegend von Hamburg stand), das Backhaus und die historische Schmiede sowie eine Re-

Steilküstenstrand bei Katharinenhof

mise mit alten Kutschen, Schlitten und einem schicken Oldtimer. Die Ausstellung im Herrenhaus zeigt eine Vielzahl von interessanten und auch kuriosen Exponaten, beispielsweise altes mechanisches Spielzeug und eine Sammlung von Grammophonen. Auf dem Gelände befindet sich außerdem ein kleines, wiederaufgebautes Hünengrab aus der Jungsteinzeit. Regelmäßig wird im Museumshof noch nach alter Sitte getöpfert, geschmiedet, geräuchert und gebacken.

Interessantes Sammelsurium: Museum Katharinenhof

Katharinenhof 15, in den Osterferien und von Mai bis Okt. tägl. 11–17 Uhr geöffnet (Mo Ruhetag), Erwachsene 5 €, Kinder 2,50 €, Di u. Do ist Backtag. Zum Museum gehört ein SB-Gartencafé, in dem es nachmittags frischen Kuchen gibt, ☎ 04371-1230; www.museum-katharinenhof.de.

● *Übernachten/Camping* **Campingplatz Ostsee**, nur wenige Meter von einem kleinen, relativ steinigen Naturstrand entfernt und erhöht auf dem Kliff gelegener, gepflegter Platz mit 450 großzügig angelegten Stellplätzen (insges. ca. 100 m² groß), SB-Markt und Restaurant. Zwei Spielplätze und in der Saison zusätzlich Animationsprogramm für Kinder (Ponyreiten, Camping-Rallye usw.), beheizte Sanitäranlagen mit kostenlosen heißen Duschen. Familie Kühl ist der Betreiber. Erwachsene 6 €, Kinder 2,50 €, Stellplatz 10,50–13 €. ☎ 04371-9032, ☏ 04371-863590, www.camping-katharinenhof.de.

● *Essen und Trinken* **Waldpavillon**, wohl kein Restaurant auf Fehmarn bietet einen solch traumhaften Ausblick. Das vergleichsweise neue Haus mit Interieur aus gediegenem Holz und v. a. mit großer Seeterrasse ist fast direkt auf die Steilküste gebaut und von Bäumen umgeben. Zur Kaffeezeit gibt es – besonders große Stücke – Kuchen und die Speisekarte ist reichhaltig (v. a. Fischgerichte mit frischen Zutaten, z. B. Seelachsfilet). Der Campingplatz (s. o.) liegt in unmittelbarer Nähe, ist aber durch die gesonderte Zufahrt vom Haus aus nicht zu sehen

und stört nicht weiter. Parkplätze vorhanden. Tägl. ab 12 Uhr geöffnet, ☎ 04371-879913.

Allee-Café, direkt am Ortseingang am Beginn der Lindenallee lohnt ein Stopp im nett gemachten Café/Bistro. In einer zu Café und Ferienwohnungen liebevoll umgebauten Scheune wurde ein erstaunlich hoher Gastraum bunt gefliest und mit dunklen Tischen eingerichtet. Natürlich gibt es auch Tische im Grünen auf der Wiese vor dem Haus. Im Angebot sind leckere Kuchen vom Blech und Torten. Spezialität sind die riesigen Windbeutel. Es gibt aber ebenso Herzhaftes wie Suppen, Omelette, Pfannkuchen, Pizza sowie Salate. Im kleinen Hofladen kann man außerdem Käse, Marmelade, Wein und Geschenkartikel kaufen. Ostern bis Okt. 14–18 Uhr, im Sommer schon ab 11 Uhr. ☎ 04371-503838.

Museumscafé Katharinenhof, reines Gartencafé, in dem es einfachen hausgemachten Kuchen gibt. Im Hof des Museums gelegen. Man isst im Garten des reetgedeckten Haupthauses mit Blick auf die anderen historischen Gebäude. In der Saison täglich (außer Mo) ab 14 Uhr geöffnet. ☎ 04371-1230.

Gahlendorf

Geradezu der Prototyp einer beschaulichen, fast verschlafen wirkenden Ansiedlung ist Gahlendorf mit seinen alten Fehmaraner Häusern und deren großen, mit Feldsteinen eingefassten Gärten. Ruhiger geht's nicht, denn nur eine Sackgasse führt ins sehr kleine Dorf hinein. Auf einem der alten Höfe wurde 1882 bei Umbauarbeiten ein großer Silberschatz gefunden, eine tönerne Urne, die etwa 7000 mittelalterliche Brakteaten enthielt. Diese einseitig geprägten silbernen Hohlmünzen waren wohl rund 500 Jahre zuvor von ihrem Eigentümer in der Erde Gahlendorfs vergraben worden.

Liebhaber von schönen Naturstränden kommen bei Gahlendorf ganz auf ihre Kosten. Vorbei an dem am Ortsrand liegenden Reiterhof führt eine schmale, gewundene Straße zu einem 2 km entfernten ruhigen Küstenabschnitt ohne Campingplatz und Trubel. Am Anfang der Straße liegt rechts (gegenüber dem Reiterhof) noch eine Art Dodelstein, also einer jener alten und mächtigen Steine, die mit einer Hausmarke, dem Ritzzeichen des jeweiligen Bauern, versehen waren und die Funktion von Grenzsteinen hatten (siehe Hausmarken S. 36).

Klausdorf

Auch das keine 2 km nördlich von Gahlendorf gelegene Klausdorf ist ein nettes, weitläufiges Dorf im leicht erhöhten Ostteil der Insel. Hier riecht es noch richtig nach Landwirtschaft. Doch gibt es nicht nur große Fehmaraner Bauernhöfe und eine ländliche Idylle rund um den eingefassten Dorfteich – längst hat auch Klausdorf den Fremdenverkehr für sich entdeckt und bietet einige Ferienhöfe und -häuser an. Sogar einen Hofladen mit Hofcafé findet man hier.

Zum Strand führen gleich zwei Zufahrtswege. Der südlichere zieht sich an den Windkraftanlagen vorbei zu einer niedrigen Steilküste mit Campingplatz und einem durch Buhnen gesicherten, relativ steinigen Naturstrand.

Nördlich von Klausdorf und damit nördlich des Windparks Klingenberg kommt man auf einer kleinen Straße nach 2 km ebenfalls ans Wasser, an einen rauen, mit einigen wenigen Strandkörben bestückten Naturstrand, der sich gut als Ausgangspunkt für eine Strandwanderung eignet (Parkplatz vorhanden). Die Steilküste endet hier und das nun flache Ufer wird durch einen Deich geschützt, vor dem ein Fahrradweg Richtung Marienleuchte führt. Bis ins späte 16. Jh. gab es in dieser Niederung an der Mündung eines Flusses noch einen Hafen, der später verlandete. Der nahe Klingenberg hat übrigens seinen Namen daher, dass dort zahlreiche steinzeitliche Werkzeuge (Klingen, Schaber und Äxte) aus Flintstein gefunden wurden, die ursprünglich wohl einmal Grabbeigaben für die ungewisse Reise ins Jenseits waren.

• *Übernachten/Camping*   **Campingplatz Klausdorfer Strand**, dieser sehr gepflegte Platz mit neuen Sanitäreinrichtungen besticht durch seine besonders schöne Lage auf der Steilküste im Inselosten. Nur wenige Sträucher schützen die etwa 500 Stellplätze vor dem Wind, dafür aber hat man freien Blick hinüber nach Dänemark und auf die Schiffe, die in der Ferne durch den Fehmarnbelt ziehen. Über eine Treppe geht es direkt hinunter zum Naturstrand. Kinderprogramm in der Hauptsaison, Bootsslipanlage, guter SB-Frischmarkt und Restaurant. Geöffnet von April bis Mitte Okt. Erwachsene 5 €, Kinder 2,50 €, Stellplatz 9–12 €. ✆ 04371-2549 oder 2321 (Winter), 🖶 04371-2481, www.camping-klausdorferstrand.de.

• *Essen und Trinken*   **Klausdorfer Hofladen und Hof-Café**, einfache Tische stehen einladend draußen auf der Wiese vorm Haus; ein paar Innenplätze gibt es auch. Neben dem selbst gebackenen Kuchen im Café kann man auch Wurst, Obst und Gemüse sowie Weine, Säfte u. Ä. erwerben. Für Kinder Gibt es zudem einen kleinen Streichelzoo. Dorfstr. 30. Tägl. 7–12.30 Uhr und 14–18 Uhr. ✆ 04371-979784.

Steinig: Ostküstenstrand bei Presen

Presen

Für Autofahrer endet in diesem Ort das Sträßlein durch den Inselosten. Fahrradfahrer können am Deich vorbei noch bis nach Marienleuchte und weiter nach Puttgarden fahren. Presen besitzt zwar nur zwei, drei Straßen und nicht einmal eine Kneipe oder einen Tante-Emma-Laden, hat dafür aber nette, oft zu Ferienwohnungen umgebaute Häuser mit gepflegten Gärten zu bieten, vor denen Stockrosen und andere Blumen blühen. Besonders „Urlaub auf dem Bauernhof" ist hier beliebt (siehe Foto S. 78). Das kleine Dorf ist zudem deutlich näher am Strand gelegen als die übrigen Ansiedlungen im Inselosten– nur 500 m sind es bis zum sauberen, aber steinigen Naturstrand, an dem es einen großen Parkplatz (mit Toilettenhaus) gibt. Weil es hier keine Steilküste mehr gibt, muss ein Deich den flachen Nordosten der Insel schützen.

Niendorf

Niendorf liegt keine 2 km nördlich von Burg und gehört zu den weniger interessanten Orten der Insel. Das für Fehmarns Verhältnisse relativ große Dorf ist wegen seiner Nähe zum Inselhauptort eher ein Wohnort für Einheimische als ein Urlaubsort. Nur konsequent, dass es hier vergleichsweise wenige Ferienwohnungen gibt. Als einzige Besonderheit ist lediglich ein Kriegerdenkmal aus dem Ersten Weltkrieg zu nennen. Ein Restaurant oder gar einen Laden gibt es auch hier nicht.

Bannesdorf

Der Ort mit seinen 720 Einwohnern liegt im Nordosten Fehmarns etwas abseits der nach Puttgarden führenden Straße und ist von seiner kastenförmigen Dorfform her ein typisches fehmarnsches Fortadorf. Außerordentlich ruhig geht es hier zu und man ahnt kaum, dass Bannesdorf, wie alte Funde belegen, schon auf eine lange Siedlungsgeschichte zurückblicken kann. So gab es auf dem Dorfplatz in grauer Vorzeit ein Hünengrab, dessen Steine später beim Bau eines Thingplatzes Verwendung fanden. Bekannt war der Ort auch lange wegen der alten Pappel, die vor der Dorfwirtschaft stand und „Friedenspappel" genannt wurde, weil sie der Legende nach 1871, 1918 und 1945 genau zum jeweiligen Kriegsende blühte. Leider gibt es

Die Dörfer Fehmarns

diesen Baum schon längst nicht mehr, er wurde durch einen Blitzeinschlag zerstört. Bis zum Jahr 2003 war das kleine Dorf Hauptort der selbstständigen Landgemeinde Bannesdorf, die den ganzen Inselosten umfasste.

Heute kommt Bannesdorf v. a. deshalb Bedeutung zu, weil es sich um eines von nur drei Kirchdörfern der Insel handelt.

Johannis-Kirche: Die schöne Kirche inmitten des Friedhofs wurde bereits im 13. Jh. errichtet und ist im Grundriss dem Ratzeburger Dom nachempfunden. Sie war ursprünglich wohl ganz aus Feldsteinen errichtet, besteht heute aber mit Ausnahme der Westseite weitgehend aus Backsteinen. Wie so oft in Ostholstein wurde der vierkantige Turm erst viel später angebaut, nämlich 1701. Hier hängt das viertälteste Geläut Schleswig-Holsteins (von 1511). Der Turm überragt das Kirchenschiff nur wenig, ist recht schlicht gehalten und nicht aus Stein, sondern aus Holz. Wer innehält, wird ein Geräusch vernehmen: das gleichmäßige Pendeln der Turmuhr. Im In-

Hühnergott

Unter einem Hühnergott hat man sich nicht etwa einen Gott in Tiergestalt vorzustellen, sondern einen Stein mit einem natürlich entstandenen Loch (manchmal sind es auch mehrere Löcher). Wissenschaftlich betrachtet handelt es sich bei solchen Steinen meist um Feuersteinknollen (Flint) mit herausgewitterten (Kreide)-Einlagerungen.

Von unseren Vorfahren wurden diese außergewöhnlichen Naturerscheinungen bereits vor langer Zeit geschätzt, schon immer rankten sich Mythen um die Lochsteine. Seit wann die Bezeichnung Hühnergott dafür im Deutschen existiert, ist jedoch nicht ganz sicher.

Populär wurde der Begriff erst 1966 durch die Übersetzung einer Novelle des russischen Dichters Jewgeni Jewtuschenko, deren Titel „kuriny bog" ins Deutsche übersetzt „Hühnergott" heißt und die v. a. in der DDR zu einer beliebten (Strand-)Lektüre wurde.

Wenn auch die Herkunft des Begriffs Hühnergott nicht eindeutig geklärt ist, der bekannteste damit verbundene Mythos jedenfalls geht mit großer Wahrscheinlichkeit auf einen uralten slawischen Geisterglauben zurück. Nach der Christianisierung der Slawen wurde die slawische Gottheit Kikimora im Volksglauben in einen Poltergeist umgewandelt, der dem Glauben nach nicht nur nachts im Haus polterte, sondern auch im Stall das Geflügel stahl oder am Eierlegen hinderte. Um Hühner und Eier vor diesem Nachtgespenst zu schützen und gleichzeitig die Legeleistung anzuregen, hängte man solche Hühnergötter auf einer Schnur aufgereiht an die Hühnerstange oder legte sie einzeln in die Hühnernester. Dieser Brauch ist in Osteuropa noch heute weit verbreitet.

Im Laufe der Zeit kam schließlich noch der Glaube hinzu, ein Hühnergott bringe auch dem Menschen, der ihn findet, Glück, weshalb die vermeintlichen Glücksbringer heute beliebte Sammlerobjekte an der Ostseeküste sind. Vor allem an der steinigen Steilküste Fehmarns von Katharinenhof bis Staberhuk hat man gute Chancen, einen Hühnergott zu finden.

Geologische Strandwanderungen für alle Steinliebhaber bieten regelmäßig an an: Frau Burow, Umweltrat der Stadt Fehmarn, ℡ 04371-506654 (3 €, Treffpunkt Strandparkplatz Presen, Niobe-Denkmal oder Wallnau, jeweils 11 Uhr), und Jutta Hahn, Klaus-Groth-Straße 30, Burg, ℡ 04371-2446 (2,50 €, Treffpunkt Strandparkplatz Bojendorf)

neren der mit einer schlichten Balkendecke und ebenso schlichten graublauen Kirchenbänken versehenen Kirche besticht v. a. der aus Backsteinen gebaute und auch mit einem Backsteinboden ausgelegte quadratische Chor, in dem noch Reste spätgotischer Wandmalereien erhalten sind. Der im wahrsten Sinne des Wortes steinalte, pokalförmige Taufstein wurde schon um 1240 gefertigt und stammt von der schwedischen Insel Gotland. Der Rokoko-Altar von 1711 mit seinem Aufbau aus dem späten Rokoko (1777), der sich hier früher befand, steht heute neben dem Eingang an der Südwand des Kirchenschiffs. Das Mittelbild des Altars stammt aus dem Jahr 1890, das ursprüngliche Altarbild wurde gesondert aufgehängt. Beide Bilder zeigen eine Kreuzigungsgruppe.

Auffallend sind die drei reich verzierten und durch Gänge miteinander verbundenen Logen an der Nordwand. Sie stammen aus dem frühen 18. Jh. und verfügen über einen eigenen Zugang. Auf diesen Hochstühlen residierten, getrennt vom „gemeinen Volk", nicht etwa wie sonst üblich Adelige – ihnen war seit 1617 jeglicher Landbesitz auf der Insel verboten –, sondern sechs angesehene Bannesdorfer Familien. Noch heute befinden sich die Bannesdorfer Hochstühle im Besitz jener Familien. Bei genauem Hinschauen erkennt man, dass in der mittleren Loge eine schmale Goldledertapete angebracht ist. Außen kann man am Übergang zwischen Kirchenschiff und Chor eine alte Sonnenuhr entdecken.

Die Kirche ist im Sommerhalbjahr Di–Sa 9–17 Uhr geöffnet.

● *Übernachten/Essen & Trinken* **Hotel-Gasthof Bannesdorf (Hotel Meetz)**, dass der Chef Jäger ist, lässt die Inneneinrichtung der geräumigen Gaststätte unschwer erkennen. Das Hotel Meetz präsentiert sich als behaglicher Dorfgasthof mit schönem Festsaal und netter Gartenterrasse. Es gibt natürlich nicht nur Wild der Saison, sondern ein breites Angebot an frischen Speisen, v. a. Steaks und Schnitzel, aber auch Rinderleber oder Fischspezialitäten. Mittagstisch 11.30–13.30 Uhr, abends 17.30–21 Uhr. Der direkt an der Kirche gelegene Gasthof hat auch einfache, ruhige Zimmer (mit Bad) im Angebot. DZ 60 €. Kirchenstieg 12, ✆ 04371-3848, 📠 04371-3830, www.gasthof-meetz.de.

Marienleuchte

Der sehr kleine Ort mit dem wohlklingenden Namen liegt an der engsten Stelle des Fehmarnbelts und ist nichts anderes als eine Ferienbungalowsiedlung, die im Laufe der Zeit am alten Leuchtturm entstanden ist. Die Zufahrt ist mit dem Auto nur über Puttgarden möglich; mit dem Fahrrad ist der Ort auch von Süden über den Naturstrand von Presen zugänglich. Neben den Bungalows prägen ein militärischer Horchposten und der verfallende Leuchtturm das Bild und machen aus Marienleuchte nicht gerade einen der schönsten Orte der Insel.

Leuchtturm: Der quadratische, etwas klobig wirkende und nur 18 m hohe Leuchtturm mit aufgesetzter Öllaterne wurde bereits im Jahr 1832 als Warnzeichen vor dem nahen Puttgarden-Riff errichtet. Mit dem Bau des Leuchtturms hat man wahrscheinlich die wenigen Reste einer mittelalterlichen Burganlage zerstört, die auf historischen Karten an dieser Stelle als Ohlenburg aufgeführt ist.

Zu Ehren der dänischen Königin Maria Sophia Friederike nannte man das Leuchtfeuer Marienleuchte. Die Königin war bei der Einweihung des Turms höchstpersönlich anwesend, und dies an ihrem 65. Geburtstag (am 28. Oktober). Zu dänischer Zeit blieb Marienleuchte der einzige Leuchtturm auf der Insel. Noch heute ist am denkmalgeschützten, aber langsam verfallenden Turm das Relief des dänischen Königswappens erhalten.

Die Dörfer Fehmarns

Weite Landschaft:
Regenbogen bei Marienleuchte

1879 wurde in die Marienleuchte ein kostspieliger Drehlinsenapparat eingebaut, der von einer zweidochtigen Petroleumlampe erleuchtet wurde. Bei Nebel tat eine mit Pressluft arbeitende Sirene ihren Dienst. Schon 1919 erfolgte die Elektrifizierung des Leuchtfeuers. 1930 wurde auch die Nebelschallanlage an dieser wichtigen Schifffahrtslinie elektrifiziert. Das Leuchtfeuer war bis Ende der 1960er-Jahre in Betrieb und wartet nun mit den beiden links und rechts angebauten Leuchtturmwärterhäuschen auf bessere Zeiten.

Denn um den Anforderungen an den zunehmenden Schiffsverkehr gerecht zu werden, wurde 1967 in Marienleuchte ein neuer, 33 m hoher Turm aus Stahlbeton errichtet. Er ist im Leuchtturm-Look mit roten und weißen Platten verkleidet. Die aufwändige Drehlinsenoptik des alten Turms (von 1879) konnte auf dem neuen Turm sogar wiederverwendet werden.

Die Türme sind für die Öffentlichkeit leider nicht zugänglich, aber man kann auch vom Strand aus einen schönen Blick in die Ferne bis nach Lolland genießen.

Puttgarden

Der schnelle Weg nach Norden, die Europastraße 47, die die Insel wie ein Band zerschneidet, endet in Puttgarden. Hier geht es nur noch weiter vom Fährbahnhof aus, der den Namen des kleinen Dorfes europaweit bekannt gemacht hat. Schon von weit in der Ferne zeigten früher die Autobahnschilder der A 1 nach Puttgarden. Doch seit die gesamte Insel im Jahr 2003 verwaltungsrechtlich in eine Stadt umgewandelt wurde, steht auf den Schildern nicht mehr „Puttgarden", sondern „Fehmarn". Weiter zurückgehen dürfte der Bekanntheitsgrad von Puttgarden 2018, wenn wie geplant die Fehmarnbeltbrücke eröffnet und der Fährverkehr eingestellt wird. Noch aber klingt der Ortsname nach Reise, nach Weite, nach Meer.

Der Fährbetrieb mit den großen Schiffen lässt sich gut von der die Anlage überspannenden Fußgängerbrücke aus beobachten. Autos, Lastwagen und Züge rollen direkt in die riesigen Schiffsbäuche der modernen Doppelendfähren, die alle 30 Minuten zwischen Puttgarden und dem dänischen Rødbyhavn hin- und herpendeln. Sechs Millionen Passagiere und 1,6 Millionen Autos werden pro Jahr auf diese Weise befördert.

Noch besser zu sehen und zum Greifen nah sind die beeindruckenden Fähren von der den Hafen begrenzenden begehbaren Mole aus, die etwa 800 m weit ins Meer ragt. Bei starkem Wind und Seegang brechen die Wellen schon mal über die Kaimauer und duschen mit ihrer Gischt so manchen Urlauber. Der Hafen ist auf die vielen Besucher eingestellt. WC, Imbissbude und Fischwagen sind ebenso vorhanden wie ein sehr großer Parkplatz (Tagesparkplatz am Hafen links; bis 4 Std. 2 €; Gäste vom

Imbiss „Windhuk" parken kostenlos; Parkscheinentwertung im SB-Restaurant). Im Hafenbecken liegt ein mehrstöckiges schwimmendes Ungetüm, der so genannte „Border Shop" (tägl. 6–21 Uhr). In diesem Spezial-Supermarkt auf vier Ebenen kaufen v. a. Dänen und Schweden Alkohol und Zigaretten in extremen Mengen und beladen (beziehungsweise überladen) ihre Autos anschließend mit dem kostbaren Gut. Bezahlen kann man in Euro, dänischen oder schwedischen Kronen; für deutsche Verhältnisse ist das Border Center jedoch nicht wirklich preiswert.

Eine sporadische Schiffsverbindung über den Fehmarnbelt gab es in Puttgarden bereits im 13. Jh. Sie diente aber eher der Fortsetzung eines von Dänemark kommenden Pilgerweges zu den mittelalterlichen Wallfahrtsorten Europas und war für den Handel vergleichsweise unbedeutend. Überlegungen zu einer festen Fährverbindung nach Lolland gab es ab Mitte des 18. Jh., doch dauerte es noch 200 Jahre, bis sie auch tatsächlich realisiert wurde: 1866, nur ein Jahr bevor Fehmarn preußisch wurde, erteilte die dänische Krone dem Ingenieur und Landvermesser Gustav Kröhnke die Konzession für den Bau einer Eisenbahn auf Lolland und für die Anlage eines Fährhafens nahe Rødby. Als Erster hatte dieser die Idee, über die heute so genannte Vogelfluglinie eine direkte Eisenbahnverbindung nach Skandinavien zu schaffen. Auf deutscher Seite stieß er damit aber zunächst auf geringes Interesse, schließlich gab es dringendere Probleme als eine schnelle Fährverbindung zum vormaligen Kriegsgegner Dänemark. Voraussetzung für eine schnelle Verbindung von Puttgarden über den Fehmarnbelt nach Skandinavien war ohnehin zunächst der Bau einer Brücke über den Fehmarnsund. Obwohl es schon seit Beginn des 20. Jh. konkrete Pläne zur Errichtung einer Sundbrücke gab, verhinderten die beiden Weltkriege deren rasche Verwirklichung. Erst 1963 konnte die Brücke über den Fehmarnsund fertiggestellt werden (siehe Kasten S. 137).

Kanada-Käfer auf Fehmarn

Im Sommer 2008 kam Puttgarden nicht wegen seines Fährhafens, sondern wegen eines kleinen Schädlings europaweit in die Schlagzeilen. Denn erstmalig in Europa tauchte hier ein kleiner kanadischer Bockkäfer mit dem Namen „Serperda candida" auf. Kleine Löcher, große Wirkung: Die nur 2 cm großen Larven des Käfers fraßen sich in die Bäume des einsamen Weilers Johannisberg westlich von Puttgarden und brachten diese zum Absterben. Schädlingsbekämpfer der Landwirtschaftskammer Schleswig-Holstein traten nach Entdeckung des Käfers sofort in Aktion und fanden eine Reihe weiterer befallener Bäume. Um eine Ausbreitung des gefürchteten Holzschädlings zu verhindern, wurden in 2 km Umkreis alle Bäume inspiziert und man stellte fest, dass sich der Käfer bereits an vielen Mehlbeeren, Ebereschen und auch an Apfelbäumen zu schaffen gemacht hatte. Zahlreiche Alleebäume an der Kreisstraße nach Gammendorf mussten daher gefällt und verbrannt werden. Doch derzeit verdichten sich die Gerüchte, dass der kleine Käfer noch immer auf Fehmarn sein Unwesen treibt.

Wie waren die Larven des gefährlichen Bockkäfers jedoch ausgerechnet auf das kleine Fehmarn gelangt? Über den Transitverkehr des nahen Puttgardens, durch eine Einschleppung des Schädlings über Baumschulen oder über einen anderen Weg? Bis heute ist diese Frage noch nicht geklärt.

Die Dörfer Fehmarns

Das Tor nach Dänemark: Hafenmole Puttgarden

Mit der Eröffnung der „Vogelfluglinie" (siehe Kasten S. 13) nahm auch der Hafen in Puttgarden, mit dessen Bau man 1958 begonnen hatte, seinen Fährbetrieb auf und die 1951 als Übergangslösung eingerichtete Fährverbindung zwischen Großenbrode und Gedser (auf der dänischen Insel Falster) konnte eingestellt werden. Seine drei Becken werden von zwei weit in den Sund hineinragenden Molen geschützt. Da die Öffnung für die Fähren lediglich 85 m beträgt, wird es im Fährverkehr manchmal schon recht eng.

Das eigentliche Dorf liegt etwas abseits des Hafens und ist für Fehmarns Verhältnisse zwar gar nicht so klein, aber doch eher unauffällig. Der Name Puttgarden kommt aus dem Slawischen und bedeutet so viel wie „bei der Burg". Er bezieht sich vermutlich auf eine Befestigungsanlage namens Ohlenburg, die im Mittelalter an der Stelle des heutigen Leuchtturms Marienleuchte lag.

Im Ort, der nur wenig historische Bausubstanz zu bieten hat, gibt es zwar einige früher von Militärangehörigen bewohnte Mehrfamilienhäuser, ein Geschäft kann aber auch hier nicht existieren, und außer der Campingplatzgaststätte findet man lediglich ein weiteres Restaurant. Aufgrund seiner Lage ganz im Norden der Insel hat Puttgarden aber dennoch durchaus seinen Reiz. Zum Deich (beim Campingplatz), der das Dorf vor Sturmfluten schützt, sind es gut 500 m. Man kann hier recht schön auf der Deichwiese liegen und den nahen Fährbetrieb beobachten, etwas weiter westlich verwandelt sich der Ufersaum dann allmählich zu einem Strand. Das Wasser ist flach.

Zu Puttgarden gehört auch der 2 km westlich gelegene Weiler Johannisberg. Er besteht aus einer kleinen Ansammlung von Häusern und einem Wohnmobilplatz und bietet einen Zugang zum Naturschutzgebiet Grüner Brink.

● *Schiffsausflug nach Dänemark* Rund um die Uhr startet alle halbe Stunde eine Fähre. Die Fahrt über den 18 km breiten Fehmarnbelt dauert 45 Minuten – Zeit genug, um frische Seeluft zu schnuppern (oder im Bordshop einzukaufen). Autofahrer (und Fahrradfahrer) reihen sich wie an einer Autobahn-Mautstation ein und kaufen ihr Ticket direkt vom Fahrzeug aus. Für Fußgänger gibt es einen Automaten am Ende der hölzerne Fußgängerbrücke. Das Tagesticket für ein Auto (bis 9 Pers.) kostet 37,50 € (gilt ab 9.15 Uhr bis Mitternacht). Für Ostseeurlauber ohne Auto ist die kleine Seereise günstiger; Tagesticket Fußgänger: Erwachsene 9 €, Kinder (4–11 J.) 6 €. Fahrradfahrer 13 €. Tagesparkplatz am Hafen links; bis 4 Std. 2 €, bis 12 Std. 4 €. Infos unter Scandlines Deutschland, Servicecenter Puttgar

den, ✆ 04371-505303. www.scandlines.de. Tagesbesucher ohne fahrbaren Untersatz gelangen in **Rødbyhavn** über eine Fußgängerbrücke in das (sehr überschaubare) Zentrum und nach 15 Min. Fußweg westlich der Hafenmole zu einem sehr schönen Strand. Nach **Rødby** (siehe S. 153) fährt ein Bus (Linie 23, 24, leider fehlt auf den Infotafeln ein Hinweis auf Deutsch oder Englisch).

Feste Beltquerung: Scharfsinn oder Wahnsinn?

Voraussichtlich im Jahr 2013 werden auf Fehmarn die Arbeiten für ein Jahrhundertbauwerk beginnen: eine gigantische, 19 km lange Brücke über den Belt. Die feste Beltquerung soll 2018 fertiggestellt sein, satte 4,8 Milliarden Euro kosten (mit Hinterlandanbindungen 6,4 Mrd. €) und während der sechsjährigen Bauperiode etwa 8000 Menschen Beschäftigung bieten. Die Autos werden dann vierspurig über die Ostsee rollen, während in der Etage darunter auf zwei Bahngleisen Züge verkehren. An den Stellen, wo die Brücke den Schifffahrtsweg kreuzt, werden vier gewaltige, 280 m hohe Pylonen die 3,2 km lange Hauptbrücke in 65 m Höhe an Schrägseilen tragen. Der Rest des gigantischen Bauwerks ruht auf mächtigen Pfeilern.

Vor allem die dänische Seite verspricht sich von dem Bauvorhaben gewaltige Vorteile in Sachen Verkehrsanbindung zum europäischen Festland und so wird das Bauwerk auch ausschließlich von Dänemark finanziert, das dann natürlich auch die Maut kassiert. Dennoch muss Deutschland rund 850 Millionen Euro für den Ausbau der Hinterlandanbindungen auf Straße und Schiene aufbringen. Die E 47 zwischen Heiligenhafen und Puttgarden soll vierspurig ausgebaut werden und es ist jetzt schon abzusehen, dass die Fehmarnsundbrücke zum Nadelöhr werden wird, welches in der Zukunft evtl. einmal durch einen Tunnel unter dem Sund erweitert werden muss.

Viele Fehmaraner stehen dem Bau der Brücke sehr skeptisch gegenüber. Nicht nur sieht man den Ruf als ruhige Urlaubsinsel durch die lange Bautätigkeit gefährdet. Man fürchtet sogar, dass Fehmarn unter Umständen seinen Inselcharakter verliert und zur Transitstrecke degradiert wird. Zudem sei die Refinanzierung der teuren Brücke über die Mautgebühren utopisch und obendrein stünden mindestens 600 Arbeitsplätze des Fährverkehr auf dem Spiel. Naturschützer laufen Sturm gegen das Projekt, nicht nur weil die 70 Brückenpfeiler ein hohes Kollisionsrisiko für Schiffe darstellen, sondern auch weil sie die Brücke als tödliches Hindernis für Millionen von Zugvögeln und die lärmintensiven Bauarbeiten als Bedrohung für die im Fehmarnbelt lebenden sensiblen Schweinswale sehen. Die Brücke trage außerdem infolge der durch sie veränderten Strömungsverhältnisse zu einer Verschlechterung des ohnehin schon problematischen Wasseraustauschs zwischen Nord- und Ostsee bei, der für die sauerstoff- und salzarme Ostsee lebensnotwendig ist. Auch auf die möglichen Auswirkungen solch großflächiger Eingriffe in die natürlichen Lebensräume im Wasser und auf der Insel weisen die Naturschützer hin (Sedimentaufwirbelungen im Zuge der Bohrarbeiten für die Pfeiler, Flächenverbrauch beim Ausbau der Zufahrtswege u. a.). Wegen dieser Bedenken wird derzeit verstärkt der Bau eines Tunnels als umweltverträglichere Variante einer festen Beltquerung diskutiert.

Die Dörfer Fehmarns

• *Übernachten/Camping/Essen und Trinken*
Johnsen's Gasthof, recht einfache, aber saubere Zimmer, Frühstücksbüfett. Schnörkellose, kleine Gaststube im unauffälligen Backsteinhaus mit einem großen, gekiesten Vorplatz und einer kleinen Terrasse. Es gibt allerlei Fisch- und Pfannengerichte, täglich 10–21 Uhr geöffnet. Do Ruhetag. DZ 70 €. Dorfstr. 20, ✆ 04371-3784, ✉ 04371-6730, www.johnsens-gasthof.de.

Campingplatz Puttgarden, hinter dem Deich gelegen. Relativ kleiner Platz mit 140 Stellplätzen auf ebenem Grasgelände. SB-Markt und Restaurant vor Ort. Zum Naturstrand sind es nur wenige Schritte. Geöffnet vom 1.4. bis 15.10. Erwachsene 4 €, Kinder 3 €, Wohnwagen und Auto 10 €. Strandweg, ✆ 04371-3492 oder 2185, ✉ 04371-3492, www.camping-puttgarden.de.

Wohnmobilplatz Johannisberg, Fehmarns einziger reiner Wohnmobilplatz hat 50 Plätze und liegt 2,5 km hinter Puttgarden im Weiler Johannisberg und damit nicht ganz an der Küste (der Naturstrand Grüner Brink, ein Eldorado für Surfer und Kiter, ist etwa 1 km entfernt). In unmittelbarer Nähe befindet sich eine Windkraftanlage. Sanitärgebäude und Entsorgungsmöglichkeiten sind vorhanden. Restaurant und Grillplatz vor Ort. Ganzjährig geöffnet. Wohnmobil 6 €, Erwachsene 4 €, Kinder 2 €. ✆ 04371-9131, ✉ 9131, www.womoplatz-fehmarn.de.

Naturschutzgebiet Grüner Brink

Das westlich von Puttgarden liegende Naturschutzgebiet verdankt seine Entstehung dem in den 1870er-Jahren begonnenen Deichbau an der Nordküste der Insel. Die durch den Deich bedingte leichte Veränderung der Küstenlinie hatte zur Folge, dass sich aufgrund der von Westen kommenden starken Strömung allmählich Sand- und Geröllmassen im Bereich des Grünen Brink ablagerten. Ähnlich wie in Heiligenhafen entstanden und entstehen dadurch nach wie vor Nehrungshaken, die im Laufe der Zeit abgeschlossene und langsam verlandende Strandseen bilden. Die drei Strandseen im Grünen Brink stehen seit 1938 unter Naturschutz. Zahlreiche Dünen- und Moorpflanzen und sogar die seltene Küstenheide haben sich angesiedelt. Zudem haben Tausende von Zugvögeln die moorig-schilfige Brackwasserlandschaft als Brut- und Rastplatz entdeckt. 170 Vogelarten wurden schon beobachtet, von denen 50 Arten hier brüten. Das Begehen des etwa 2 km langen und kaum 400 m breiten Naturschutzgebietes ist auf den um die Seen herumführenden Wegen erlaubt.

Kilometerlanger Naturstrand am Grünen Bink

Ein kleines Sträßchen führt vom Parkplatz des Naturschutzgebietes zum 800 m weiter östlich gelegenen und vergleichsweise feinsandigen Badestrand Grüner Brink, an dem es nicht nur den üblichen Parkplatz gibt (auch für Wohnmobile), sondern mit einer Strandkorbvermietung und einem Imbisshaus auch ein wenig touristische Infrastruktur (siehe Foto S. 70).

Für den Grünen Brink ist der Naturschutzbund in Wallnau zuständig. Von dort aus werden gelegentlich Führungen durch den Grünen Brink organisiert. Infos unter ✆ 04372-1002.

Niobe-Denkmal

An der Westseite des Naturschutzgebietes Grüner Brink wird der Besucher zunächst von einem Campingplatz mit dem Restaurant Niobe und einem großen, aber doch oft vollen Parkplatz empfangen. Das schlichte Denkmal, nach dem sich die Gaststätte benannt hat, liegt ein paar Hundert Meter entfernt am schönen, recht steinigen Gammendorfer Strand und erinnert dort an das 1932 untergegangene Segelschulschiff Niobe. Es besteht lediglich aus einem Stück von dessen Mast und einem schlichten Stein. Der Stein wurde als Sinnbild gewählt, weil die vom Schmerz überwältigte Königin Niobe in der griechischen Mythologie nach dem Verlust ihrer 14 Kinder zu Stein erstarrte, aus dem für alle Zeiten ihre Tränen flossen. Die Tafel auf dem Sockel unter dem Stein wurde im Oktober 1933 angebracht und enthält die Aufschrift: „Es ist nicht nötig, dass ich lebe, wohl aber, dass ich meine Pflicht tue." Die Propaganda des Nationalsozialismus hat hier (ohne die Quelle zu nennen) ein Zitat zweckentfremdet, das Friedrich dem Großen zugesprochen wird. Der Preußenkönig, der diese Worte während des Siebenjährigen Krieges (1756–63) an einen Freund geschrieben hatte, bezog diese Redewendung aber keineswegs auf das Leben seiner Soldaten, sondern auf sein eigenes Handeln.

Schlichte Erinnerung an eine Katastrophe: Niobe-Denkmal

• *Übernachten/Camping* **Camping am Niobe**, nur der Deich und ein paar schützende Fichten trennen den schön gelegenen und sehr sauberen Familienplatz mit 300 Stellplätzen vom Meer. Vor dem Platz erstreckt sich der windige, kilometerlange Naturstrand. SB-Markt und Café/Restaurant vor Ort. Mietwohnwagen vorhanden. Geöffnet April bis Mitte Okt. Erwachsene 5 €, Kinder 3 €, Stellplatz 9,50–11 €, Wohnmobil 6 €. Familie Mackeprang, Gammendorf-Strand, ✆ 04371-3286 oder 2932 (Winter), ✉ 04371-503783, www.camping-am-niobe.de.

Wohnmobilparkplatz Niobe, direkt vor dem Camping am Niobe gibt es einen großen, sehr einfachen Wohnmobilparkplatz mit Toilettenhäuschen. Die 10 € (im Winterhalbjahr 5 €), die der Platz pro Nacht kostet, wirft man (passend) in die Box neben dem Sanitärgebäude.

• *Essen und Trinken* **Restaurant Niobe**, vor dem Campingplatz gelegenes Ausflugslokal und Café mit Terrasse und Wintergarten. Von der Currywurst mit Pommes bis hin zur Petersdorfer Fischplatte gibt es eine reiche Auswahl deftig zubereiteter Speisen, auch Salate im Angebot. ✆ 04371-2820.

Der Untergang des Segelschulschiffs „Niobe"

1922 wurde auf der Kieler Germania-Werft ein 1913 gebauter Segelfrachter zum schmucken Schulschiff der Marine umgerüstet. Anstelle der ursprünglich vier Masten bekam das stolze Schiff, das nach der griechischen Königin Niobe benannt wurde, drei deutlich höhere Masten, die eine enorme Segelfläche boten.

Am Mittag des 26. Juli 1932 segelte die „Niobe" etwas nördlich der Küste durch den Fehmarnbelt, als eine Gewitterfront aufzog. Um ohne Verzögerung das Tagesziel Warnemünde zu erreichen, reagierte der Kapitän darauf lediglich mit dem Einholen der Obersegel. Um 14.15 Uhr passierte dann das Unfassbare: Eine gewaltige Gewitterböe ergriff das Schiff und drückte es mit so viel Wucht zur Seite, dass die Segel und sogar die Masten ins Wasser tauchten. Blitzschnell drang Wasser durch die geöffneten Bullaugen und Niedergänge ein und ließ den Matrosen unter Deck kaum eine Überlebenschance. In weniger als vier Minuten sank der stolze Segler. Obwohl sich ein Frachter in unmittelbarer Nähe befand und mit seinen Rettungsbooten sofort zu Hilfe eilte, starben 69 Menschen „den Tod für das Vaterland". Nur 40 Besatzungsmitglieder konnten gerettet werden.

Auch der Kapitän überlebte das Unglück. Er wurde später in einem Kriegsgerichtsverfahren „wegen höherer Gewalt in Form einer Fallböe" von aller Schuld freigesprochen. Die im Wrack eingeschlossenen Toten wurden geborgen und in Kiel beigesetzt. Das Wrack selbst schleppte man vor die pommersche Küste, um es dort in einer pathetischen Zeremonie in Anwesenheit fast der gesamten Reichsflotte abermals und nun endgültig zu versenken, diesmal mittels eines Torpedos.

Gammendorf

Das im Inselnorden gelegenen Dorf mit weitläufig verteilten Höfen und Häusern ist ein gemütlicher Ort, in dem es bis heute keine amtlichen Straßennamen gibt, weshalb die Häuser einfach nummeriert wurden. Umgangssprachlich werden für die einzelnen Dorfteile aber nach wie vor die alten Namen wie „Op de Reeg" (die Häuser „auf der Reihe" in der Dorfmitte) oder „In de Eck" (die Häuser „in der Ecke" Richtung Strand) verwendet. Von Gammendorf aus führt eine schmale Straße zum ruhigen Naturstrand an der Nordküste (mit dem Niobe-Denkmal).

Am Ortseingang Richtung Puttgarden stand früher ein von Gustav Kröhnke erbautes Hotel, das erst in jüngerer Zeit abgerissen wurde. Bereits 1863, noch zu dänischer Zeit, hatte der deutsche Landvermesser und Ingenieur Pläne für eine Fährverbindung von Puttgarden nach Rødby vorgelegt, mit denen er, nachdem die Insel 1867 preußisch geworden war, auch bei der Regierung in Berlin auf Interesse zu stoßen hoffte.

In Erwartung eines baldigen, mit der Einrichtung der Fährverbindung einhergehenden touristischen Aufstiegs des Dorfes und wohl auch zum Gefallen der Familie seiner Frau, einer Gammendorfer Bauerntochter, die er 1874 heiratete, baute Kröhnke damals dieses Hotel. Doch sollte es noch fast 100 Jahre (bis 1963) dauern, bis die Fährverbindung im nahen Puttgarden dann auch verwirklicht wurde, und so blieb Gammendorf das, was es schon immer war, nämlich ein beschaulicher Winkel der Insel, fernab verkehrsreicher Verbindungsstraßen.

Café Zum Backhus, etwas versteckt mitten in Gammendorf liegt das Bauernhofcafé mit Bierstube. Draußen im Hof laden rustikale Tische zur Rast ein, drinnen erstreckt sich das im Landhausstil eingerichtete Café. Hausgemachte Kuchen, geöffnet tägl. 14–18 Uhr. Di Ruhetag. ☎ 04371-6746.

Fehmarns Westen

Auch der Westteil der Insel ist beschaulich und meist sehr windig. Feiner Sand ist Mangelware; schmale, steinige Strände herrschen vor, die sich für kilometerlange Strand- oder Deichwanderungen aber hervorragend eignen, und auch bei Surfern und Anglern ist dieser Küstenstreifen sehr beliebt.

Im Südwesten Fehmarns liegen im Schutz der Orther Reede die sehenswerten und einstmals bedeutenden Hafenorte Lemkenhafen und Orth. Überhaupt ist von der einst für die gesamte Insel so typischen Siedlungsstruktur hier im Westen noch viel erhalten geblieben. Die Dörfer sind durch Alleen verbunden und ihre großen, repräsentativen Höfe um den Dorfteich oder die Gemeindewiese (Anger) gruppiert. Hauptort im Inselwesten ist Petersdorf mit seiner stattlichen Backsteinkirche. An der Westküste befindet sich zudem das weithin bekannte Vogelschutzgebiet Wallnau, in dem naturnah und eindrucksvoll die Vogelwelt zu bestaunen ist. Das an der Südwestspitze gelegene Naturschutzgebiet Krummsteert ist dagegen nicht zugänglich.

Wenkendorf

Selbst für fehmarnsche Verhältnisse ist Wenkendorf noch ein völlig abgeschiedener Ort. Doch der Fremdenverkehr hat auch dieses im Grundriss typisch rechteckige Fortadorf für sich entdeckt, in dessen Mitte der charakteristische Teich natürlich nicht fehlen darf. Viele der großen Bauernhöfe wurden zu Ferienwohnungen umgebaut, am südlichen Ortsrand ist zudem eine kleine Ferienhaussiedlung entstanden.

Zum nördlich gelegenen Strandabschnitt „Teichhof" sind es 2 km. Er hat seinen Namen von einem angrenzenden Binnensee. Der Strand selbst ist ein von Dünen gesäumter und etwas grober Naturstrand. Davor befinden sich ein von einem kleinen Deich geschützter Campingplatz und eine kleine Gaststätte. Als Windschutz hat man hier (wie auch am Niobe-Denkmal) einige Nadelbäume gepflanzt, aus denen mittlerweile ein kleines Wäldchen geworden ist. Auf dem Weg zum Teichhof befindet sich rechter Hand eines der letzten alten Wasserschöpfräder der Insel, das wie ein niedliches Windrad aussieht.

• *Übernachten/Camping* **Camping am Deich**, das kleine Areal mit nur 50 ruhigen Stellplätzen liegt nördlich von Wenkendorf (Teichhof). Der kleinste Platz der Insel hat dennoch 4-Sterne-Niveau und liegt windgeschützt eingebettet in einer Tannenscho- nung hinter dem Deich zwischen Binnensee und Meer. Erwachsene 6 €, Kinder 3 €, Stellplatz 12 €. Wenkendorf Nr. 13, ☎ 04372-316 oder -777, 📠 04372-1564, www.urlaub-in-der-ersten-reihe.de.

Altenteil

Das nordwestlich von Wenkendorf gelegene, stark zersiedelte Dorf Altenteil bietet außer seinem interessanten Namen keine besonderen Höhepunkte. Noch 1 km weiter nördlich erstreckt sich ebenfalls ein dünenbewehrter, etwas steiniger und von zwei Campingplätzen gesäumter Naturstrand. Von hier aus kann man herrlich auf einem Dünenstreifen, der das Meer von einem schönen Binnensee trennt, um die Nordwestspitze der Insel herumlaufen. In den Dünen findet man dann und wann noch ein ruhiges und feinsandiges Plätzchen für ein ungestörtes Sonnenbad. Der Parkraum am Campingplatz ist jedoch relativ knapp, sodass man auch diesen Teil der Insel am besten mit dem Fahrrad erkundet.

● *Übernachten/Camping*   **Campingpark Fehmarnbelt**, dieser Familienferienplatz mit 400 Stellplätzen (davon 40 Mietwohnwagen) liegt fast direkt an der nordwestlichen

Nomen est omen: ein wirklich ruhiger Winkel Fehmarns

Spitze Fehmarns am weitläufigen Strand nördlich von Altenteil. Hier gibt es nur wenige Büsche und Bäume, stattdessen wird der Platz von Wasser fast eingerahmt den Salzsee und das Meer. Zweifellos eine schöne, aber windige Ecke der Insel. SB-Laden und Gaststätte vor Ort. Strand DLRG-bewacht. Erwachsene 5 €, Kinder 3 €, Stellplatz 9–18 €. Altenteil, ☎ 04372-445, 📠 04372-1345, www.fehmarnbelt.de.

Camping am Belt, das etwa 40 Jahre alte, lang gestreckte Areal zwischen schattenspendenden Fichten und Birken umfasst 280 Stellplätze, die direkt hinter dem Deich liegen. Minigolfanlage und Spielplatz vorhanden. Erwachsene 5 €, Kinder 2,75 €, Stellplatz 8–12 €, Mietwohnwagen vorhanden. Altenteil 24, ☎ 04372-391, 📠 04372-1691, www.camping-am-belt.de.

Westermarkelsdorf

Die ganz im windigen Nordwesten der Insel gelegene Ansiedlung ist von Dutzenden Windkrafträdern umgeben, die hier – entgegen der sonstigen Gepflogenheiten an der Küste – vergleichsweise symmetrisch angeordnet sind. Kaum 50 Personen leben in diesem adretten kleinen Örtchen, in dem die Straße endet. Die alten, weitläufigen Höfe und Häuser sind kreisförmig um den Dorfanger mit Teich verteilt.

Etwas nördlich stehen ein backsteinerner Leuchtturm und gegenüber von diesem eine ehemals militärisch genutzte Baracke sowie die noch heute fast militärisch abgeschirmte Wetterwarte Fehmarn des Deutschen Wetterdienstes. In einem kleinen Schaukasten werden hier täglich Wind- und Wetterdaten ausgehängt.

Der kleine Parkplatz vor dem Turm ist ein idealer Ausgangspunkt für einen Spaziergang zum nördlichen Binnensee. Hier im Inselwesten ist das Land sehr flach und wird durch lange Deiche vor den Fluten geschützt. Überquert man den Deich, wird der Blick frei auf das Markelsdorfer Huk (= Haken), eine herrliche Strandwalllandschaft, die die Nordspitze Fehmarns bildet.

Der auf der Deichkrone beschilderte Zugang zum Strand ist etwa 500 m lang und führt durch feuchte Salzwiesen. Entgegen der Beschilderung ist er aber nicht für Fahrradfahrer geeignet und selbst für Fußgänger nur schwer passierbar, denn man muss teilweise barfüßig durch den Morast gehen. Belohnt wird man dann aber durch ein besonders ruhiges und abgeschiedenes Stück Strand. Hier haben sich sogar Dünen gebildet, was für die schleswig-holsteinische Ostseeküste eine Seltenheit ist. Insbesondere in der Abendsonne wird einem an der nordwestlichen Spitze Fehmarns ein faszinierendes Farbenschauspiel geboten.

Viel leichter zugänglich ist der – meist recht windige – Strandabschnitt, den man über das westlich von Westermarkelsdorf über den Deich führende kurvige Sträßchen erreicht (Parkplatz vorhanden, nur für Autos bis 1,80 m Höhe). Er ist nicht nur bei Strandspaziergängern, sondern auch bei Surfern und v. a. bei Brandungsanglern beliebt. An schönen Tagen kann man dort den Sonnenuntergang besonders eindrucksvoll beobachten. Vor dem Strand ragt ein großer Betonklotz in gewaltiger

Schieflage aus dem Wasser und dient den Vögeln als Ausguck. Er ist der Rest eines in den 1930er-Jahren durch Treibeis zerstörten Pegels.

• *Essen und Trinken* **Altes Zollhaus**, sozusagen am letzten Zipfel der Insel hinter dem Dorfteich gelegen. Einfaches, aber ordentliches Restaurant mit windgeschützter Terrasse (Kuchentheke). Besonders gut kann man hier schmackhaften Fisch aus der Pfanne essen, im Angebot sind aber auch herzhafte Steaks vom Angus-Rind. ✆ 04372-991635.

Leuchtturm: Der Leuchtturm aus dem Jahr 1881 sichert mit seiner roten Haube noch heute die westliche Zufahrt zum Fehmarnbelt (siehe Foto S. 3). Ursprünglich war der achteckige Turm mit Galerie nur 12 m hoch, wurde aber schon 1902 auf 18 m aufgestockt. Er bildet eine schöne Einheit mit dem danebenliegenden beige bemalten Leuchtturmwärterhäuschen, das seit der Automatisierung des Leuchtfeuers 1984 privat genutzt wird. Die seit 1924 verwendete Gürtellinse ist allerdings noch heute in Betrieb. Das private Areal ist nicht zugänglich. Nicht weit von Westermarkelsdorf lag bis 1984 das 1908 erbaute Feuerschiff Fehmarnbelt, das heute als technisches Museumsschiff seinen Liegeplatz im Lübecker Hansahafen gefunden hat.

Dänschendorf

Der Ortsname erinnert an die dänische Vergangenheit Fehmarns (von 1320 bis 1864). In dem für die Insel schon relativ großen Ort Dänschendorf (300 Einwohner) sind noch einige wenige stattliche Bauernhöfe aus dem 18. Jh. erhalten geblieben sowie eine reetgedeckte Mühle, die „Flinke Laura". Sie steht am südlichen Ortsrand (Richtung Petersdorf), hat jedoch keine Flügel mehr und wird heute privat genutzt. Supermärkte gibt es auch hier nicht, immerhin aber einen Kiosk und ein paar nette Gasthäuser. Ansonsten herrscht die für Fehmarn so charakteristische Beschaulichkeit vor, insbesondere an den beiden Dorfteichen, um die herum Dänschendorf im Laufe der Zeit gewachsen ist. Das flache Umland mit zahlreichen geteerten Wegen macht den Ort mit seinem breiten Angebot an Ferienunterkünften zu einem idealen Ausgangspunkt für Fahrradurlauber.

• *Übernachten* **Dänschendorfer Hof**, auch der Kurzurlauber hat hier eine Chance, in einem der fünf einfachen Gästezimmer unterzukommen. In der dazugehörigen, mit reichlich Nippes an den Wänden und jeder Menge Modellschiffen geschmückten Gastwirtschaft werden preiswerte Tagesgerichte serviert. Es gibt natürlich deftige fehmarnsche Hausmannskost (v. a. Schnitzel) und reichhaltige Portionen. DZ 56 €. Schulstraße 5, ✆ 04372-393, @ 806638, www.travelnet.de.
• *Essen und Trinken* **Hein und Beas Scheune**, ursprünglich ein Café, hat sich die große, alte Backsteinscheune an der Hauptstraße schnell zum Restaurant mit großem Saal gemausert. Große Holztische laden auf dem kiesbedeckten Hof zur Rast ein, innen ist ebenfalls reichlich Platz. Die Einrichtung ist vergleichsweise einfach. Neben Fisch- und Fleischgerichten sind auch vegetarische und Vollkornspeisen erhältlich. Beliebt ist der hausgemachte Kuchen. Von April bis Okt. täglich ab 12 Uhr geöffnet. Dorfstr. 14, ✆ 04372-397.

Schnitzelparadies, mitten an Dänschendorfs Hauptstraße am Dorfteich gelegen, einfach, touristisch-maritim eingerichtet. Es gibt v. a. draußen reichlich Platz auf Gartenstühlen und Bänken. Im Angebot sind 20 verschiedene Schnitzel mit Pommes, auch Burger und Steaks. In der Saison täglich ab 12 Uhr geöffnet. Dorfstr. 1, ✆ 04372-806215.

Schlagsdorf

Nur 1 km westlich von Dänschendorf liegt Schlagsdorf, ein Ort, der so klein ist, dass es dort nicht einmal Straßennamen gibt. Große Bauernhöfe prägen auch hier das Erscheinungsbild. Ganz vereinzelt sind Fachwerkbauten aus dem 18. und 19. Jh. erhalten geblieben. Zwar lebt man in Schlagsdorf noch vorwiegend von der Landwirtschaft, doch gibt es im Ort auch einige schöne Ferienwohnungen.

Die Dörfer Fehmarns

Petersdorf

Der Hauptort Westfehmarns ist (mit nur ca. 600 Einwohnern) seit jeher nach Burg der zweitgrößte Ort der Insel, weshalb ihm nach mittelalterlichem Landrecht die Rolle als Gerichtsort der Landschaft Fehmarn zukam. Burg als eigentlich größte Ansiedlung der Insel kam dafür nicht infrage, weil hier seit dem 13. Jh. das lübische Recht galt. Das Stadtrecht blieb Petersdorf aber immer versagt.

Im Zentrum befinden sich einige kleine Geschäfte und am Ortsrand gibt es sogar zwei Supermärkte, sodass Einheimische und Gäste zur Versorgung nicht unbedingt auf die Inselmetropole Burg angewiesen sind. Besonders idyllisch ist Petersdorf um den etwas östlich gelegenen, kreisrunden Dorfteich mit Springbrunnen, den so genannten *Dorfsoll*, der mit Feldsteinen eingefasst und von Linden umgeben ist. Die mit groben Steinen gepflasterten Sträßchen und alten Backsteinhäuser abseits der Durchgangsstraße lohnen einen Besuch.

Hauptort Westfehmarns: Petersdorf

Dass der Ort noch heute Umschlagplatz für Getreide ist, lässt sich unschwer erkennen an einem weithin sichtbaren Getreidesilo. Etwas versteckt hinter diesem erinnert die Südermühle (heute Restaurant) an jene Zeiten, als die Feldfrüchte hier auch gleich verarbeitet wurden. Der Galerieholländer von 1893 – mit nur einem Windmühlenflügel zurzeit etwas „flügellahm" – ist bereits der fünfte Mühlenbau an dieser Stelle. Seine vier Vorgänger, die nacheinander hier gestanden haben, fielen alle einem Brand zum Opfer.

Noch bis 1988 erfolgte der Transport des Getreides per Schiene über die Strecke der Inselbahn Fehmarn, die einst von Burgstaaken bis zum Hafen nach Orth führte. Das alte Bahnhofshotel ist zwar noch erhalten, inzwischen aber längst in ein – etwas versteckt gelegenes – Privathaus (in der Hauptstraße Nr. 6) umgewandelt, denn der Personenzugverkehr nach Petersdorf wurde schon 1956 eingestellt.

Beherrscht wird Petersdorf v. a. von der weithin sichtbaren *Johannis-Kirche*, an deren Südseite sich ein kleiner Gefangenenturm befindet. Die darin früher hängende „Armsünderglocke" läutete immer dann, wenn ein Übeltäter zum Richtplatz, dem Galgenberg, geführt wurde. Dieser künstlich aufgeschüttete, von Bäumen und zwei Steinreihen umgebene Hügel liegt 500 m außerhalb von Petersdorf rechter Hand an der kleinen Straße Richtung Dänschendorf. Für Jahrhunderte war er die öffentliche Kult-, aber auch die Hinrichtungsstätte der Insel. Allerdings endeten die nach fehmarnschem Landrecht Verurteilten dort nicht am Galgen, sondern wurden geköpft. Lange war es sogar Sitte, den abgeschlagenen Kopf auf einen Pfahl zu stecken, mit dem Gesicht in Richtung des Ortes des begangenen Verbrechens. Der letzte Kopf rollte hier vor 3000 Zuschauern noch im Jahr 1854. Vor der Stätte befindet sich ein als Kerneisloch entstandener, in alter Zeit sehr kostbarer Süßwassertümpel, um den herum Spuren früher Besiedelung gefunden wurden.

Johannis-Kirche: Petersdorfs stattliche Backsteinhallenkirche liegt besonders malerisch inmitten eines kreisrunden, von mächtigen alten Linden umgebenen Friedhofs. Das Gotteshaus mit dem hohen Satteldach stammt ursprünglich schon aus der Mitte des 13. Jh., wurde danach aber mehrmals umgebaut. Der Turm musste dreimal erbaut werden, bis er endlich in seiner jetzigen kraftvollen Form stehen blieb: Der erste Turm brannte 1559 ab. Daraufhin wurde 1566 ein zweiter errichtet, der aber wenig später von einem Sturm zerstört wurde. 1567 baute man dann den jetzigen sehr stabilen, 64 m hohen Turm aus gewaltigen und mit Eisenankern gesicherten Granitsteinen, der als der höchste der Insel mit seiner achtseitigen Spitze etwa 20 Seemeilen weit zu sehen ist. Früher

Durch Eisenanker gesichert:
Turm der Johannis-Kirche

diente er – wie heute noch den Freizeitseglern – der Schifffahrt als Tageslandmarke, die sogar in den Seekarten eingetragen war. Gleichzeitig fungierte der Kirchturm wegen des sich von oben bietenden weiten Ausblicks auf die See und das Festland als eine Art Frühwarnsystem und wurde in Kriegszeiten mit Wachen besetzt.

Das backsteinerne Kircheninnere mit dem weiß abgesetzten Gewölbe und den einfachen Holzbänken neueren Datums besticht zwar durch seine Schlichtheit, über einige Schätze verfügt das Gotteshaus aber durchaus. Bedeutend ist v. a. der um 1390 gefertigte vergoldete Schnitzaltar mit Figuren von Maria und den zwölf Aposteln sowie Heiligenbüsten. Er gilt als eines der Hauptwerke gotischer Schnitzkunst im Lande. Darüber hinaus befindet sich im Altarraum ein im 15. Jh. erbautes hölzernes Sakramentshaus. Es ist einem gotischen Turm nachempfunden und beherbergt die Figur eines segnenden Bischofs. Ebenfalls sehenswert sind die am Eingang zum Chor hängende hölzerne Kreuzigungsgruppe aus dem 15. Jh. und das pokalförmige gotländische Kalksteintaufbecken (um 1280) mit dem darüberhängenden hölzernen Deckel (aus dem Jahr 1779) im rechten Kirchenschiff. Mehrere reich verzierte Holzepitaphe erinnern an verdiente und wohlhabende Fehmaraner Bürger aus barocker Zeit.

Die Kirche ist von April bis Okt. täglich 8–18 Uhr geöffnet, von Nov. bis März werktags 10–16 Uhr. Während der Sommermonate gibt es gelegentlich Abendkonzerte.

● *Übernachten* **Pension Lange**, nette und ruhig gelegene, einfache Pension mit nur sechs Zimmern am Dorfsoll von Petersdorf. Gutes Frühstück. DZ 68 € (ab vier Nächten 58 €). Mittelstraße 10, ✆ 04372-601, ✆ 04372-630, www.pension-lange-fehmarn.de.

Hotel Kastania, kleines, relativ einfaches, aber sauberes Landhotel am nördlichen Ortsrand. Heller Wintergarten mit Kaffeebetrieb und Bar. DZ 78 €. Schlagsdorfer Str. 10, ℡ 04372-992917, ✆ 04372-992929, www. hotel-kastania.de.

● *Essen und Trinken* **Südermühle**, gute Küche in einer ehemaligen Windmühle (1893) am südlichen Ortsrand, v. a. frischer Fisch, aber auch Lamm werden hier serviert. Ein wunderschönes Ambiente bietet auch die bewachsene Terrasse mit Blick auf die weiten Felder Fehmarns. Die Mühle selbst liegt allerdings etwas versteckt hinter dem Getreidesilo und den etwas verkommen wirkenden Lagerhallen. Geöffnet 12–14.30 und 18–22 Uhr, Do Ruhetag. Mühlenweg 2, ℡ 04372-636.

Kartoffelscheune, rustikale Einrichtung und Balkendecke. In dem mitten im Dorf in der Nähe der Kirche gelegenen Restaurant gibt es nicht nur Kartoffelgerichte (z. B. Ofenkartoffel mit Matjes), sondern auch Fisch- und Fleischgerichte aller Art in Standardqualität. Geöffnet 12–14.30 und 17–21.30 Uhr. Kämmerer Weg 3 a, ℡ 04372-991919.

Dorfkrug, innen sehr einfach eingerichtet, draußen schöne Holzterrasse vor dem Haus, rustikale, aber gute Speisen aller Art. Im östlichen Ortsteil in Nähe des Dorfteichs gelegen, in der Saison täglich geöffnet. Mittelstraße 9, ℡ 04372-806181.

Inselstübchen, verspielt bis kitschig eingerichtet, kleine und nette (windgeschützte) Veranda vor dem Haus. Eher ein Imbiss bzw. Bistro als ein Restaurant, in dem es vorwiegend deftige Speisen wie Schnitzel mit Pommes, aber auch Fischpfannengerichte gibt. Hauptstraße 31, ℡ 04372-474.

Das Petersdorfer Rapsblütenfest

Alljährlich im Mai erblühen große Teile der Insel in kräftigem Gelb und überall liegt der typische Blütenduft des Raps in der Luft. In dieser Zeit wird das idyllische Ensemble am runden Dorfteich von Petersdorf zum Mittelpunkt des Rapsblütenfestes, das nun schon auf eine 25-jährige Tradition zurückblickt und jährlich Mitte Mai Tausende Besucher anlockt. Geboten werden neben einem farbenfrohen Festumzug und den obligatorischen kulinarischen Ständen jede Menge Livemusik und Showeinlagen von Gauklern, Tänzern usw. Den eindeutigen Höhepunkt des dreitägigen Festes bildet allerdings die Wahl der Rapskönigin. Die Kandidatinnen hierfür müssen mindestens 18 Jahre alt und ledig sein und zudem aus Fehmarn stammen. Der gekürten einheimischen Schönheit wird dann die Ehre zuteil, ein Jahr lang auf Tourismusmessen oder bei anderen „offiziellen Gelegenheiten" als Repräsentantin der Insel aufzutreten.

Kopendorf

Der kleine Ort liegt so nahe am westfehmarnschen Hauptort Petersdorf, dass er schon fast mit diesem zusammengewachsen ist. Hier gibt es zwar keine herausragenden Sehenswürdigkeiten, aber das Gesamtbild des Dorfes rund um den für Fehmarn so typischen Dorfanger mit Teich ist besonders harmonisch. Im Gegensatz zum benachbarten Petersdorf dominieren das Ortsbild von Kopendorf nicht kleine Wohnhäuser, sondern v. a. repräsentative Bauernhöfe.

Mit dem 3 km entfernten Sulsdorf ist Kopendorf durch eine schöne Allee verbunden. Auf dem Weg dorthin überquert man das einzige Fließgewässer der Insel, die nach dem Ort benannte Kopendorfer Au. Der nur 6 km lange Bach entspringt bei Lemkendorf, zieht sich durch die Wiesen an Kopendorf vorbei und mündet bei Wallnau in die Ostsee.

Bojendorf

Auf dem Weg nach Wallnau kommt man zwangsläufig durch Bojendorf (siehe Foto S. 147). Der idyllische Ort mit seinen teils reetgedeckten Häusern wird dabei kaum beachtet, obwohl er durch seinen altfehmarnschen Dorfplatz mit Dorfteich geradezu der Inbegriff eines Fortadorfs ist. Der Begriff „Boje" im Ortsnamen hat übrigens nichts mit der Boje im Sinn von „fest verankerter Schwimmkörper" zu tun, sondern bedeutet so viel wie „kleines Schiff", „Barke" oder „Schute". Denn nördlich von Bojendorf gab es früher einen kleinen Bootshafen. Das Ende des Hafens kam mit dem Deichbau 1872, dem es zu verdanken ist, dass der nur knapp über der Wasseroberfläche gelegene Ort im stürmischen Inselwesten nun nicht mehr regelmäßig überflutet wird.

Der nur 700 m entfernt liegende und für Fehmarns Verhältnisse sogar relativ feinsandige Badestrand ist von Bojendorf aus über einen Stichweg zu erreichen. Hier gibt es einige Strandkörbe, einen Imbiss mit windgeschützter Terrasse und einen großen Parkplatz. Gleichzeitig bildet dieser Strandabschnitt das Nordende des Campingplatzes Wallnau (siehe Foto S. 65).

● *Übernachten/Camping* **Strand-Camping Wallnau**, Fehmarns zweitgrößter Platz mit 800 Plätzen. Gehobene Kategorie. Umfangreiches Animationsprogramm (Wassersport und Pony-Reitangebot, Disco, Kino etc.). Kostenlose Warmwasserduschen, Mietwohnwagen vorhanden, Fahrradverleih, SB-Markt und SB-Wäscherei, Restaurant und Strandbar, keine Aufnahme von Motorradfahrern, Surfrevier, Strandsauna, Strandkorbmiete möglich. Der Platz liegt im windigen Westen der Insel; hier sind schöne Sonnenuntergänge am kilometerlangen Strand garantiert. Erwachsene 7,20 €, Kinder 4,60 €, Stellplatz 13–17 €. ☎ 04372-456, ✆ 04372-1829, www.strandcamping.de.

Wasservogelreservat Wallnau

Der Weg zum Naturschutzzentrum geht zunächst am Campingplatz Wallnau vorbei und führt wenig später über den Deich, wo man für kurze Zeit den freien Blick auf den Steinstrand und das blaue Meer genießen kann.

Für einen Besuch des Naturschutzgebiets sollte man Zeit mitbringen. Zur Einstimmung empfiehlt sich die Dauerausstellung über das Phänomen Vogelzug im Informationszentrum. Zentrales Element eines Reservatbesuchs ist jedoch die vom Naturschutzbund (NABU) angebotene Führung. Bei dieser kann man sich, ausgestattet mit einem Fernglas (Leihgebühr 1 €), auf einem Naturlehr- und Schnupperpfad mit zahlreichen Experimentierstationen und Themensäulen einen umfassenden Eindruck von der Tier- und Pflanzenwelt Wallnaus verschaffen. Allein 60 Brutvogelarten ziehen hier ihre Jungen auf, bis zu 190 weitere Zugvogelarten benutzen Wallnau als willkommenen Rastplatz. Von verschiedenen Hütten aus lassen sich durch Beobachtungsschlitze die Lebensräume der Vögel aus der Distanz betrachten. Zudem gewährt ein 12 m hoher Beobachtungsturm einen guten Überblick über das Reservat. 35.000 Besucher jährlich sind der Lohn für dieses gelungene Konzept.

Wallnau blickt auf eine wechselvolle Geschichte zurück. Noch im Mittelalter war das Gebiet um Wallnau eine Meeresbucht, die im Laufe der Zeit durch einen nach Süden wandernden Nehrungshaken von der Ostsee abgeschnitten wurde. Um 1850 war die Bucht dann vollständig von der See abgetrennt. Der Ingenieur und Landvermesser Gustav Kröhnke, der 1863 die Fährverbindung von Puttgarden nach Rødby initiierte und auf Fehmarn schon den Kopendorfer See trockengelegt hatte, wollte nun auch Wallnau für die Landwirtschaft nutzbar machen. Im Jahr 1866

Die Dörfer Fehmarns

Gefiederter Schwarzfahrer: Rabe in Wallnau

erhielt er das gesamte Areal kostenlos von der damals noch dänischen Regierung, allerdings mit der Auflage, einen Schutzdeich auf eigene Kosten zu errichten. Tatsächlich gelang ihm nach mühevollen Arbeiten bis 1871 die Trockenlegung von etwa 400 ha Land sowie der Bau eines Hofguts. Doch nur ein Jahr später machte eine verheerende Novembersturmflut alle Mühen zunichte (siehe Kasten S. 27). Die Deiche auf der Insel wurden unterspült oder durchbrochen und Kröhnke musste seinen Deichabschnitt vereinbarungsgemäß wieder in Stand setzen und verstärken. Glücklicherweise beteiligten sich die neuen Landesherren des soeben preußisch gewordenen Fehmarns mit 1500 Goldmark an diesem Unternehmen. Aber noch bevor Kröhnke das Land wieder trockengelegt hatte, kam 1874 die nächste Flut und machte seine mühselige Arbeit abermals zunichte, sodass er sein Gut Wallnau schließlich an Hamburger Kaufleute verkaufte. Diese legten zunächst Wiesen und Kräuteräcker an. Um die Jahrhundertwende beugte man sich jedoch der Übermacht der Natur und richtete in der feuchten und überflutungsgefährdeten Niederung ein Teichgut ein. Die Teichbewirtschaftung hielt sich bis 1963, dann verwahrloste das Gebiet zusehends und drohte einer touristischen Nutzung zuzufallen. 1976 gelang es dem Deutschen Bund für Vogelschutz (heute NABU – Naturschutzbund Deutschland e. V.), rund 210 ha des ehemaligen Teichguts zu erwerben und ein Naturschutzgebiet einzurichten; später wurde das Naturschutzgebiet auf über 300 ha erweitert.

• *Adresse/Öffnungszeiten* **Wasservogelreservat Wallnau**, März–Okt. tägl. 10–17 Uhr. Eintritt (inkl. Führung) Erwachsene 6,50 €, Kinder ab 6 Jahren 3,50 €, NABU-Shop und nette Gastronomie. Bio-Mittagstisch, Bio-Kaffee und sogar Bio-Bratwurst vom Galloway-Rind sind im Angebot. Führung 11, 13 und 15 Uhr. Im Sommer großes Ferienprogramm für Kinder. Der Bürgerbus (siehe S. 52, Tour 6) fährt Di und Fr (10.30 und 13.30 Uhr) von Burg (Niendorfer Platz) nach Wallnau (für 2,50 €, Kinder 1 €). ✆ 04372-1002; www.nabu-wallnau.de

Püttsee

Sehr kleiner, aber netter Ort. Eher ein Weiler mit zwei, drei Höfen und einigen Häusern, der etwas unter dem starken Durchgangsverkehr zum Campingplatz und zum Leuchtturm Flügge leidet.

Wer einfach nur einen ruhigen Platz zum Baden sucht, der sollte gar nicht bis zum Flügger Strand fahren, sondern schon in Püttsee Richtung Küste abbiegen, um so

Wo Jimi Hendrix sein letztes Konzert gab

Ein Jahr nach Woodstock wollte man in Europa mit dem *Love & Peace Festival* auf Fehmarn ein ähnlich legendäres Konzert auf die Beine stellen. Von der Organisation her ging diese Veranstaltung als riesiger Flop in die Annalen der Musikgeschichte ein, und auch finanziell war sie ein Desaster. Nach der Absage von *Joan Baez* ruhten alle Hoffnungen auf der Rocklegende *Jimi Hendrix*.

Neben diesem spielten u. a. *Frumpy, Ginger Baker, The Faces* (mit *Rod Stewart* und *Ronnie Wood*) und *Canned Heat* vom 4. bis 6. September 1970 auf der Wiese am Flügger Strand, wo einsetzender Dauerregen jedoch bald die Veranstalter überforderte und der scharfe Ostseewind die Musik zerfetzte. Zudem sorgten 180 Rocker der Hamburger *Hells Angels* entgegen dem Motto „Love & Peace" für gewaltigen Ärger. Sie erzwangen beispielsweise bei Heiligenhafen kostenlose Tankfüllungen für ihre Motorräder, lieferten sich Schlägereien mit Hippies und Ordnern, zwangen die Festivalleitung, sie selbst als Ordner zu engagieren und machten zu allem Überfluss in der kalten Nacht ein Lagerfeuer vor der Bühne, welches sie mit Bühnenbrettern befeuerten.

Trotzdem war das Chaos wilder Camperei im strömenden Regen ohne genügend Verpflegung, Getränke und Toiletten für die 25.000 angereisten Hippies ein großartiges Erlebnis. Denn hier trat am späten Sonntagmorgen des 6. September 1970 ihr Idol *Jimi Hendrix* ein letztes Mal öffentlich auf und begeisterte die Menge 75 Minuten lang. Für viele hatte dieser Auftritt etwas Mystisches, denn in dem Moment, als Hendrix auf die Bühne trat, brach – zum ersten Mal nach zweieinhalb Tagen Dauerregen und Sturm – die Sonne durch die dunkle Wolkendecke. Einige Tage später starb Hendrix in London an einer Alkohol- und Tablettenvergiftung.

Zur Erinnerung an das Konzert steht am Flügger Strand heute ein Jimi-Hendrix-Gedenkstein. Auf dem 2,5 m hohen und 6,5 t schweren Findling ist im Maßstab 1:1 eine E-Gitarre eingemeißelt. Ansonsten gibt es hier wenig zu sehen. Anlässlich des 25-jährigen Jubiläums des Festivals im Jahr 1995 besann man sich 15 Jahre lang wieder auf die Konzerttradition. Seitdem wurde jedes Jahr am ersten Samstag im September am Flügger Strand ein Jimi-Hendrix-Revival-Festival durchgeführt, und zwar „umsonst und draußen". Wegen Schwierigkeiten mit der Naturschutzbehörde wird ab 2011 das Festival in dieser Form nicht mehr stattfinden...

Zu Fuß erreicht man den Gedenkstein über den Deich, den man entweder von Püttsee-Strand aus knapp 1 km in südlicher Richtung oder vom Flügger Strand aus 600 m in nördlicher Richtung entlangläuft. Fahrradfahrer kommen ohnehin am Gedenkstein vorbei, weil der Deichweg zugleich der (Ostseeküsten-)Radweg ist.

direkt zum 1 km entfernten Strand zu gelangen (Parkgebühr 2 €). Besonders in der Abendsonne ist es hier sehr idyllisch. Von Püttsee-Strand aus lässt sich im Übrigen gut der *Jimi-Hendrix-Gedenkstein* zu Fuß erreichen: Wer von hier den Deich in südlicher Richtung entlangläuft, kommt nach 1 km an den Stein, der an Hendrix' letztes Konzert erinnert.

Flügge

Im Südwesten der Insel liegt der nur aus ein paar Häusern bestehende Weiler Flügge, zu dem zwei große Campingplätze gehören. Ein Platz liegt hinter dem Deich am Flügger Teich, ein zweiter direkt am windigen Meer. Der Flügger Strand ist flach abfallend und schön sandig, im Wasser allerdings zunächst mit Steinen durchsetzt, danach aber wieder sandig.

Sensationelle Aussicht: Leuchtturm Flügge

Bekannt ist Flügge v. a. wegen seines sandfarben verklinkerten Leuchtturms, der die Südwestspitze der Insel markiert und von einem Parkplatz aus über einen 1,5 km langen Rad-/Fußweg zu erreichen ist. Auf dem Weg dorthin kann man linker Hand am Flügger Teich ein schönes altes, rot gestrichenes Wasserschöpfrad erkennen.

● *Übernachten/Camping*   **Camping Flügger Strand**, lang gezogener Campingplatz mit 500 Plätzen am ebenso langen Strand, was die Wege vom Wohnwagen über die Düne zum Meer erheblich verkürzt. Nur wenige Bäume und Büsche schützen vor dem Wind. Animation für Kinder, zudem gibt es eine Minigolfanlage. Auch einige Mietwohnwagen bzw. Ferienhäuschen sind vorhanden, ebenso ein SB-Markt, Restaurant und ein Fahrradverleih. Geöffnet von Ostern bis Anfang Okt. Erwachsene 5 €, Kinder 3 €, Stellplatz 11–15 €. ☎ 04372-714 oder 9649 (Winter), ✆ 04372-1588, www.fluegger-strand.de.
Camping Flüggerteich, wer es etwas ruhiger und windgeschützter mag, kann auf diesem relativ kleinen Platz mit seinen knapp 100 Standplätzen übernachten. Zum Strand sind es allerdings gut 300 m, und auch sonst ist der Platz am Teich etwas weniger komfortabel als der benachbarte Platz am Flügger Strand. Mietwohnwagen vorhanden. Geöffnet Ostern bis Anfang Okt. Erwachsene 5 €, Kinder 3 €, Stellplatz 11 €. ☎ 04372-349, ✆ 04372-737, www.flueggerteich.de.

Leuchtturm: Der schöne Turm ist mit seinen 38 m der höchste der Insel und der einzige, der auch von innen besichtigt werden kann. Der Rundumblick von der Galerie ist bei schönem Wetter absolut lohnenswert. Vorher sind jedoch 162 Treppenstufen zu überwinden. Oben sind einige Schautafeln zur Leuchtturmtechnik und -geschichte sowie über das benachbarte Naturschutzgebiet Krummsteert/Sulsdorfer Wiek aufgehängt.

Früher diente den Schiffern an dieser Stelle ein weithin sichtbares Gehölz als Landmarke. Als die Baumgruppe jedoch eingegangen war, genehmigte das preußische Ministerium für Handel und Verkehr im Jahr 1872 den Bau des ersten Flügger Leuchtturms. Mit einer Höhe von 16 m stand er hier, bis man 1915 mit dem Bau des jetzigen achteckigen Turmes mit roter Laterne begann und diesen 1916 in Dienst stellte. Sein sandfarbenes Mauerwerk wurde 1975 zum Schutz und zur besseren Wahrnehmbarkeit mit roten und weißen Kunststoffplatten verkleidet; im Jahr 2010 hat man diese Platten wieder entfernt. Nun erstrahlt der Turm wieder in seinen ursprünglichen Farben. Er ist nach wie vor in Betrieb und sichert die Einfahrt in den Fehmarnsund. Die Technik wurde jedoch 1981 automatisiert, sodass die ihn umgebenden drei kleinen Häuser heute privat genutzt werden. Am Leuchtturm gibt es einen schönen, kleinen und wenig frequentierten Strand.

• *Besichtigung* April–Okt. Di–So 10–17 Uhr, Mo Ruhetag. Erwachsene 2 €, Kinder 1 €. Von einem Parkplatz führt ein Rad-/Fußweg zum 1,5 km entfernten Turm. Autos sind nicht zugelassen. Ein Anlieger hat sich die Situation zunutze gemacht und verlangt 2 € Parkgebühr für seinen Parkplatz (passend am Automaten einwerfen). Zudem bietet ein (Motor-Rikschafahrer für 2 € (Kinder 1 €) den Transport zum Turm an. Bei schönem Wetter kann es auf dem Turm eng werden. Zur Überbrückung eventueller Wartezeiten stehen einige Sitzgelegenheiten zur Verfügung sowie ein Kiosk, an dem auch Kaffee und Kuchen erhältlich sind.

Orth

Ohne Zweifel einer der schönsten Flecken auf der Insel. Die kleine Ansiedlung wird vom lang gestreckten Hafen dominiert, der für die wenigen Häuser eigentlich überdimensioniert ist, aber gerade dadurch das besondere maritime Ambiente unterstreicht. Der ursprünglich Sulsdorfer Orth genannte Hafen wurde erst 1881 angelegt und diente v. a. dem Getreideexport (siehe Foto S. 80/81). Ein großer Speicher zeugt heute noch davon, ebenso wie die Gleise der ehemaligen Inselbahn auf dem mit Feldsteinen gepflasterten Hafenvorplatz. Einziges Bauwerk auf diesem Platz ist das Hafenkontorhäuschen, das schon 1875, also kurz vor dem Bau des Hafens, errichtet wurde. Eine Tafel mit der Hochwasserlinie erinnert an die große Flut von 1872 und ein hölzerner Wegweiser stellt Orth in den Mittelpunkt der Welt: Genannt werden die Entfernungen nach Orth an der Donau (1170 km), Danzig (630 km) und Hawaii (9836 Seemeilen).

An Hawaii erinnert fühlt man sich auch durch die bunte Surf- und Kitesurfgemeinde, die den kleinen Ort für sich entdeckt hat und hier für eine besondere Atmosphäre sorgt. Überall begegnen einem ein Surfer in voller Neoprenanzug-Montur oder hippen T-Shirts, mit stylischen Frisuren oder wenigstens mit sportlichen Sonnenbrillen. Tagsüber ist der Ort zudem ein beliebtes Ziel für Fahrradausflügler. Abends jedoch gehört das Ensemble dann den zahlreichen Seglern, die nach einem Törn im Hafen festgemacht haben und den Tag auf den Decks ihrer Boote oder in der Hafenkneipe ausklingen lassen.

Man kann zwar auch auf dem Hafenvorplatz parken, wer länger bleibt ist im Regelfall aber besser beraten mit dem Tagesparkplatz am Ortseingang, auf dem v. a. die Wohnmobile der (Kite-)Surfer stehen (Pkw 1,50 €, Wohnmobil 3,50 €). Von hier aus sind es nur ein paar Schritte über den Rasendeich zur Orther Reede, einem von Surfenthusiasten stark frequentierten Stehrevier.

Die Dörfer Fehmarns

Einer der schönsten Flecke der Insel: Orth

Auf der Westseite des Hafenbeckens findet sich noch ein weiteres schmales Rasenstück, von dem aus man ebenfalls gut zum Surfen starten, v. a. aber auch baden kann. Dort führen in der Nähe des Hafen-Imbisses „Kap Orth" mangels Strand ein paar Holztreppen ins flache Wasser. Hier steht auch ein weiß getünchtes Denkmal, das am 9. November 1881 im Rahmen der Hafeneröffnung „zum Andenken an die ruhmreiche Regierung seiner Majestät des Kaisers und Königs Wilhelm I." aufgestellt wurde.

Der Name Orth kommt aus dem Slawischen und bedeutet so viel wie „Halbinsel". Wahrscheinlich sagen daher die Einheimischen heute noch: „Ik wuon up Orth" (ich wohne *auf* Orth). Das Dorf war vor dem Zweiten Weltkrieg zeitweise sogar ein kleines Seebad mit einem Badependelverkehr zum gegenüberliegenden *Krummsteert*. Das plattdeutsche „Krummsteert" bedeutet so viel wie „krummer Schwanz" und bezeichnet einen 2 km langen, teilweise aber nur wenige Meter breiten Nehrungshaken am Südwestzipfel der Insel (siehe Foto S. 18). Der einstige Badeplatz bildet heute gemeinsam mit einer benachbarten eingedeichten Bucht namens *Sulsdorfer Wiek* ein Naturschutzgebiet, in dem Vögel ungestört brüten können. Auf dem kleinen Wanderweg (etwa 3 km), der durch diese Gegend führt, erreicht man auch den Flügger Leuchtturm, auf dem zu Sonnenuntergangszeiten eine ganz besondere Atmosphäre herrscht.

● *Übernachten/Essen und Trinken* **Ostseeblick**, die kleine, einfache Pension (nur drei DZ) liegt etwas versteckt am südlichen Ortsende. Der Wirt hat ein Faible für die Geschichte Orths, weshalb die Gaststätte alte Fotos des Dorfes zieren. Es gibt deftige Fisch- und Fleischgerichte, auch typisch Holsteinisches wie Labskaus. Mi Ruhetag und Do „Seglerabend". Das DZ kostet

55 €. Poststraße 10, 23769 Orth, ☎ 04372-200, www.ostseeblick-fehmarn.de.

Piratennest, urige Kneipe in einem nach einem Brand wiederaufgebauten ehemaligen Speicher. Die Terrasse ist bis über das Hafenbecken gebaut (draußen Selbstbedienung), sogar über einen eigenen Anleger verfügt das Piratennest. Das Essen ist einfach und schmackhaft (z. B. Räucherfisch oder Bauernsalat) und abends, wenn sich Freizeitsegler ihre Storys erzählen, gibt es hier in gemütlicher Atmosphäre ein gutes Bier. Geöffnet tägl. ab 12 Uhr. Am Hafen 1, ☎ 04372-806590.

Die Villa, man stelle ganz einfach ein paar Tische unter die alten Nussbäume einer etwas in die Jahre gekommenen Villa am Hafen und male den kleinen Gastraum in warmen, hellen Farben an – schon ist ein einfaches, gemütliches Café entstanden, von dem aus man den Sonnenuntergang mit Blick auf das Hafengeschehen genie-

ßen kann (Selbstbedienung). Auch ein gutes Frühstück gibt es hier (Sa/So sogar Frühstücksbüffet). In der Saison tägl. ab 10 bis etwa 20 Uhr (bei Bedarf auch länger) geöffnet. Am Hafen 4, ☎ 04372-806288.

● *Hochseeangeln/Kutterfahrten* Täglich um 7.30 Uhr ab Hafen Orth auf der MS „Antares", 28 €. Anmeldung unter ☎ 04372-611. Täglich um 16 Uhr fährt die „Antares" noch einmal zu einer 1,5-stündigen Ausfahrt durch die Orther Bucht zur Fehmarnsundbrücke. Erwachsene 6 €, Kinder bis 13 J. 3 €, unter 6 Jahren frei.

Sulsdorf

Das kleine Dorf im Südwesten der Insel, das man von Petersdorf aus über eine Allee aus schwedischen Mehlbeer-Bäumen erreicht, ist für viele lediglich ein Durchgangsort auf dem Weg nach Orth oder zum Flügger Strand. Dabei hat Sulsdorf durchaus schöne Ecken mit typischen Fehmaraner Bauernhäusern (und Dorfteich) zu bieten. Zudem verfügt Sulsdorf über nette Ferienunterkünfte.

Südlich des Ortes befindet sich das nach ihm benannte Naturschutzgebiet Sulsdorfer Wiek, das nur zu Fuß oder mit dem Fahrrad (über den Verbindungsweg von Orth zum Flügger Leuchtturm) zur erreichen ist.

● *Übernachten/Essen und Trinken* **Lindenhof**, liebevoll eingerichtetes und gepflegtes Landhotel im alten Schulhaus von Sulsdorf. Sechs DZ und vier appartementartige Familienzimmer. Ruhige Lage, vitales, ausgewogenes Frühstücksbüfett, im Sommer auf der windgeschützten Terrasse. Leihfahrräder oder Bollerwagen im Haus. DZ 70– 80 €. Gollendorfer Weg 3, ☎ 04372-1313, ✉ 04372-1594, www.lindenhof-fehmarn.de.

Gästehaus Sulsdorf, von außen nur mäßig schön mit hell verklinkerter Fassade, innen aber gepflegt. Neben Appartements auch Zimmer mit Frühstück zu haben. Wer def-

tige Scholle mit Bratkartoffeln oder eine große Portion Schnitzel mit Pommes mag, ist hier richtig. Auch für Nicht-Hausgäste gibt es ab 7.30 Uhr Frühstück und am Nachmittag natürlich Kaffee und Kuchen. DZ mit Frühstück 65 €, Nebensaison 45–55 €. Dorfstr. 2, ☎ 04372-611, ✉ 04372-991916, www. gaestehaus-sulsdorf.de.

Gollendorf

Der kleine, kaum beachtete Nachbar von Orth und Lemkenhafen liegt etwas abseits der Verkehrswege und ist als typisches Fehmaraner Fortadorf angelegt. Mit seinen umzäunten Häusern und gemütlichen Gärten ist er noch etwas netter und verträumter als Sulsdorf.

Knapp 1 km entfernt ist dem Ort eine strandlose Bucht vorgelagert, die Gollendorfer Wiek. Sie ist als Flachwasserrevier v. a. bei Surfanfängern beliebt und als Teil der Orther Reede am besten von Orth aus erreichbar.

Betagt: Wegweiser Gollendorf

Die Dörfer Fehmarns

Duftig: Blumenteppich vor Lemkenhafen

Lemkenhafen

Im Zentrum der großen südwestlichen Bucht der Insel – Orther Reede genannt – liegt Lemkenhafen (siehe Foto S. 28). Vor dem Hafen erstreckt sich ein kleiner Platz mit Restaurant und Eisdiele und deren einladenden Terrassen. Der Hafen selbst ist, anders als in Orth, für die Öffentlichkeit jedoch nur sehr eingeschränkt zugänglich, da er heute als Yachthafen genutzt wird und eingezäunt ist.

Ursprünglich war Lemkenhafen im 13. Jh. als reiner Hafenort von Lemkendorf gegründet worden, wegen des florierenden Getreidehandels entwickelte er sich aber bald rasant zum damals reichsten Dorf Fehmarns. Zwar ist die Zufahrt zum Hafen relativ flach, sodass schon in früheren Zeiten die etwas größeren Schiffe auf Reede liegen mussten. Dem schwunghaften Handel mit Skandinavien tat dies jedoch bis ins 19. Jh. hinein kaum Abbruch. Lemkenhafen war zu jener Zeit der bedeutendste Hafen der Insel und das „Bötern", also das Beladen und Löschen der Ladung mit kleinen Booten, war für die Lemkenhafener ein wichtiger Erwerbszweig. Von den einst 18 Speichern am Hafen ist allerdings bis auf einen, der vor etwa hundert Jahren in Einzelteilen nach Orth verschifft und dort in mühevoller Arbeit wieder aufgebaut wurde, keiner erhalten geblieben.

So erinnert heute nur noch wenig im beschaulichen 250-Einwohner-Ort daran, dass Lemkenhafen einst – wenn auch nur für kurze Zeit – sogar Stadtrechte besaß. Im 15. Jh. wurde dieser Flecken von der Hanse ebenso wie die Stadt Burg vom fehmarnschen Landrecht ausgenommen und zur Stadt mit lübischem Recht erklärt, und zwar mit allem, was dazugehört: Rat, Bürgermeister und Stadtwappen. Letzteres zeigt ein Lamm auf dem holsteinischen Nesselblatt, was keineswegs abwegig ist, denn das *Lemken* im Ortsnamen ist nichts weiter als die niederdeutsche Form von *Lämmchen*.

Hinter dem Hafen (Richtung Lemkendorf) befindet sich ein größerer kostenloser Parkplatz (mit „Bistro"). Von hier aus hat man einen netten Blick über die Orther Reede und kann gemütlich den zahlreichen Kite- und Windsurfern zuschauen. Die eigentliche Sehenswürdigkeit Lemkenhafens ist jedoch das *Mühlen- und Landwirtschaftsmuseum*, das bereits seit 50 Jahren existiert.

Mühlen- und Landwirtschaftsmuseum: Noch heute überragt die am Ortsrand stehende weit über 200 Jahre alte und einzige funktionstüchtige Segelwindmühle Deutschlands, in der das Mühlen- und Landwirtschaftsmuseum untergebracht ist, den Hafenort. Ihre nur aus einem Holzgitter bestehenden Mühlenflügel wurden in früheren Zeiten – je nach Windstärke ganz oder teilweise – mit Segeltuch bespannt, damit sie sich drehten und in der Mühle Gerste oder Weizen zu Grütze und Graupen verarbeitet werden konnte. Der Müller musste jedoch nicht nur kontinuierlich die Windgeschwindigkeit beobachten, um die Flügel einmal mit mehr, einmal mit weniger Tuch zu bespannen. Aufmerksam musste er auch die Windrichtung verfolgen, um von Zeit zu Zeit mit der Fierkette die obere Mühlenkappe und damit die Flügel wieder in den Wind zu drehen (siehe Foto S. 39).

Gemahlen wurde fast ohne Unterbrechung bei Tag und bei Nacht, im Sommer und im Winter, noch bis 1954! Dann hätte das große Mühlensterben beinahe auch dem *Jachen Flünk* (= eilender Flügel), wie die Mühle genannt wird, den Garaus gemacht. Die Mühle wurde zum Abbruch verkauft. Doch der Heimatforscher Peter Wiepert bewahrte sie gemeinsam mit anderen engagierten Fehmaranern vor dem Abriss und sorgte dafür, dass sie unter Denkmalschutz gestellt wurde. Anschließend renovierte man die Mühle von Grund auf richtete hier schon im Jahr 1961 das erste Mühlen- und Landwirtschaftsmuseum Deutschlands ein.

Seitdem wird auf sechs Ebenen das harte Leben der Landbevölkerung u. a. anhand von historischen Fotos, alten Haushaltsgegenständen und landwirtschaftlichen Geräten anschaulich gemacht und natürlich auch die Mühlentechnik präsentiert. Von der Galerie aus und durch die Luken im oberen Teil der Mühle hat man einen schönen Blick in alle Himmelsrichtungen.

1986 „köpfte" ein Sturm die Mühle, d. h., er riss ihr die Flügel ab. Allerdings hatte nicht nur der Sturm Schaden angerichtet, sondern inzwischen auch der Wurm an der Holzwelle genagt, wie man in diesem Zusammenhang feststellte. So bekam die 1787 erbaute Mühle ihre dritte Antriebswelle, die nun voraussichtlich wieder 100 Jahre (wegen Holzwurm und Verschleiß das durchschnittliche Lebensalter einer Welle) halten wird. Der „Eilende Flügel" ist die letzte vollständig erhaltene von einstmals insgesamt 17 Mühlen auf der Insel. Vor der Mühle steht auf einem Holzpfahl noch ein typisches Fehmaraner Taubenhaus.

Vom 1.6. bis 31.10 täglich 10–17 Uhr, Mi Ruhetag. Erwachsene 3 €, Kinder 1 €. Träger der Mühle ist der Museumsverein Fehmarn, der auch das Peter-Wiepert-Museum in Burg betreut. Mühlenweg 45, Info unter ✆ 04372-526.

• *Essen und Trinken* **Aalkate**, hier gibt es ganz frisch geräucherten Aal, und zwar den wohl besten auf der ganzen Insel. Selbst eine etwas weitere Anreise lohnt sich zu der an der Durchgangsstraße einige Schritte vom Hafen entfernt gelegenen, urigen Gaststätte, die schon fast Kultstatus hat. Gegessen wird drinnen oder draußen an Holztischen und -bänken, ohne Teller, nur auf Papier. Dazu trinkt man Bier aus der Flasche und zur Verdauung einen kräftigen Klaren. Natürlich sind auch Butterfisch, Makrele oder Lachs im Angebot. Tägl. 9–21 Uhr geöffnet. Königstraße 22, ✆ 04372-532.

Kolles Fischpfanne und Kapitänstube, die Fischpfanne ist ein mitten im Ort gelegener Fischimbiss mit Terrasse, in dem es täglich zwischen 12 und 21 Uhr Fisch aller Art gibt. Die gemütlich-maritime Kapitänstube im gleichen Haus ist ein Restaurant, das nur abends geöffnet hat. Hier isst man nicht nur kräftige, schmackhafte Fischgerichte, auch Fleischspeisen sind im Angebot, zudem gibt es einen großen Biertresen. Ab 17 Uhr geöffnet, Mi Ruhetag. Königstr. 5–7, 04372-991832.

Seeblick, gegenüber dem Hafen gelegenes Restaurant/Bistro; im blauen oder gelben Speiseraum mit einfacher Einrichtung gibt es gutbürgerliche Küche, v. a. „Pannfisch", aber auch andere Pfannen- bzw. Grillgerichte. Marineblaue Terrasse vor dem Haus. Tägl. ab 12 Uhr. Am Hafen 1, ✆ 04372-991342.

Café Meerblick, direkt am Hafen sitzt man innen im behaglich-zweckmäßigen Hafenambiente oder besser draußen auf der großen Terrasse mit Blick auf die Segelyachten und genießt nachmittags die große Kuchenauswahl oder die Eiskreationen. Im Haus gibt es einige gepflegte Appartements mit besonders schönem Blick auf die Orther Bucht (auch Hotel garni). Nur 13–18 Uhr geöffnet. Am Hafen 20, ✆ 04372-1815.

Lemkendorf

Auf den ersten Blick ist Lemkendorf ein reiner Durchgangsort zwischen Landkirchen und Petersdorf, an dem man lieber schnell vorbeifährt. Auf den zweiten Blick entdeckt man aber durchaus nette Ecken, v. a. in der Dorfmitte, wo die ansehnlichen Häuser um den rechteckigen Dorfanger (Dorfplatz) weiträumig gruppiert sind. Hier befindet sich auch der vergleichsweise große, mit Parkbänken umgebene Dorfteich, der zur Rast einlädt.

Westerbergen

Wunderschön an der Orther Reede unweit von Lemkenhafen gelegen ist Westerbergen v. a. eine moderne Feriensiedlung. Von hier hat man, besonders beim abendlichen Sonnenuntergang, einen schönen Blick auf die Bucht, wo stets buntes Treiben herrscht, denn dieser Teil der Orther Reede mit dem Namen Lemkenhafener Wiek ist ein optimales Anfängerrevier für Wind- und Kitesurfer und im Sommer heiß begehrt. Direkt am Wasser gibt es einen – besonders bei surfenden Wohnmobilisten beliebten – Parkplatz (gebührenpflichtig).

Der eigentliche Ort Westerbergen liegt 500 m im Hinterland an einer kleinen Zufahrtsstraße und ist nichts weiter als ein Weiler mit nur wenigen Häusern.

Fehmarns Mitte

Die Fernstraße Richtung Puttgarden teilt die Insel etwa in der Mitte. Das Gebiet um diese Verkehrsader und damit der Mittelstreifen der Insel reicht von der Fehmarnsundbrücke im Süden bis zum Fehmarnbelt im Norden.

Vor allem die kleinen Strände im Süden der Insel haben wegen des Blicks auf die alles überstrahlende Sundbrücke ihren besonderen Reiz. Das am Burger Binnensee angrenzende Camper- und Surferparadies Wulfener Hals ist auch überregional bekannt. Geografischer und historisch bedeutsamer Mittelpunkt der Insel ist aber seit jeher Landkirchen, das mit der Petri-Kirche eine wirklich bedeutende Sehenswürdigkeit besitzt.

Landkirchen

Fast genau im Zentrum der Insel gelegen, ist Landkirchen für Fehmarn schon ein recht großer Ort mit einigen wenigen alten Giebelhäusern und einer interessanten geschichtlichen Vergangenheit. Insgesamt geht es hier eher beschaulich zu, denn das nahe Burg ist einfach zu übermächtig. Geschäfte gibt es nur noch wenige, immerhin aber einige nette Restaurants und als Hauptattraktion natürlich die geschichtsträchtige *Petri-Kirche*. Am Ortsausgang Richtung Petersdorf erinnert ein Stück Bahnschiene daran, dass ab 1905 die Inselbahn Fehmarn von Burg über Landkirchen bis Orth führte. Nachdem sich der Betriebe der zuletzt nur noch im Güterverkehr eingesetzten Bahn nicht mehr lohnte, wurde die Strecke 1994 stillgelegt.

Landkirchen hat in seiner Vergangenheit schon wesentlich bedeutendere Zeiten erlebt und kann mit seinem geheimnisvollen Landesblock auf eine geschichtliche Besonderheit verweisen. Im Jahre 1320 hatte der dänische König Christoph II. für die ganze Insel das fehmarnsche Landrecht eingeführt. Die – gewissermaßen als

Reich ausgestattet: Petri-Kirche in Landkirchen

Die Dörfer Fehmarns

Außenposten der Hanse – mit lübischem Recht versehene Stadt Burg war davon jedoch ausgenommen und so wurde für einige Jahrhunderte das zentral gelegene Landkirchen Verwaltungsmittelpunkt und Hauptversammlungsort und damit Hauptort der Insel, worauf der Name des Ortes noch heute hinweist. Die dort tagende fehmarnsche Landschaftsversammlung bestand aus 110 Vertretern aus allen Fehmaraner Dörfern, die einem vom Landesherrn eingesetzten Vogt in politischen und rechtlichen Fragen zur Seite standen. Von der politischen Bedeutung, die Landkirchen einst zukam, zeugt der hier erhalten gebliebene *Landesblock*. In dieser mächtigen, bereits im 13. Jh. aus dem Stamm einer Eiche gefertigten Truhe wurden bis zur Ablösung des fehmarnschen Landrechts durch die preußische Gesetzgebung im Jahr 1867 die wichtigsten Urkunden und Siegel verwahrt (siehe Foto S. 45). Sie wurde von drei großen Schlössern gesichert, deren Schlüssel sich im Besitz dreier Vertrauensleute aus den drei Gemeindebezirken der Insel befanden. Einer von ihnen kam aus dem westlichen Petersdorf, einer aus dem in der Inselmitte gelegenen Landkirchen und der dritte aus dem östlichen Bannesdorfer Kirchspiel. Auf diese Weise konnte die Truhe nur von diesen drei Amtmännern gemeinsam geöffnet werden. Die Dokumente befinden sich inzwischen im Kieler Staatsarchiv, der Landesblock selbst aber steht heute noch an seinem ursprünglichen Platz in der Petri-Kirche, die dadurch damals auch eine durchaus weltliche Bedeutung erhielt. An der Ostseite des Kirchhofs gab es bis 1856 so genannte Gottesbuden, bescheidene Unterkünfte, in denen den Ärmsten der Armen aus dem Kirchspiel freie Unterkunft gewährt wurde. In der Petri-Kirche wurde auch Recht gesprochen und auf dem Kirchengelände vollstreckt. Denn bis 1906 befand sich am Friedhofseingang der mit groben Feldsteinen errichtete Landstaaken, das frühere Landesgefängnis.

Einen knappen Kilometer außerhalb Landkirchens befindet sich in östlicher Richtung der so genannte *Kriegssoll* (Anfahrtsbeschreibung S. 131). Das Wort „Soll" deutet auf einen Teich hin, und tatsächlich entdeckt man bei näherem Hinsehen einen mit Zaun und Bäumen umfassten Teich (mit Grillplatz), auf dem sich einige Gänse tummeln. In einer Ecke des Areals erinnert ein Gedenkstein auf Plattdeutsch an die Opfer einer Schlacht im Jahre 1644. Ein von dänischen Soldaten unterstütztes fehmarnsches Landaufgebot wehrte sich hier damals erbittert gegen die angreifenden schwedischen Truppen. 73 Fehmaraner bezahlten diesen Kampf mit ihrem Leben.

Petri-Kirche: Die dreischiffige Kirche ist ein kleiner frühgotischer Backsteinbau aus dem 13. Jh. Als Besonderheit fällt sofort der hölzerne Glockenturm von 1638 ins Auge, der nicht wie üblich direkt an die Kirche gebaut wurde, sondern einige Meter entfernt frei steht.

Das Innere der Kirche ist reich an Kunstschätzen und bemerkenswerten Einrichtungsgegenständen. Im linken Seitenschiff befinden sich außer dem denkwürdigen Landesblock (vgl. Kasten S. 45) zwei Votivschiffe, zum einen der Dreimaster „Einigkeit" von 1841, zum anderen ein Lübecker Dreimast-Kriegsschiff aus dem Jahr 1617. Es ist das *älteste deutsche Modellschiff* überhaupt und bis auf die übertrieben groß dargestellten Kanonen und Masten sogar maßstabsgetreu gefertigt.

Bedeutend ist auch der gotische Marienleuchter von 1390, der im rechten Seitenschiff hängt. Er zeigt inmitten eines Strahlenkranzes eine Madonna mit dem Jesuskind. Zudem erinnern im Kircheninneren sechs farbenprächtige Logen einflussreicher Bauern sowie 60 auf einem Gerüst am Eingang hängende, mit den Hausmarken einheimischer Familien versehene Betschemel an die hohe Stellung der freien Bauern auf Fehmarn, wo dem Adel jeglicher Landbesitz verboten war.

Die prächtige Kirchenausstattung stammt ansonsten weitgehend aus dem Spätbarock. Das Gemälde am Altar (1715) stellt Maria Magdalena vor dem gekreuzigten Jesus dar. Die reich verzierte Kanzel (1727) an der Treppenbrüstung zeigt u. a. Justitia (mit Waage und Schwert); die achteckige, pokalförmige Barocktaufe stammt aus dem Jahr 1735.

Ungewöhnlich für eine Kirche ist der uralte Bibliotheksschrein von 1660 (an der Stirnwand des rechten Seitenschiffs). Die darin aufbewahrten wertvollen Bücher werden durch dicke Schrankgitter gesichert. Eine weitere Besonderheit sind die nach wie vor unter der Orgel zu findenden alten Totenbahren der Mariengilde. Mit ihnen wurden die an der Küste angeschwemmten Toten zu Grabe getragen. Im südlichen Vorbau steht noch der so genannte Armesünderstein. Hier mussten in früherer Zeit die Mädchen und Frauen, die (mehrere Male) unehelich geboren hatten, mit einer hölzernen Puppe im Arm sitzen. Auch um den rechts vom Altar stehenden Hostienschrein rankt sich eine Geschichte. Er wurde nach der Reformation gewissermaßen zweckentfremdet: Noch bis 1880 lag darin eine verweste Hand, die der Legende nach einem von seiner Mutter misshandelten und anschließend getöteten Kind aus dem Grabe herausgewachsen sein soll.

Landkirchen liegt 3 km westlich von Burg. Die Kirche steht unübersehbar im Ortmittelpunkt und ist von April bis Okt. täglich von 8 bis 18 Uhr geöffnet.

● *Essen und Trinken* **Dat ole Aalhus,** mitten im Ort in einer alten Fachwerkkate gelegen, bietet das Restaurant seit Jahren neben Fleischgerichten auch frischen Aal und andere Fischgerichte an. Geschützte Sonnenterrasse hinter dem Haus; Kinderspielecke. Geöffnet ab 17 Uhr, Feiertags auch 12–14 Uhr, Mo Ruhetag. Hauptstraße 39 a, ✆ 04371-9199.

Landgasthof Petersen, traditionelles Haus gegenüber der Kirche, Tee- und Kaffeestube. In den von hellen Blautönen dominierten Gasträumen ist alles eine Spur kleiner und familiärer als im benachbarten Aalhus. Auch hier gibt es v. a. deftigen Fisch, aber auch Fleischspezialitäten; kleine Gartenterrasse. Nur März bis Okt. geöffnet, durchgehend warme Küche, Mo Ruhetag. Hauptstr. 43, ☎ 04371-3262.

● *Anfahrt Kriegssoll* Etwa 500 m außerhalb, an der Straße Richtung Burg, weist links ein kleines Schild zum Kriegssoll. Dieser Weg ist jedoch nur für Fußgänger geeignet. Mit dem Auto erreicht man den Kriegssoll, wenn man am Ortsende links in den Mühlenweg einbiegt und dann dem bald beginnenden Feldweg Richtung Os-

termarkelsdorf folgt. Nach etwa 1 km sieht man am Abzweig rechts eine kleine Baumgruppe (ohne Hinweisschild). Dies ist der Kriegssoll.

● *Mais-Labyrinth* An der Straße zwischen Landkirchen und Burg kann man Mitte Juli und August durch ein Mais-Labyrinth wandeln und vier versteckte Kontrollpunkte suchen. Streichelzoo und Kindertrampolin vor Ort. ☎ 04371-3196.

Monarchen Fehmarns

Vor der Erfindung großer Landmaschinen brauchten die Fehmaraner Bauern für die Bewirtschaftung ihrer riesigen Flächen reichlich Hilfskräfte. Aus diesem Grunde waren in der zweiten Hälfte des 19. Jh. jährlich etwa 1500 Leiharbeiter auf Fehmarn unterwegs, die von Hof zu Hof zogen und ihre Dienste als Tagelöhner, Knechte oder Mägde anboten.

Es muss sich bei ihnen wohl um ein ziemlich buntes Völkchen von Heimatlosen oder auf irgendeine Art gestrauchelten Menschen gehandelt haben, die sich aber durchaus darüber im Klaren waren, wie sehr ihre Arbeitskraft zur Erntezeit benötigt wurde, und so nannten sich diese kleinen Könige der Landwirtschaft selbst *Monarchen*. Die Unstetigkeit ihres Lebens verstanden sie als eine Art Freiheit, in Wirklichkeit war solch ein freies Leben aber vermutlich doch eher armselig und viele setzten den kargen Lohn sofort wieder in Alkohol um.

Da die Bauern sehr darauf achteten, dass es im gesellschaftlichen Leben so gut wie keine Kontakte zu den Monarchen gab, wurde kaum einmal ein Wanderarbeiter auf der Insel sesshaft. Umgekehrt waren die Monarchen selbst sehr darauf bedacht, eine eigene Zunft zu bilden. Sie entwickelten untereinander besondere Vokabeln zur Verständigung und v. a. spezielle Zeichen. Diese wurden unauffällig an Scheunen oder Bäume geritzt, um auf diesem Weg andere Monarchen darauf hinzuweisen, dass der jeweilige Bauer nachgiebig oder leicht reizbar, die Verpflegung und Unterkunft oder die Entlohnung gut oder schlecht war.

Damit die Monarchen die Insel nach der Erntezeit auch sicher wieder verließen, bekamen sie den noch ausstehenden Teil ihres Lohnes erst ausbezahlt, nachdem sie von den Bauern zum Festland übergesetzt worden waren.

Eine kleine Ausstellung über die Ära der Monarchen und ihrer Geheimzeichen findet man im Peter-Wiepert-Heimatmuseum in Burg.

Bisdorf

Das nur 1,5 km nördlich von Landkirchen gelegene Dorf besitzt wie die meisten anderen Ortschaften der Insel noch einen Dorfplatz mit Teich, hat aufgrund seiner geringen Größe aber keine Straßennamen, sondern lediglich Hausnummern. Stattliche Höfe mit schön angelegten großen Hausgärten dominieren das Ortsbild. In Bisdorf steht auch der ehemalige Hof des für Fehmarn bedeutenden Heimatforschers *Peter Wiepert*. Früher wuchs davor eine der großen Banneschen, wie sie vor einigen Fehmaraner Höfen heute noch zu finden sind. Die Bäume erinnern an einen Brauch aus alten Zeiten, nach dem es Sitte war, im Frühjahr eine Esche vor sein Anwesen zu pflanzen, um Feuer, Seuchen und andere Gefahren fernzuhalten. Sie zu fällen oder auch nur deren Äste mit Sägen oder Äxten zu beschädigen, bedeutete großes Unglück.

● *Essen und Trinken* **Landgraf**, das Spezialitätenrestaurant mit Wintergarten und schöner Gartenterrasse ist eine der besseren Adressen auf der Insel. In einfach-rustikalem Ambiente (mit mächtigem Kachelofen) kann man aus einer umfangreichen Karte auswählen, beispielsweise Fehmarnschen Sauerbraten oder Zanderfilet. Tägl. 11–14.30 und 17–21.30 Uhr, Mo Ruhetag, im Winterhalbjahr auch Di Ruhetag. In der Saison besser Tisch reservieren. Haus Nr. 4, ✆ 04371-3842.

Hofcafé Bisdorf, selbst gebackener Kuchen auf der gekiesten Terrasse oder im gemütlichen Café, Streicheltiere für Kinder. Tägl. 14–18 Uhr geöffnet. Bisdorf 15, ✆ 04371-1403.

Hinrichsdorf

Hinrichsdorf ist auch heute noch ein absolut ursprüngliches Bauerndorf und liegt relativ versteckt in der Inselmitte. Große, einst wohlhabende Bauernhöfe und Scheunen unterstreichen den ländlichen Charakter ebenso wie die mit Feldsteinen eingefassten Grundstücke. Die alte Lindenallee in diesem sehr kleinen Straßendorf erinnert noch daran, dass Hinrichsdorf einst ein adeliges Gut war. Als dem Adel jedoch im Jahr 1617 der Landbesitz auf Fehmarn vom damaligen Landesherren,

dem Eutiner Fürstbischof Johann Friedrich verboten wurde, kauften reiche Fehmaraner Bauern der adeligen Familie Pogwisch das Gut ab und machten daraus mehrere Besitztümer.

Ostermarkelsdorf

Das 2 km südlich von Hinrichsdorf gelegene Ostermarkelsdorf ist kein Dorf im klassischen Sinne, sondern besteht lediglich aus drei vergleichsweise weit auseinanderliegenden Häusergruppen, in denen insgesamt nur 15 Menschen wohnen. Natürlich gibt es hier keinerlei Einkaufsmöglichkeit oder Restauration. Wie abgelegen die kleine Ansiedlung tatsächlich ist, sieht man auch daran, dass es kaum Ferienunterkünfte gibt, was für fehmarnsche Verhältnisse schon ungewöhnlich ist.

Todendorf:
Repräsentatives Herrenhaus

Todendorf

Todendorf ist ein typisch fehmarnsches Fortdorf mit einigen sehr repräsentativen Höfen. Besonders das stattliche Herrenhaus des Bauernhofs Rauert (Nr. 55) zeugt noch heute eindrucksvoll vom einstigen Wohlstand der freien Fehmaraner Bauern.

Durch Todendorf zog sich im Mittelalter ein Pilgerweg, der „Gottesweg" genannt wurde. Mehrfach wurden hier mittelalterliche Münzfunde gemacht, die auf Reisende aus der damaligen Zeit hinweisen.

Vadersdorf

Relativ lang gestrecktes Dorf mit schöner Lindenallee in der nördlichen Inselmitte ohne besondere Sehenswürdigkeiten, aber mit nettem dörflichen Charakter und einigen Ferienhäusern bzw. Ferienbauernhöfen. Vadersdorf eignet sich wie auch die benachbarten Dörfer Todendorf und Gammendorf gut als Ausgangspunkt für Fahrradurlauber.

Altjellingsdorf

Wer in den Inselwesten Richtung Petersdorf unterwegs ist, fährt vielleicht allzu schnell am 2 km nordwestlich von Landkirchen gelegenen Altjellingsdorf vorbei. Dabei lohnt ein kurzer Stop durchaus, handelt es sich doch um ein typisch Fehmaraner Bauerndorf, in dem die großen Höfe mit ihren riesigen, rechteckigen Backsteinscheunen dominieren. In einer davon befindet sich ein nettes Hofcafé.

Flora Café, sehr gemütliches und gepflegtes Bauerncafé in einer alten Scheune aus dem Jahr 1927. Liebevoll dekoriert bis ins letzte Detail (z. B. die Speisekarte auf Kaffeefiltern). Plätze innen oder im Grünen, hausgemachter, sehr leckerer Kuchen nach Großmutters Rezept. In der Scheunendiele kann man zudem geschmackvolle Floristik-Accessoires erwerben. Täglich 11–18 Uhr, Altjellingsdorf Nr. 1 (an der Straße Landkirchen-Petersdorf), ℘ 04371-879214.

Neujellingsdorf

Auch im schönen Neujellingsdorf zeugen noch heute altehrwürdige Höfe mit stattlichen Auffahrten zu den herrenhausartigen Bauernhäusern vom einstigen Wohlstand der freien Bauern..

In den Wiesen zwischen den beiden Orten gibt es eine Besonderheit zu entdecken, den *kleinsten offiziellen Flugplatz Deutschlands*. Das Ambiente ist urig und es herrscht fast ein wenig Buschpilotatmosphäre, aber im positiven Sinne des Wortes. Als Tower müssen ein Wohnwagen oder bei Sonne – passend zur Ferienstimmung – ein Strandkorb herhalten. Während der Saison bieten Inselflieger Klaus Skerra und seine beiden erwachsenen Kinder Frank und Nicole mit einer Cessna, dem einzigen Privatflugzeug hier, täglich Rundflüge an. Der Blick vom Flugzeug aus auf die Insel und über die kilometerlange Ostseeküste ist bei schönem Wetter atemberaubend, insbesondere zur Zeit der Rapsblüte im Frühsommer. Neujellingsdorf mit seiner 590 m langen Landebahn in Form einer Wiese ist ein in allen Flugkarten offiziell vermerkter Sonderlandeplatz und wird gelegentlich auch von Sportfliegern für eine Stippvisite auf der Insel angesteuert.

● *Flugplatz*   Westlich von Landkirchen in Neujellingsdorf gelegen, Inselrundflüge bei gutem Wetter täglich 10–13 und 15–18 Uhr. Der Flug kostet vergleichsweise günstige 50 €, bei Besetzung der Maschine mit drei Gästen sind das knapp 17 € pro Pers. Die Flugzeit beträgt acht Minuten; längere Flugzeiten sind natürlich vereinbar; ℘ 04371-9100 oder 0171-9910931. www.fehmarn-air.de.

● *Essen und Trinken*   **Landhausrestaurant Margaretenhof**, 170 Jahre altes Landhaus mit gepflegten, jeweils unterschiedlich eingerichteten Gasträumen. Bauerhofambiente ohne aktive Landwirtschaft; zehn neu erbaute Ferienhäuser gehören zur Gesamtanlage. Wirklich frische und überdurchschnittlich gute Regionalküche mit Fischspezialitäten und als Besonderheit eine ofenknusprige Flugente. Bei schönem Wetter wird im Bauerngarten serviert; 12–14 und ab 18 Uhr geöffnet (reservieren empfiehlt sich), Di Ruhetag. Neujellingsdorf, Dorfstr. 7, ℘ 04371-3975.

Sartjendorf

Auf dem Weg nach Lemkenhafen fährt man nur allzu schnell am recht versteckt und unscheinbar 1 km westlich von Landkirchen gelegenen Dorf vorbei. Der Begriff „Dorf" ist allerdings etwas übertrieben, weil Sartjendorf nur aus einer kleinen Straße mit lediglich acht Häusern bzw. Höfen und dem für die Inseldörfer so typischen Dorfteich besteht, der jedoch allmählich verlandet.

Teschendorf

Ruhiger geht es selbst auf Fehmarn kaum. Das südwestlich von Landkirchen gelegene Dorf ist von großen Rapsfeldern umgeben und besteht nur aus dem obligatorischen Dorfteich, ein paar Häusern und wenigen großen Höfen (mit Ferien auf dem Bauernhof). Straßennamen sucht man bei der Größe vergebens; Hausnummern genügen vollauf.

Teschendorf gehört zu den am längsten besiedelten Orten Fehmarns. Bei Trockenlegungsarbeiten im kleinen Teschendorfer Moor hat man im Jahr 1940 frühgeschichtliche Siedlungsspuren gefunden.

Albertsdorf

Südwestlich von Landkirchen liegt Albertsdorf, das bis 1872 durch einen engen Kanal mit dem Meer verbunden war. Heute präsentiert sich der Ort als idyllisches,

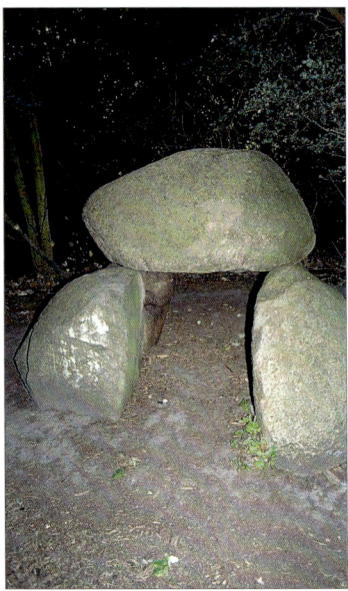

3500 Jahre alt: der Alversteen

aufgeräumtes Dorf mit zwei gepflegten Dorfteichen, geschmackvollen, teils reetgedeckten Häusern und einigen von stattlichen Vorgärten gesäumten Höfen mit 100-jährigen Scheunen.

An der Hauptstraße am südlichen Ortsrand findet sich eine heute seltene, in früheren Zeiten aber weit verbreitete Fehmaraner Besonderheit: ein alter *Dodelstein*. Dodelsteine sind mit den Hausmarken des jeweiligen Besitzers versehene Steine, die man zur Markierung von Hof- und Grundstücksgrenzen verwendete. Unter *Hausmarken*, wiederum versteht man die aus wenigen Strichen stilisierten Erkennungszeichen der freien Bauern. Sie waren gewissermaßen ein Gegenstück zu den Wappen der Adeligen und bis ins 17. Jh. gebräuchlich.

Eine weitere steinerne Eigentümlichkeit kann entdecken, wer der Straße Richtung Gold folgt, kurz davor aber links in einen schmalen asphaltierten Weg einbiegt, welcher für Autofahrer an einer Schranke endet (davor ein kleiner Parkplatz, der auch gerne von Strandbesuchern genutzt wird). Geht man zu Fuß 500 m weiter, trifft man – fast schon am Wasser – auf ein von Buschwerk umgebenes, 3500 Jahre altes Grab aus der Jungsteinzeit, den so genannten *Alversteen*. Weil die Küste an dieser Stelle sehr flach ist, diente die kleine Erhebung dieses bedeutendsten Hünengrabes der Insel den Fischern bis zur Errichtung des Leuchtturms Strukkamphuk (siehe unten) als Ansteuerungspunkt für die Einfahrt in den Fehmarnsund und durfte deshalb nicht entfernt werden. So konnte das Grab hier die Zeit überdauern. Es ist eines der frühesten seiner Art und besteht aus vier Trägersteinen und einem Deckstein. Zur besseren Sichtbarkeit war der Deckstein früher mit einem großen weißen Kreuz bemalt. Heute ist das Grab von dichtem Buschwerk umrankt.

Ursprünglich waren derartige Gräber mit Erde aufgeschüttet, im Laufe der Jahrtausende wurde diese aber weggespült, und Grabräuber taten ein Übriges – in den Grabkammern konnte man nämlich allerlei Kostbarkeiten wie Bernsteinschmuck und Keramikgefäße finden, die den Toten mitgegeben worden waren.

• *Essen und Trinken* **Hof-Café**, das Bauernhofcafé in Albertsdorf mit seinen Tischen auf dem Hof und einigen Innenplätzen lädt zum Verweilen ein. Man kann hier selbst gebackenen Kuchen genießen oder in dem in einer alten Backsteinscheune eingerichteten Hofladen neben allerlei landwirtschaftlichen Produkten (auch Brot) auch Bilder und etwas Kunsthandwerk kaufen. Sogar Frühstücken ist möglich, denn Café und Laden haben von Ostern bis Okt. von 7 bis 18 Uhr geöffnet. ✆ 04371-502524.

Gold

Man sagt, dass Gold seinen ungewöhnlichen Namen deshalb bekommen habe, weil sich die untergehende Sonne hier abends so schön golden im Meer spiegelt. Aber auch tagsüber ist es hier mit dem Blick auf die gegenüberliegenden Dörfer Lemkenhafen und Orth sehr malerisch. Vor Gold lagen einst Schiffe auf Reede, deren Ladung von kleinen Booten aus Lemkenhafen gelöscht wurde. In Gold selbst gab es eine kleine Seegrasfabrik, in der das Gras getrocknet wurde, welches beispielsweise bei der Herstellung von Matratzen Verwendung fand.

Hübscher kleiner Surfstrand: Gold

Fabrik und Lastschiffe sind heute längst verschwunden, Seegras aber gibt es immer noch und dazu einen kleinen, bewachten Naturstrand mit Mini-Buhnen und einer Liegewiese oberhalb des Strandes. Besonders bei Surfern und Kitesurfern (auch Anfängern) ist dieser Teil der Küste als Stehrevier mit maximal 1,5 m Wassertiefe sehr beliebt. Es gibt hier lediglich fünf Häuser, aber immerhin eine Kneipe, eine Surfschule und einen großen Tagesparkplatz (2 €).

● *Übernachten/Essen und Trinken* **Achtern Diek**, kleine Pension mit wenigen Zimmern (mit Miniküche). Ansonsten ist das Achtern Diek ein behagliches Café/Bistro mit großem Wintergarten und kleiner Terrasse direkt am Surfstrand von Gold. Hier gibt es für jedermann neben kleinen Gerichten und Suppen auch täglich ein Frühstück (Büfett). DZ 58–64 €. Haus Nr. 4, ✆ 04371-4149, www.hausachterndiek.de.

Strukkamphuk/Strukkamp

Die südliche Ecke Fehmarns war und ist bei den Schiffern bekannt wegen ihres Leuchtturms, der nur zu Fuß oder mit dem Fahrrad vom angrenzenden Camping Strukkamphuk aus erreichbar ist. Die gesamte Szenerie wird heute von dem riesigen Campingplatz beherrscht. Für Strandbesucher gibt es in der Nähe zwar einen Parkplatz, wegen der vielen Campinggäste ist dieser aber oft sehr voll.

Der 2 km landeinwärts liegende namensgebende Ort Strukkamp ist ein eher unscheinbares, typisches Fehmaraner Straßendorf. Wie so oft auf der Insel gibt's hier keine Straßennamen, dafür aber einen Dorfteich und zwei alte Höfe, einer davon mit historischem Taubenpfahl (siehe Foto S. 36).

Leuchtturm: Der nur 5 m hohe und ganz aus Beton bestehende runde, weiße Turm wurde schon 1935 anstelle eines eisernen Laternenhäuschens errichtet. Die Befeuerung wurde zunächst mit Flüssiggas betrieben; erst 1954 wurde der Turm elektrifiziert. Als Unterfeuer des Leuchtturms Flügge dient er vor allem den aus Osten kommenden Schiffen als wichtiger Ansteuerungspunkt für die Fahrt durch den Sund. Der kleine Turm ist mit hohem Stacheldraht eingezäunt und nur von außen zu besichtigen (siehe Foto S. 34). Das dazugehörige Leuchtturmwärterhäuschen wird inzwischen als kleines Feriendomizil genutzt.

● *Übernachten/Camping* **Strukkamphuk**, das sehr große Areal mit seinen 600 Plätzen wird je zur Hälfte von Dauercampern und Urlaubern belegt. Strukkamphuk ist ein Komfortplatz mit Sauna, kostenlosen Duschen, Surf- und Tauchschule, Fahrradverleih, Kinderanimation im Sommer und natürlich mit SB-Frischemarkt und Gaststätte. Sehr schöne Lage am Südwestzipfel der Insel. Zum kleinen Strand muss man ein paar Meter laufen und den schützenden Deich überqueren. Auch Wohnmobilplätze und Mietwohnwagen vorhanden, ganzjährig geöffnet. Erwachsene 6,90 €, Kinder 3,80 €, Stellplatz 13–20 €. ✆ 04371-2194, 🖷 04371-87178, www.strukkamphuk.de.

Fehmarnsund

Der Ort Fehmarnsund unmittelbar an der gleichnamigen Brücke ist ein ruhiges und schönes Fleckchen mit einem schmalen, aber ansprechenden, fast steinfreien Strand (siehe Foto S. 10).

Nette, kleine, zum Teil etwas in die Jahre gekommene Ferienhäuschen sind wie an einer Perlenkette an der Strandstraße aufgereiht. Auf der anderen Seite des Sträßchens kann man kostenlos parken (tagsüber auch Wohnmobile). Über einen Mini-Deich geht's zum ruhigen Strand.

Die Fehmarnsundbrücke: Wahrzeichen der Ostseeküste

Der weithin sichtbare „Kleiderbügel", wie das wohl meistfotografierte technische Bauwerk Schleswig-Holsteins auch genannt wird, erfüllte nach vielen Jahren endlich den lange gehegten Wunsch der Verkehrsplaner, eine schnellere Verbindung nach Skandinavien zu schaffen. Pläne für einen Damm oder eine Brücke über den Sund und weiter Richtung Dänemark auf der Route, die auch die Zugvögel nach Norden nehmen, gab es bereits 1866. Kriege verzögerten jedoch immer wieder die Verwirklichung der „Vogelfluglinie", bis es im Kriegsjahr 1940 immerhin einen ersten Spatenstich gab. 1960 begann man dann endgültig mit dem Bau der Brücke und am 14. Mai 1963 war es schließlich so weit: Die Fehmarnsundbrücke wurde eröffnet und verkürzte die Fährverbindung zwischen Deutschland und Dänemark von 69 km (Großenbrode–Gedser) auf 18 km (Puttgarden–Rødbyhavn).

Das Bogentragwerk der Brücke galt als technische Sensation. 9200 t Stahl und 22.150 m³ Beton wurden verbaut. Allein der Anstrich verschlang 130 t Farbe. Die Baukosten betrugen damals 42,5 Millionen DM. Vom Festland reicht eine Rampe 330 m, von der Insel 110 m in den Sund hinein. Die Brücke selbst ist fast 1000 m lang, hat eine Breite von 21 m und eine Durchfahrtshöhe für Schiffe von 23 m. Sie ist für Fußgänger und Radfahrer zugänglich. Der Blick von oben ist grandios.

Geprägt wird die Gegend durch die mächtige und zugleich elegante Fehmarnsundbrücke. Bevor diese 1963 eröffnet wurde, stellte der Hafen des Ortes die Verbindung zum Festland her, denn hier legten die Fähren an, die Autos und Züge auf die Insel und wieder zurück brachten. Auf dem Gebiet des ehemaligen Fährhafens befindet sich heute ein idyllischer kleiner Yachthafen der Bootswerft Martin (siehe Fotos S. 52 und S. 150).

● *Essen und Trinken* **Fährhaus**, hinter dem Mini-Deich gelegenes SB-Bistro und Café, in dem es neben Frühstück und Kuchentheke auch Backfisch und gute Fischbrötchen gibt. Eine sehr große, windgeschützte Sonnenterrasse bietet Badegästen und den zahlreichen Fahrradausflüglern viel Platz. ✆ 04371-6089583.
● *Übernachten/Camping* **Miramar**, ruhig gelegener Platz mit allem Komfort am fast steinfreien Südstrand der Insel, der über einen kleinen Deich zu erreichen ist. 550 Stellplätze, SB-Markt, Gaststätte, Animationsprogramm, Tennisplätze, Surfareal, Mietwohnwagen, Sauna, FKK-Bereich usw. Ganzjährig geöffnet. Erwachsene 7 €, Kinder 4 €, Stellplatz 12–16 €. ✆ 04371-3220, ✆ 04371-868044, www.camping-miramar.de.

Avendorf

Zu einer Zeit, als Reisende aus „Europa" – wie die Insulaner das holsteinische Festland nannten – noch mit der Fähre in Fehmarnsund anlegten, verlief der nach Burg führende Hauptverkehrsweg der Insel durch Avendorf und Blieschendorf.

Heute rollt der Durchgangsverkehr zu den Campingplätzen von Wulfen und Fehmarnsund durch Avendorf und verleiht dem Ort den Charakter eines Straßendorfs, doch gibt es auch hier beispielsweise am mit Feldsteinen eingefassten Dorfteich (neben der Feuerwehr) recht ruhige Ecken.

● *Übernachten* **Grüner Jäger**, vergleichsweise einfaches, aber ordentliches Hotel mit meist rustikal eingerichteten Zimmern im Landhausstil. Große und, wie der Name schon sagt, mit Jagdutensilien und -trophäen eingerichtete Gaststube. Es gibt eine große Karte mit Steaks und Wild, aber auch mit vegetarischen Gerichten und Meeresfrüchten. Frühstücksbüfett. DZ 60–80 €. Avendorf, Sundstraat 22, ✆ 04371-87087, ✆ 04371-87088, www.gruenerjaeger.com.

Blieschendorf

Der Weg über Blieschendorf wird von Ortskundigen gerne genutzt, um – vom Festland kommend – ein wenig abseits des täglichen Verkehrschaos in die Inselmetropole Burg zu gelangen. Glücklicherweise führt die Straße am Ortsrand von Blieschendorf vorbei und nimmt der Ansiedlung nichts von ihrem ursprünglichen, großbäuerlichen Charakter. Seit 2008 gibt es in einem der bäuerlichen Herrenhäuser ein Feinschmeckerrestaurant.

● *Essen und Trinken* **Hoffmann's**, die wohl beste Küche der Insel in nobel gediegener Atmosphäre. Die hellgrün gestrichenen Wände in den liebevoll im nordischen Stil eingerichteten Gasträumen des ehemaligen Herrenhauses verschaffen einen passenden Rahmen für das ausgezeichnete Essen; vorwiegend frische mediterrane, aber auch regional inspirierte Küche (z. B. Dorschfilet, Wildschweinrücken oder Lammcarré). Große Weinkarte. Eine Holzterrasse im gepflegten Garten lädt v. a. zur Kaffeezeit ein und macht das Hoffmann's sonn- und Feiertags auch zu einem stilvollen Café mit hausgemachtem Kuchen; Spezialität ist eine Jütländer Brottorte. In der kleinen „Hofbutik" werden u. a. skandinavische Wohnaccessoires, aber auch regionale Spezialitäten wie Katenschinken oder Eingemachtes angeboten. Täglich außer Di 17.30–22 Uhr geöffnet. In der Saison Reservierung empfohlen. So auch Mittagstisch 11.30–13.30 Uhr, Café bis 16.30 Uhr. Blieschendorf 1, ✆ 04371-1811.

Wulfen

Obwohl nicht unmittelbar am Wasser gelegen, war das gepflegte Örtchen am hügeligen Südzipfel der Insel in früheren Zeiten ein Fischerdorf. Damals gab es hier mehrere Fischereibetriebe, von denen immerhin einer bis heute überlebt hat. Ein Restaurant oder gar eine Einkaufsmöglichkeit gibt es aber nicht, obwohl in Wulfen viele Ferienhäuschen gebaut wurden und es also mehr ist als nur ein Durchgangsort für die vielen Campinggäste am Fehmarnsund und am Wulfener Hals.

Südlich der Ortschaft führt ein Weg 500 m hinauf auf den an der Steilküste gelegenen Wulfener Berg. Wenngleich die Bezeichnung Berg etwas vermessen erscheint, so misst diese Anhöhe doch immerhin 20 m, was für fehmarnsche Verhältnisse schon eine ganze Menge ist. Die exponierte Lage wusste man schon in vorgeschichtlicher Zeit zu schätzen, denn auf dem Hügel hat man Reste eines großen steinzeitlichen Gräberfeldes gefunden.

Im Jahr 2010 wurde an dieser Stelle ein steinzeitliches Langbettgrab mit rund hundert Findlingen originalgetreu nachgebaut (am Rande des Golfplatzes, der sich den Hügel hinaufzieht; Infotafel vor Ort). Die Steine für das 60 m lange und 7 m breite Grab, in dessen Mitte ein Opferstein platziert ist, hat man von verschiedenen Stellen der Insel zusammengetragen und hierher verbracht (siehe Foto S. 37). Von der sehenswerten Grabanlage aus hat man einen traumhaften Blick auf den belebten Binnensee bis hinüber nach Burg.

Der Weg bis ganz hinauf auf den Wulfener Berg lohnt ebenfalls, denn von der Steilküste aus hat man nicht nur eine wiederum herrliche Aussicht auf das gegenüberliegende Festland, davor erstreckt sich auch ein schöner, feinsandiger Strand. Parken kann man auf dem Parkplatz vor der Steilküste (mit Toilettenhaus). Nach ein paar Metern Fußweg führt eine Treppe das Kliff hinunter zum Naturstrand (siehe Foto S. 63), an dem man einigen Uferschwalben dabei zusehen kann, wie sie ihre Bruströhren in die Wand der steilen Abbruchkante graben.

Wulfener Hals

Der Wulfener Hals ist eine schmale Land- oder besser Sandzunge, die zusammen mit dem gegenüberliegenden Ort Burgtiefe den Burger Binnensee begrenzt. Dieser Nehrungshaken (siehe Kasten S. 20) darf allerdings nicht weiterwachsen, weil ansonsten die Fahrrinne vom Hafen Burgstaaken versanden würde. Um das zu verhindern, muss die Fahrrinne durch Baggerschiffe freigehalten werden. Das Gebiet um den „Hals" herum ist jedoch eine Flachwasserzone und damit ein optimales Stehrevier für Wind- und Kitesurfer. Der Burger Binnensee gilt geradezu als Paradies für gefahrloses Surfen. Daher ist alles hier auf Camper und Surfer eingerichtet. Tagesgäste können ihre PKW und Wohnmobile auf einem großen Parkplatz direkt am Wasser parken (6 € pro Tag).

● *Übernachten/Camping* **Camping- und Ferienpark Wulfener Hals**, mehrfach ausgezeichneter, ganzjährig geöffneter Top-Platz mit 860 Standplätzen, der fast den gesamten Wulfener Hals beansprucht. Hier hat sich Deutschlands größtes Surfzentrum etabliert. Mietwohnwagen vorhanden, zudem gibt es einen separaten Wohnmobilpark. Besonders umfangreiches Freizeitangebot mit Kinderanimation und Abendunterhaltung (April bis Okt.), Fahrradverleih, Pool, Sauna, auch FKK-Strandabschnitt, mehrere Gaststätten und Einkaufsmöglichkeiten. Als Strand dient ein Teil des sandigen Nehrungshakens, der in den Burger Binnensee hineinragt. Erwachsene 8,50 €, Kinder (3–14 J.) 5,70 €, Jugendliche (15–18 J.) 7,30 €, Stellplatz 17–22,50 €. ☎ 04371-86280, 📠 04371-3723, www.wulfenerhals.de.

Die Dörfer Fehmarns

Unterwegs auf Fehmarn: Radtour bei Gahlendorf

Fahrradtouren und Wanderungen

Fehmarn ist für Radwanderer außerordentlich gut erschlossen. Fast jeder Punkt der Insel ist mit dem Fahrrad erreichbar. An den meisten Straßen findet man Schilder mit dem grünen Fahrradsymbol und der Angabe der Entfernung des jeweiligen Zieles. Einer Fahrradtour auf eigene Faust durch Fehmarns herrliche Natur steht also nichts im Wege. Reine Fahrradwege gibt es allerdings selten. Mit etwas Verkehr muss man immer rechnen, es sei denn, man ist auf einem der gut befahrbaren Wirtschaftswege unterwegs. Oft führen die Straßen und Wege etwas im Zickzack um die fruchtbaren Felder herum, was deutlich macht, dass auf der Insel nach wie vor die Landwirtschaft Vorrang vor dem Straßenbau hat.

Radfahren ist zwar die weitaus beliebteste Möglichkeit, die Insel zu erkunden, ebenso reizvoll ist es jedoch, die schöne Landschaft per pedes zu entdecken. Vor allem die Weite der kilometerlangen Naturstände lässt sich am eindrücklichsten zu Fuß erleben. Aus diesem Grund sind im Folgenden auch zwei Küstenwanderungen beschrieben.

Alle hier beschriebenen Radtouren und Wanderungen sind ausschließlich Rundtouren, können also an jedem beliebigen Punkt der Tour begonnen werden. Die auf dem Weg liegenden Sehenswürdigkeiten werden bei der Beschreibung der Radtour nur kurz erwähnt, ausführliche Informationen dazu findet man im Kapitel „Die Dörfer Fehmarns" beim jeweiligen Ort.

Den Verlauf der Touren finden Sie auf der Karte in der hinteren Umschlagklappe!

1. Fahrradtour: Vom Fährhafen zum Fischereihafen

Länge 37 km (Abkürzungsmöglichkeit auf 22 km), Fahrtzeit ca. 2,5 Std., bei Besichtigung der zahlreiche Sehenswürdigkeiten unterwegs auch als Tagesausflug planbar. Die Rundtour durch den Inselosten von Puttgarden bis Burgstaaken bietet Fehmarn pur: Häfen und Stadt Burg, Naturschutzgebiet und Badestrände, Meerblick und Deiche, Feldwege und hügeliges Hinterland.

Die Rundtour beginnt in *Bannesdorf* am Vorplatz der sehenswerten Kirche. Zunächst geht es westwärts um die Kirche herum und über die Bürgermeister-Scheffler-Straße 500 m hinaus bis zur Kreisstraße (Richtung Hinrichsdorf). Diese wird überquert, ebenso wie die gegenüberliegende Europastraße (Brücke). Nach insgesamt 3 km geht es 500 m vor Hinrichsdorf (an einem Schweinestall) rechts ab 1 km bis nach *Todendorf*. Durch den Ort geradeaus hindurch, 2 km auf der kleinen Straße bleiben, dann Abzweig nach rechts ins 1 km entfernte *Johannisberg* (Richtung Grüner Brink). Dort überquert man die Kreisstraße (ca. 30 m geht es hier nach links und dann gleich wieder rechts ab) bis zum 1,5 km entfernten Parkplatz des Naturschutzgebiets *Grüner Brink* (Fahrradweg neben der Straße). Nun ist der Norden der Insel erreicht; ab hier folgt die Tour bis zum Hafen Burgstaaken im Wesentlichen dem bekannten und beliebten Ostseeküsten-Radweg R 7.

Nach Überquerung des Deiches geht's zunächst rechts ab den Ostseeküsten-Radweg 1 km (Schotter) bis zum schönen Naturstrand Grüner Brink, der sich für einen kurzen Badestopp anbietet (es gibt sogar Strandkörbe). Die Strandnähe macht sich u. a. daran bemerkbar, dass der Weg kurzzeitig sehr sandig ist und zum Absteigen zwingt. In der Ferne sieht man bereits die großen Dänemark-Fähren. Jetzt sind es noch 2 km am Außendeich entlang und weitere 500 m auf dem Deich, bis man den *Fährhafen Puttgarden* erreicht (Kiosk und schöner Blick von der Mole oder der „Besucherbrücke").

Hat man sich am Hafengeschehen sattgesehen, geht es (an der Einfahrt zu den Parkplätzen rechts) ein kleines Sträßlein wieder einen halben Kilometer zurück zum Dorf Puttgarden. Nach dem Ort links Richtung Burg (Fahrradschild), dann kurz Richtung Bannesdorf (viel befahrene Dorfstraße/Fahrradweg). Schon nach wiederum 500 m geht links eine Straße Richtung Klausdorf/Marienleuchte ab. Nach Unterquerung der Europastraße und Bahntrasse fährt man gleich rechts durch die Rapsfelder (Wirtschaftsweg) und erreicht nach 3 km das Meer. Nun führt der Ostseeküsten-Radweg unmittelbar an der Küste entlang. Wegen der besseren Aussicht empfiehlt es sich, nach 1 km beim Abzweig Presen den Deich zu überqueren und einen weiteren Kilometer auf dem leicht angeschrägten, aber asphaltierten Deich bis zum Parkplatz bei den Windkraftanlagen zu fahren (auch hier eine Bademöglichkeit).

Nun beginnt die Steilküste, weshalb sich der Weg jetzt ins Hinterland verlagert. Es geht zunächst rechts um die Windkraftanlagen herum in Richtung des 1 km entfernten Klausdorf. Wer die Tour an dieser Stelle abkürzen möchte, fährt schon 500 m nach dem Parkplatz rechts ab nach Klausdorf und ist nach 2,5 km und damit insgesamt 22 km wieder zurück in Bannesdorf. Die schöne Hauptroute aber führt geradeaus weiter und nach 700 m rechts in den Ort *Klausdorf*, dann geradeaus (und nicht gleich links) am Ortsrand von Klausdorf entlang und anschließend links ab 2 km bis nach *Gahlendorf* (Dorfstr.). Auf der leichten Anhöhe vor Gahlendorf führt der Ostseeküsten-Radweg zunächst nach rechts Richtung Burg, nach 1,5 km geht es dann links auf dem Wirtschaftsweg etwas im Zickzack durch die Felder nach *Vitzdorf*. Im Ort fährt man rechts auf die Dorfstraße Richtung Sahrensdorf (2 km) und biegt am Ortsausgang wiederum rechts auf die relativ stark befahrene Kreisstraße ab. Nach 700 m geht es links schon wieder ab in ein ruhiges Sträßchen nach *Sahrensdorf* (1 km) und von dort nach einer weiteren Überquerung einer Kreisstraße (links und gleich wieder rechts) 1,8 km weiter bis in Burgs Vorort *Neue Tiefe* (weiterhin Beschilderung Ostseeküsten-Radweg).

Auch hier wird wieder eine Straße überquert (erst links, dann gleich wieder rechts). Jetzt geht es autofrei weiter, am Burger Binnensee vorbei 2 km bis zum Hafen *Burg-staaken*, wo der Süden der Insel erreicht ist. Am Fischerei- und Yachthafen kann man dem bunten Treiben zusehen, frische Fischbrötchen oder andere Leckereien am Hafenimbiss essen oder das U-Boot besichtigen. Die Innenstadt von Burg liegt 2 km entfernt, die Hauptstraße dorthin ist relativ stark befahren und etwas holperig, weil sie noch original mit Ostsee-Findlingen gepflastert ist. Bequemer und ruhiger ist der (ungeteerte) Radweg, der am Imbiss und am Hafenbecken vorbei auf der ehemaligen Eisenbahntrasse nach *Burg* führt (auf den 2,2 km bis ins Zentrum quert man ein paar Ausfallstraßen). Sobald man den Kirchturm sieht, hält man sich rechts (Fahrradschild Zentrum) und kommt so direkt ins Zentrum der Inselhauptstadt. Der idyllische Stadtkern rund um den Marktplatz mit Kirche, Geschäften und Cafés oder auch der Besuch eines der Museen lohnen einen längeren Aufenthalt.

Nördlich des Markplatzes (Straße „Am Markt") führt halbrechts eine Kreisstraße zurück zum 4,5 km entfernten Ausgangspunkt Bannesdorf (Niendorfer Straße). Weil es sich zunächst um eine Einbahnstraße handelt, muss man 100 m auf dem Bürgersteig schieben, dann hat man links ab freie Fahrt nach Bannesdorf. Zum Glück beginnt nach 200 m ein Fahrradweg, auf dem man an *Niendorf* vorbei die letzten Kilometer der Tour noch einmal genießen kann. Der zweite Abzweig nach *Bannesdorf* (Bürgermeister-Scheffler-Straße) führt wieder zurück zur Bannesdorfer Kirche.

Ostküste: Deichquerung bei Presen

Paradies für Strandwanderer: der Südosten Fehmarns

2. Strand- und Klippenwanderung: Zum Leuchtturm Staberhuk

Länge 4 km, reine Gehzeit ca. 1 Std. Eher ein Spaziergang als eine Wanderung, Trittsicherheit ist allerdings Voraussetzung. Man lernt eine wildromantische Seite der Insel kennen, die mit dem Auto oder Fahrrad nicht zu entdecken ist.

Der Ausgangspunkt der Wanderung liegt hinter Staberdorf, 7,5 km von Burg entfernt. Am südöstlichen Ende der Insel, direkt am Meer, befindet sich ein (kostenloser) Parkplatz bei der *Marineortungsstelle*, deren Antennenturm weithin sichtbar ist. Von dort geht man hinunter zum schönen Naturstrand, den man in südliche Richtung bis zum Ende läuft (etwa 10 Min.), und folgt dann einem der Trampelpfade die Steilküste hinauf. Der aussichtsreiche Weg an der Kliffkante (etwa 10 Min.) führt am *Staberholz* vorbei, einem Wäldchen, das zwar recht klein, aber doch das größte zusammenhängende Waldgebiet der Insel ist. Am Ende des Staberholzes, an der Stelle, wo ein Weg aus dem Wäldchen einmündet, geht man wieder hinunter zum Strand. Weil sich die Natur hier durch Uferabbrüche ständig verändert, muss man sich einen Pfad hinunter zum Wasser suchen. Der Strand ist sehr steinig und wildromantisch. Hier und dort neigen sich einige Bäume beachtlich in die Tiefe und werden wohl bald die Kliffkante hinabrutschen. Nach weiteren zehn Minuten hat man das Staberhuk und damit die östlichste Spitze der Insel erreicht. Direkt am Huk wird's noch steiniger und man findet jede Menge angespülte Miesmuscheln zwischen den Steinen. Von hier führt ein (etwas dorniger) Trampelpfad hoch zum keine fünf Minuten entfernten *Leuchtturm*. Man läuft am Zaun entlang bis zum Eingang des (nicht zu besichtigenden) Leuchtturmareals und folgt dann rechts dem schnurgeraden Fahrweg bis zum Wäldchen (gut 5 Min.). Dort geht es, abermals rechts, durch den Wald (Schild Landschaftsschutzgebiet), wo man sich an der Gabelung gleich zu Beginn des Weges weiterhin rechts hält und an schönen uralten Eichen und Buchen vorbeikommt. Schon nach fünf Minuten ist das Staberholz durchquert und man ist wieder an der Stelle, von der aus man vorher zum Strand hinabgestiegen ist. Nun spaziert man über den Klippenweg an den Feldern vorbei zurück zum Parkplatz, den man nach einer Viertelstunde erreicht.

3. Fahrradtour: Durch den wilden Osten Fehmarns

Länge 18 km, Fahrtzeit ca. 1,5 Std. Kleine Rundtour von der Inselhauptstadt Burg aus zur Steilküste bei Katharinenhof im Inselosten und zurück. Zahlreiche Einkehrmöglichkeiten.

Startpunkt ist die Inselhauptstadt *Burg*. Nordöstlich führt der Gahlendorfer Weg aus der Stadt hinaus (Niendorfer Str./Ecke Osterstraße, am Sonnenstudio rechts rechts ab in den Gahlendorfer Weg). Im Zickzack geht diese Straße 4 km bis nach *Gahlendorf*, wo man links hinunter eine kleine Straße 1,8 km bis nach *Klausdorf* (Einkehrmöglichkeit im Bauernhofcafé) fährt. Am Ortseingang Klausdorf biegt man rechts ab, dann gleich wieder rechts 2,2 km bis zum Campingplatz am Klausdorfer Strand. Man durchquert den Campingplatz (SB-Markt und Einkehrmöglichkeit „Steilküsten-Restaurant") und fährt danach direkt an der Steilküste weiter. Der Blick auf die See ist eindrucksvoll, der Weg jedoch etwas holperig. Am Gahlendorfer Strand vorbei erreicht man nach gut 1 km einen weiteren Campingplatz, den Campingplatz Ostsee bei *Katharinenhof*, von dem aus es nur noch 1 km geradeaus bis zum besuchenswerten Museum Katharinenhof ist (Museumscafé; außerdem 800 m weiter schönes Allee-Café). Nach der 90°-Kurve folgt man der Allee 600 m, bis links ein Feldweg nach *Meeschendorf* abzweigt (2 km; die ersten 500 m sind etwas uneben). Im Ort (beim Dörfergemeinschaftshaus) links ab und schon 200 m weiter rechts Richtung Burg abbiegen. Nach 1,8 km geht es links ab (Richtung Neue Tiefe) nach *Sahrensdorf*. Die Straße führt einen halben Kilometer durch den Ort, am Ortsende geht es geradeaus weiter auf 1,5 km durch die Felder bis zum Burger Ortsrand. Die restlichen 500 m bis ins Zentrum von Burg folgt man dem Fahrradweg.

4. Fahrradtour: Fehmarns Binnenland

Länge 27 km, Fahrtzeit ca. 2 Std. Radeln durch den geschichtsträchtigen und ländlichen Mittelteil der Insel von Landkirchen nach Petersdorf und zurück. Hier ist Fehmarn noch vergleichsweise ursprünglich. Einkehrmöglichkeiten in Bauernhofcafés.

Startpunkt ist der Parkplatz vor der sehenswerten Seefahrerkirche von *Landkirchen*. Zunächst fährt man vor der Kirche links 150 m auf der Hauptstraße, dann nimmt man rechts die Straße nach Burg. Schon 400 m weiter führt die Route nicht mehr über größere Straßen, denn hier fährt man links in den Mühlenweg hinein. Dieser führt bald aus Landkirchen hinaus (im Zweifel geradeaus) und dann im Zickzack knapp 2 km bis nach *Ostermarkelsdorf*. Kurz vorher, nach 1,5 km, passiert man die Gedenkstätte „Kriegssoll": 50 m rechts des Weges steht eine Baumgruppe (ohne Hinweisschild). Dahinter verbirgt sich ein Teich (mit Grillplatz), auf dem sich einige Gänse tummeln. In einer Ecke des Areals erinnert ein Gedenkstein an die 73 Fehmaraner Opfer, die hier 1644 in einer Schlacht zwischen Schweden und Dänemark, zu dem die Insel damals noch gehörte, gefallen sind.

In Petersdorf sind alle Inselerhebungen vereint:
Kirchturm, Silo, Mühle und Windkraftanlagen

In Ostermarkelsdorf, das lediglich aus ein paar vergleichsweise weit auseinanderliegenden Häusergruppen besteht, geht es links ab. Nach zwei weiteren Kilometern
ist das idyllische Bauerndorf *Hinrichsdorf* erreicht. Man fährt auf einer schönen
Lindenallee geradeaus durch dieses kleine Straßendorf und dann links weiter den
Weg zum 2,5 km entfernten *Vadersdorf*. Kurz vor Vadersdorf überquert man die
Hauptstraße und fährt auf einem in ca. 500 m Abstand parallel zu dieser verlaufenden, ruhigeren Sträßchen durch das lang gestreckte Dorf. Am Ortsende führt zwar
ein holperiger Weg geradeaus weiter nach *Gammendorf*, aufgrund des schlechten
Wegezustands empfiehlt es sich aber, auf der Straße zu bleiben, die zunächst
500 m nach rechts und dann links ab ins nur 1 km entfernte Gammendorf führt
(Bauernhofcafé).

Dort biegt man zunächst links ab auf die Durchgangsstraße, am Ortsende nimmt
man rechts den Weg, der, wie üblich im Zickzack um die Felder herum, ins knapp
3 km entfernte *Wenkendorf* führt. In Wenkendorf kann man entweder gleich am
Ortsrand die Straße scharf links ins 2,5 km entfernte Dänschendorf fahren oder die
ruhigere und nur 1 km längere Alternative wählen, die zunächst geradeaus durch
den Ort führt. Am Ortsende geht es dann links knapp 2 km Richtung Altenteil und
noch einmal links ab auf einem fast schnurgeraden 2 km langen Weg Richtung Süden nach *Dänschendorf*. Kurz vor dem Ort nimmt man halbrechts den Weg nach
Dänschendorf hinein und fährt auf der Middeltorstraße geradeaus durch das Dorf
bis zur Hauptstraße. Dort biegt man links und am Dorfteich gleich wieder rechts
(Lemkendorfer Str.) ab ins 2,5 km entfernte Petersdorf. Unterwegs kommt man
(letzte Kurve vor Petersdorf) am Galgenberg, einer ehemaligen Kult- und Hinrichtungsstätte (siehe S. 116), vorbei.

Petersdorf mit seinem Ortskern, der Kirche und den netten Einkehrmöglichkeiten
lohnt natürlich einen Besuch. Weiter geht es dann anschließend von der Kirche aus
zur Kreisstraße. Auf dem parallel zur Kreisstraße verlaufenden Fahrradweg erreicht

Fahrradtouren und Wanderungen

man nach 2 km *Lemkendorf*, dessen Hauptstraße sich im Ortskern zu einem recht-eckigen Platz mit Dorfanger weitet. Kurz vor dem Dorfteich geht es links ab (Straße „Am Soll") durch den Ort und dann geradeaus weiter auf einem kleinen geteerten Weg bis nach Bisdorf (3 km). Der Feldweg führt an der Kopendorfer Au vorbei, dem größten Fließgewässer der Insel, das aber im Sommer fast ausgetrocknet ist.

Auch *Bisdorf* ist ein ausgesprochen schöner Ort (mit Hofcafé). Von dort gelangt man auf dem neben der Straße verlaufenden Fahrradweg die letzten 2 km zurück nach Landkirchen.

5. Fahrradtour: Zwischen Hafen, Leuchtturm, Mühle und Kirche

Länge 28 km, Fahrtzeit ca. 2,5 Std. Die Rundtour von Landkirchen über Lem-kenhafen, Orth und Petersdorf bietet Landschaft satt, Kultur pur, die schönsten fehmarnschen Dörfer und viele Einkehrmöglichkeiten. Wegen der zahlrei-chen Sehenswürdigkeiten kann sie auch zur Tagestour ausgedehnt werden.

Ausgangspunkt ist das zentral gelegene *Landkirchen* mit der besuchenswerten Petri-Kirche. Am südlichen Ortsrand geht es rechts auf einer wenig befahrenen, ge-wundenen Straße ins knapp 2 km entfernte *Teschendorf* und weiter ins ebenfalls etwa 2 km entfernte *Westerbergen*. Von dort fährt man gut 1 km am Wasser ent-lang bis nach *Lemkenhafen* mit seinem sehenswerten Mühlenmuseum. Ab dem Ortsende führt der Weg autofrei über die unbefestigte Deichkrone direkt an der Orther Reede entlang bis ins knapp 3 km entfernte malerische *Orth*, das sich mit seinem alten Hafen geradezu für eine Rast anbietet.

Vorbei an der Kneipe Piratennest geht es links weiter auf den Deich. (Im Zweifel immer links halten. Bei feuchtem Wetter ist der schmale Weg allerdings eher schlecht, dann empfiehlt sich eine Routenänderung die Straße entlang bis Sulsdorf und weiter nach Püttsee.) Nach 3 km erreicht man den *Flügger Leuchtturm*, der auch besichtigt werden kann. Der Rundblick von oben ist traumhaft. Kurz vor dem weithin sichtbaren Leuchtturm führt ein geteerter Weg an den Flügger Camping-plätzen vorbei bis *Püttsee*. Im Dorf folgt man geradeaus der zum Strand führenden Straße. Schon 200 m nach dem Ort geht's rechts hoch ein Stück auf dem Deich ent-lang (grünes Gatter). Nach 1 km (wieder ein Gatter) nimmt man den rechts vom Deich beginnenden geteerten Weg, der, nachdem er zwischendurch die Haupt-straße gekreuzt hat, in großem Bogen ins typisch fehmarnsche *Kopendorf* führt. Von Kopendorf nimmt man nicht die belebte Hauptstraße nach Petersdorf, son-dern überquert diese noch einmal und biegt 200 m nach dem Dorf rechts ab, um die etwa 2 km bis Petersdorf auf einem ruhigeren Sträßchen zurückzulegen. In Pe-tersdorf geht es rechts und sofort wieder links zur Johannis-Kirche (Neustadtstraße).

Von der sehenswerten Kirche fährt man hinunter zur Kreisstraße. Nun verläuft die Route deckungsgleich zur vorangegangenen Fahrradtour (Nr. 4). Das bedeutet, man folgt dem einige Meter neben der Hauptstraße verlaufenden Fahrradweg bis zum Ortkern von *Lemkendorf* (2 km). Kurz vor dem Dorfteich biegt man links in die Straße „Am Soll" ein und fährt diese bis zum Ortsende. Dann geht es 3 km gera-deaus weiter den kleinen geteerten Weg bis nach *Bisdorf*, der an einem kleinen Bach namens *Kopendorfer Au* vorbeiführt. Bisdorf ist ein nettes Örtchen (Bauern-hofcafé und Restaurant) und lohnt einen Besuch. Ein neben der Straße verlaufender Fahrradweg führt von hier aus die letzten 2 km zurück nach Landkirchen.

6. Fahrradtour: Zur Nordwestspitze Fehmarns

Länge 19 km, Fahrtzeit ca. 1,5 Std. Radtour auf vorwiegend ruhigen Wegen durch den windigen Nordwesten der Insel, von Dänschendorf über die Deiche zum Markelsdorfer Huk und zurück.

Ausgangspunkt ist das Haus des Gastes/Sportplatz am westlichen Ortsrand von *Dänschendorf*. Von hier führt die Tour zunächst auf der Straße zum gut 1 km entfernten *Schlagsdorf* (gekennzeichnet mit R 1). Hinter dem kleinen Ort geht es rechts und gleich wieder links ab nach *Bojendorf*. Nach etwa 2 km durch die Felder ist der Ort erreicht. Hier fährt man 1 km geradeaus Richtung Strandparkplatz bis zum Deich. Der Blick auf den Strand von dort oben lohnt einen kurzen Stopp. Um auf den binnendeichs verlaufenden Fahrradweg zu gelangen, muss man an dem Deichgatter kurz absteigen, danach geht die Tour immer am Deich entlang auf dem Ostseeküstenradweg in Richtung Norden. Nach 2 km hat man mit dem *Fastensee* den ersten der nun folgenden Strandseen erreicht. Sein Name rührt daher, dass er schon in vorreformatorischer Zeit während der Fastenzeit den Geistlichen zur Versorgung mit Fisch diente. Hier kann man den Deich überqueren und 1 km lang bei schönster Aussicht direkt am See entlangradeln, bevor man den Deich abermals Richtung Binnenland überquert und nach einem weiteren Kilometer *Westermarkelsdorf* erreicht.

Malerischer Ort: Bojendorf

Vom Strandparkplatz aus führt der Weg rechts den Deich hinunter ins schöne Dorf (Einkehrmöglichkeit „Altes Zollhaus"), wo es nach 500 m links abgeht (Richtung Altenteil). Nach 200 m biegt man am Ortsende noch einmal links ab und erreicht nach weiteren 400 m den *Leuchtturm* und die Wetterstation (Fahrradschild Richtung Puttgarden). An der Station muss man sich unbedingt links halten, um dann durch ein Gatter auf den Deich zu gelangen, wo es nun rechts auf einem ungeteerten und etwas holperigen Weg weitergeht mit freiem Blick auf die nördlichen Binnenseen mit ihrer schönen Strandwalllandschaft und die Nordspitze der Insel (Markelsdorfer Huk). 4 km fährt man nun immer –meist mit Rückenwind – am Nordstrand entlang und an zwei Campingplätzen vorbei. Am dritten Platz, dem Campingplatz *Teichhof,* verlässt man bei der Gaststätte „Am Deich" den Deich in Richtung des 1,5 km entfernten Wenkendorf. Am Ortsrand von *Wenkendorf* geht es noch einmal rechts 1,5 km Richtung Altenteil, dann führt links eine schnurgerade Straße über knapp 2 km bis kurz vor *Dänschendorf*. Dort geht es rechts und bald wieder halbrechts ins Dorf hinein. Quer durch den Ort fährt man zurück zum Parkplatz.

Fahrradtouren und Wanderungen

7. Deich- und Strandwanderung:
Rund um das Markelsdorfer Huk und den Fastensee

Länge 11 km (1. Teil: 6 km, reine Gehzeit ca. 1,5 Std.; 2. Teil: 5 km, reine Gehzeit 1 Std. 10 Min.).

Genau genommen handelt es sich bei dieser Tour im windigen Nordwesten der Insel um zwei einzelne Wanderungen, die man aber gut verbinden kann, da sie beide am gleichen Parkplatz beginnen. Die erste führt zunächst über den Deich und dann immer am wunderschönen Strand entlang bis zum einsamen Markelsdorfer Huk. Die zweite führt über den Deich am Fastensee vorbei und zurück ebenfalls über den weitläufigen Naturstrand.

Ausgangspunkt ist der Strandparkplatz von *Westermarkelsdorf* ganz im Nordwesten der Insel (nur für Autos bis 1,80 m Höhe). Der Weg geht zunächst durch ein Gatter nordwärts die Deichkrone entlang. Auf der Landseite befindet sich ein kleiner See, zur Linken erscheint nach wenigen Minuten einer jener Salzseen, die sich um die ganze Nordwestspitze der Insel ziehen. Stets im Blick hat man den beigefarbenen *Leuchtturm* mit seiner roten Kappe, der nach 20 Minuten erreicht ist. Von hier geht es weiter geradeaus auf dem Hauptdeich, vorbei an einem ehemaligen Militärgelände und der Messstation des Deutschen Wetterdienstes. Auf der Seeseite sieht man auf die schilfreichen Salzseen mit ihren zahlreichen Wasservögeln. Nach 20 Minuten beginnt zur Linken hinter einem der Seen ein Campingplatz, zur Rechten eine Baumschonung. Man bleibt so lange auf dem Deich, bis die Einfahrt zum Campingplatz erreicht ist (Einkehrmöglichkeit). Von hier aus geht es hinunter zum Strand, den man die insgesamt 4 km bis zum Ausgangspunkt zurück entlangläuft. Vor allem am Nachmittag bei langsam untergehender Sonne ist dieses Teilstück herrlich zu gehen. Zunächst ist am Strand noch etwas Betrieb durch den nahen Campingplatz, doch nach knapp 30 Minuten ist die einsame Nordwestspitze der Insel erreicht (*Markelsdorfer Huk*). In der Ferne sieht man große Schiffe vorbeiziehen. Wer jetzt ein Sonnenbad einlegen möchte, findet sicher ein ruhiges, windgeschütztes Plätzchen in dem kleinen Dünengürtel, der zwischen Meer und Salzsee entstanden ist. Bis zum Parkplatz ist es jetzt noch eine knappe halbe Stunde, immer am Wasser entlang.

Der zweite Teil der Wanderung ist einfach zu beschreiben. Man geht vom Parkplatz aus zunächst hinter dem Deich südwärts. Schon nach 15 Minuten überquert man den Deich und sieht rechter Hand den *Fastensee*. Die nächsten 15 Minuten führt ein asphaltierter Weg direkt an diesem See entlang. Am Südende des Sees geht man wieder Richtung Meer und kehrt nach einer knapp 40-minütigen Strandwanderung zum Parkplatz zurück.

8. Fahrradtour: Zwischen den Naturschutzgebieten im Südwesten der Insel

Länge 19 km, Fahrtzeit ca. 1,5 Std. Ruhige Fahrradtour von Petersdorf über den windigen Deich zum Wasservogelreservat Wallnau und weiter bis zum Flügger Leuchtturm an der naturgeschützten Küste im Inselwesten. Zahlreiche Einkehrmöglichkeiten am netten Hafen von Orth.

Startpunkt ist *Petersdorf* mit seiner sehenswerten Kirche, vor der sich ein kostenloser Parkplatz befindet. Gegenüber dem Kircheneingang fährt man die Neustadtstraße

100 m hinunter bis zur Hauptstraße. Dort hält man sich rechts, folgt aber nicht der wenig später abknickenden Vorfahrt, sondern fährt am Ortsende immer geradeaus durch die Wiesen und Felder 2,5 km bis nach *Bojendorf* (Fahrradweg). In Bojendorf geht es immer geradeaus weiter und nach dem Ort dann links zum Badestrand (mit Imbiss), der nach etwa 1 km erreicht ist und einen kurzen Stopp lohnt.

Nun geht es in südlicher Richtung am Campingplatz vorbei immer auf dem Deich entlang mit herrlichem Blick auf das Meer. 2 km weiter ist die Zufahrtsstraße zum *Wasservogelreservat Wallnau* erreicht, in das man unbedingt einen Abstecher machen sollte (Führung obligatorisch). Vom Deich sind es etwa 500 m zum Naturschutzhaus hinunter.

Zurück auf dem Deich fährt man diesen dann noch einmal insgesamt 3 km südwärts, immer mit Blick auf das Meer und den Flügger Leuchtturm. Nach 2 km kommt man am *Jimi-Hendrix-Gedenkstein* vorbei, wenig später, am Campingplatz Flügge, verlässt man den Deich, weil der Deichweg hier endet. Vor der Campingplatzeinfahrt folgt man dem 1,5 km langen Weg zum Leuchtturm mit seiner grandiosen Aussicht (Kiosk). Vom Leuchtturm aus fährt man wieder etwa 500 m zurück, dann geht es rechts ab am Naturschutzgebiet *Krummsteert/Sulsdorfer Wiek* vorbei Richtung *Orth*, das man nach 2,5 km erreicht. (Bei feuchtem Wetter ist der schmale Weg am Naturschutzgebiet vorbei eher schlecht zu befahren, dann empfiehlt sich eine Routenänderung vom Leuchtturm die Straße entlang über Püttsee und Sulsdorf bis Gollendorf). In dem wunderschönen Hafenort mit seinen zahlreichen Einkehrmöglichkeiten lässt sich gut eine Pause einlegen, bevor man ihn auf einem kurz hinter Orth rechts abgehenden kleinen Sträßlein wieder verlässt in Richtung des 2 km entfernten und etwas verträumten *Gollendorf*. In Gollendorf hält man sich links, am Ortsende geht es dann 2 km geradeaus durch die *Kopendorfer Au* bis zur belebten Hauptsraße kurz vor Kopendorf. Obwohl rechts schon das Ortsschild von Petersdorf zu erkennen ist, fährt man besser noch einmal kurz links zum Kopendorfer Ortsrand und anschließend rechts (Richtung Bojendorf), kurz darauf biegt man nochmals rechts ab und kommt so auf einem ruhigen Sträßchen zurück ins nur 1 km entfernte Petersdorf.

9. Fahrradausflug aufs Festland: Rund um den Fehmarnsund

Länge 34 km, reine Fahrtzeit ca. 2,5 Std. Die Rundtour im Süden der Insel führt von Wulfen über Strukkamphuk und die Sundbrücke bis aufs Festland nach Großenbrode und bietet traumhafte Blicke auf die Fehmarnsundbrücke und von der Brücke hinab. Zahlreiche Bademöglichkeiten unterwegs und Sehenswürdigkeiten wie Hünengrab, Dodelstein, Leuchttürmchen und die Kirche von Großenbrode lassen sie leicht zu einem Tagesausflug werden.

Ausgangspunkt für diese Tour mit ständigem Meerblick ist entweder der Campingplatz Wulfener Hals oder der 1,5 km entfernte Ort Wulfen selbst (hier keine Parkgebühr). Im Ort fährt man an einem auffällig gelb gestrichenen Ferienhaus rechts ab und nimmt dann die Fahrstraße ins 2 km entfernte Avendorf hinein (nicht Richtung Burg oder Richtung Fehmarnsund). Auf dem Weg dorthin (nach 1 km) sieht man eines der letzten alten noch funktionierenden Wasserschöpfräder der Insel. In Avendorf geht es geradeaus am Dorfteich vorbei, dann links und gleich wieder rechts Richtung Strukkamp (Schild: Campingplatz Strukkamphuk).

Nach etwa 1 km unterquert man die Schnellstraße und erreicht *Strukkamp*. Im Ort biegt man an der Hauptstraße rechts ab und folgt der Straße zunächst immer geradeaus, bis es nach 1 km links abgeht ins wiederum knapp 1 km entfernte *Albertsdorf* (Hofcafé und Dodelstein). Dort zunächst weiter geradeaus Richtung Gold, nach 600 m links ab Richtung Hünengrab *Alversteen* (siehe S. 37), das man nach weiteren 900 m in fast unmittelbarer Strandnähe erreicht. Vom schönen Strand (mit Dixi-Klo) geht es links ab auf den ungeteerten flachen Deich, den man zwischen Campingplatz und Strand auf etwas holperiger Strecke 1 km entlangfährt bis zum kleinen *Leuchtturm von Strukkamphuk* und von dort weiter bis zu einem alten Häuschen. Unterhalb des Häuschens führt ein schmaler Pfad zur 1,5 km entfernten Sundbrücke; die ersten 400 m (bis zum nächsten Ferienhaus) muss man wegen des vielen Sandes allerdings schieben.

An der unübersehbaren *Fehmarnsundbrücke* geht es zunächst links zur Brückenrampe, dann auf die Brücke hoch, von wo aus man einen wirklich beeindruckenden Blick hat. Erst nach insgesamt 3 km ist das Ende der Rampe auf der Festlandseite erreicht. Man durchquert eine Gittertür im Zaun und nun geht es links ab weiter Richtung Heiligenhafen, bis man nach 1,5 km das Mutter-Kind-Haus „Baltic" der AWO erreicht. Lohnenswert ist hier ein Abstecher hinunter zum 500 m entfernten flachen Naturstrand (Orthweg) mit Blick auf Heiligenhafen und Fehmarn.

Beim „Baltic" führt eine Brücke über die Schnellstraße in den Ort *Großenbrode* (mit der Katharinen-Kirche, siehe S. 155) hinein (Fahrradweg). Man folgt der Straße 1 km bis zu den Bahngleisen, biegt dort links ab und fährt dann immer geradeaus bis zum von modernen Ferienbauten dominierten Südstrand (1 km).

Um das bunte Strandleben zu beobachten, geht es nun zu Fuß 200 m über die Promenade bis zur Seebrücke. Kurz hinter der Brücke (beim Minigolfplatz) führt eine kleine Straße parallel zur Bebauung weiter (Fahrradschild Richtung Puttgarden).

Fehmarnsund: Blick von der Brücke

Man folgt ihr immer geradeaus, vorbei an Reetdach-Ferienhäuschen und Stelzen-bungalows, und biegt an ihrem Ende (nach 2 km) links ab in einen Feldweg (im Zweifel immer dem Fahrradweg-Symbol folgen). Nun geht es über 5 km im Zick-zack, zwischendurch auch einmal an den Bahnschienen entlang, durch die schöne Landschaft. Dann führt halblinks ein Schotterweg zur *Brücke*. Diese wird direkt am Fehmarnsund unterquert, bis nach insgesamt 3 km wieder die schon vom Hinweg bekannte lange Rampe erreicht ist. Nach Überquerung der schönen Brücke geht's links ab zurück zum Wasser, und dann abermals links unter der Brücke hindurch (insgesamt 3 km). Man folgt diesem Weg nur 200 m, dann führt rechts ab eine klei-ne Straße zum 500 m entfernten Ort *Fehmarnsund* (Einkehrmöglichkeit). Von hier geht es dann nach 1 km direkt am Strand entlang hinter der Siedlung rechts ab und die letzten 2 km der Tour über eine kleine Straße zurück nach *Wulfen* bzw. gege-benenfalls weiter bis zum Wulfener Hals.

10. Fahrradausflug nach Dänemark

Tagestour mit zwei Fährüberfahrten, einigen Sehenswürdigkeiten und Bademöglichkeiten am Strand. Länge der Radtour 42 km, reine Fahrtzeit ca. 3,5 Stunden + 2 Std. für den Fährtransport. Die Tour beginnt mit einer kleinen Kreuzfahrt ab Puttgarden. Von Rødbyhavn aus geht es zunächst auf einer ruhigen und ländlichen Route zu einigen Kulturdenkmälern im Süden Lollands (Kirchen, Schlösser, Museum), dann über die Kleinstadt Rødby zum schönen Strand von Rødbyhavn bzw. zurück zur Fähre. Einkehrmöglichkeiten nur in Rødby und Rødbyhavn und natürlich auf der Fähre.

Der Dänemark-Ausflug beginnt mit einer Kreuzfahrt über den Fehmarnbelt (alle 30 Minuten legt eine Fähre ab). Das Auto kann man auf dem Parkplatz am Fährhafen *Puttgarden* stehen lassen (Parkplatz am Hafen links, 4 € pro Tag; im nahegelegenen Ort Puttgarden kann man allerdings kostenlos parken). Achtung: Fahrradfahrer müssen sich am Autoschalter einreihen und dort ihr Ticket lösen (Tageskarte 13 € inkl. Fahrrad). Hat man sein Rad neben dem LKW vertäut, kann man 45 Minuten auf dem Sonnendeck (und darunter) etwas Kreuzfahrtatmosphäre schnuppern.

In *Rødbyhavn* angekommen, muss man erst einmal 1 km geradeaus (bis hinter der Tankstelle) aus dem Hafengelände hinausfahren, dann geht es rechts hoch auf die Brücke und dort rechts ab Richtung Hyldtofe/Østersøbadet. Nun wird es viel ruhiger und ausgesprochen ländlich. Man bleibt immer geradeaus auf der geteerten Hauptfahrstraße, die nach 1 km eine 90-Grad-Linkskurve macht. Nach weiteren 800 m geht es ebenso scharf rechts ab (Richtung Hyldtofe 4 km).

Im 90-Grad-Zickzack führt der Weg nun um die riesigen Felder herum (zwischendurch nach 1,7 km links Richtung Rødby, 600 m später rechts und nach 1 km noch einmal links) in den weit versprenkelten und herrlich ruhigen Ort *Hyldtofte*, wo es gleich an der ersten geteerten Straße rechts abgeht. Vorbei an schönen alten Anwesen fährt man abermals im Zickzack durch die Felder ins knapp 3 km entfernte *Bjernæs*, dort immer geradeaus, bis nach 1,5 km eine etwas größere Straße quert.

Wer möchte, kann hier 500 m geradeaus zur schönen *Olstrup Kirke* fahren. Sie ist ein backsteinernes architektonisches Kleinod aus romanischer Zeit mit einem angebauten winzigen Fachwerk-Emporenaufgang (von 1892). In ihrem Inneren findet man wertvolle Fresken und einige sehenswerte Ausstellungsstücke wie eine Heiligenfigur (um 1300), einen Armleuchter (um 1500) und ein von der Decke hängendes Votivschiff. Wegen dieser kostbaren Kirchenschätze ist das kleine, turmlose Gotteshaus allerdings meist leider geschlossen.

Die eigentliche Tour aber geht weiter in westlicher Richtung. Man fährt für 1 km auf der schnurgeraden Straße Richtung Rødby und kommt dabei nach 600 m im nahen Wäldchen am beeindruckenden *Schloss Lungholm* vorbei. Das in seinen Ursprüngen barocke Schloss mit seiner repräsentativen Einfahrt, großem Park und Wassergraben sowie den beiden schräg vorgestellten Kavalierhäusern stammt bereits aus dem Jahr 1639 und wurde im 19. Jh. umgebaut. Im Jahr 2009 wurde es abermals umgebaut und ist nun ein luxuriöses Feriendomizil.

Etwas hinter dem Schloss geht rechts eine schöne Kastanienallee Richtung Holeby ab. Nach gut 500 m ist linker Hand das kleine *Museum Polakkasernen* erreicht. Es widmet sich der Geschichte der polnischen Rübenarbeiterinnen, die ab 1893 in großer Zahl nach Lolland kamen (keine deutsche Erklärung, nur Ostern/Pfingsten und Juli/August täglich außer Mo 14–16 Uhr geöffnet; Eintritt 20 DKK; Euro nicht

akzeptiert; ✆ 0045-54782330). Zu sehen sind viele Ackergeräte, eine Sammlung religiöser Bilder, polnische Scherenschnitte und einiges mehr.

Kurz hinter dem Museum erkennt man bereits die Kirche von *Tågerup*, die den kurzen Abstecher von wenigen Hundert Metern unbedingt lohnt. Von außen ähnelt sie der Kirche von Olstrup, hat aber anders als diese einen mächtigen viereckigen Turm und ist v. a. tagsüber meist geöffnet. Ihre wahre Pracht entfaltet sie erst von innen, denn das Gewölbe ist vollständig ausgemalt. Die mittelalterlichen Fresken stammen zu einem Großteil noch aus dem späten 14. Jh., die (mit Splitt gefüllte) gotländische Steintaufe am Eingang und das Kruzifix im Torbogen gehen sogar auf das 13. Jh. zurück. Die kleine Holzkanzel mit Deckel wurde 1586 gefertigt.

Von der Kastanienallee führt die Tour weiter geradeaus (wenngleich auch schon kurz nach der Bahnlinie eine ausgeschilderte Abkürzung nach Rødby möglich wäre), bis die Straße nach 2 km auf die Zufahrtsstraße nach Rødby trifft. Vis-à-vis der Kreuzung ist das schlossähnliche *Gut Højbygård* zu sehen. Das um 1400 erstmals erwähnte Herrenhaus ist ebenso wie die weiß getünchten Fachwerkbauten und die sandfarbene Ziegelscheune von 1864 derzeit leider etwas heruntergekommen und wartet auf bessere Zeiten.

An der Kreuzung fährt man links ab auf einer etwas größeren Straße knapp 4 km bis nach *Rødby* hinein. Beim Aldi-Markt geht es geradeaus in eine Art Fußgängerzone. Von der Innenstadt darf man sich allerdings nicht allzu viel erwarten, denn mit seinen 6600 Einwohnern ist Rødby doch eher ein großes Dorf als eine Kleinstadt. Immerhin gibt es aber einige Einkaufsmöglichkeiten und vereinzelt ein paar Restaurants. Fast alle Geschäfte akzeptieren den Euro. Was die Verständigung angeht, so kommt man trotz der Nähe zu Deutschland mit Deutsch hier nicht sehr weit, mit Englisch klappt es jedoch in der Regel.

Bemerkenswert ist das *Bernsteinmuseum* bzw. die sehr skurrile Mischung aus Bernsteinladen und Museum mit dem Namen „Jack Stone" in der Fußgängerzone (Østergade 5c). Im unscheinbaren Hinterhof des roten Hauses präsentiert der betagte Besitzer seine Schätze, schleift, poliert und verkauft die Bernsteine an die wenigen Tagesgäste, die sich hierhin verirren (10–12 und 14–17 Uhr geöffnet, Sa 9–12 Uhr, Di und So geschlossen. Eintritt frei, ☎ 0045-54601272).

Interessant ist auch Rødbys unübersehbare *Kirche* (Vestergade 4) aus dem Jahr 1225. Im Lauf der Zeit wurde sie allerdings mehrmals an- und umgebaut, ihre heutige Backsteinfassade beispielsweise erhielt sie 1889. Das schöne Altarbild im schlichten Inneren ist eine Arbeit der Spätrenaissance (um 1610). Die Kirche ist in der Regel vormittags zwischen 10–14 Uhr geöffnet.

Von der Kirche aus geht es links weiter Richtung Rødbyhavn. Nach 3 km biegt in einer seichten Kurve rechts der Karlstoftevej ab. (Wer es eilig hat, kann hier geradeaus 2,5 km zurück zum Hafen fahren). Der Karlstoftevej (später Kongeleddet) zieht sich ganz um den Ortsrand von Rødbyhavn. Nach knapp 2 km wird eine Straße überquert und es geht weiter in Richtung des Freizeitzentrums Lalandia (Binderrnæsvej), das nach weiteren 2 km erreicht ist.

Lalandia ist eine riesige und im Sommer übervolle Ferienhausanlage. Kaum zu glauben, aber hier zählt man jährlich 600.000 Übernachtungen. Zentrum der Anlage ist die subtropische Badelandschaft mit überdachter Shopping- und Restaurantzone. Selbst Minigolf und sogar eine Eislaufbahn gibt es, und das alles unter einem Dach. Das Ganze hat eine gewisse Exotik; deutsche Urlauber findet man hier allerdings kaum. Hinter dem Hauptkomplex des Lalandia führt ein Weg 400 m bis zum kleinen und im Sommer sehr vollen Strand. Jetzt geht es – mit wunderschöner Aussicht auf den Fehmarnbelt – immer auf dem Deich entlang an den Dünen vorbei 1,5 km zurück nach *Rødbyhavn*. Der großartige Strand bei den schon von Weitem am hohen Silo erkennbaren Hafenanlagen oder das Café Langelinie ganz am Ende der Kaianlagen lohnen die verdiente Rast am Ende der Tour. Der Hafen selbst ist nicht sehr idyllisch; hier sind nur wenige Schiffe beheimatet und ab und zu wird einmal ein Frachter mit Getreide beladen.

Zurück zur Fähre geht es vom Hafen 1 km schnurgerade über die breite, etwas trostlos wirkende Hafenstraße (Havnegade) von Rødbyhavn, dann biegt man rechts ab und erreicht nach einem weiteren Kilometer den Fährhafen. Fahrradfahrer dürfen keinesfalls die Fußgängerbrücke für die Fähre benutzen, sondern müssen zum Einchecken den langen Umweg zum Autoschalter nehmen und sich dort trotz Rückfahrkarte unbedingt melden, damit ihnen zwischen all den Autos und LKW eine der vielen Spuren zur Einfahrt in die Fähre zugewiesen wird.

● *Essen und Trinken* **Café Langelinie**, am äußersten Ende des westlichen Hafenbeckens im Kommunalhafen von Rødbyhavn gelegen. Schöne Lage fast direkt am Fehmarnbelt-Strand. Für Fußgänger und Radler gleichermaßen gut erreichbar. Auf Lolland gibt es hauptsächlich Fastfood. Auch im Café Langelinie ist in Stil eines Fischimbisses v. a. deftigen Bratfisch und Schnitzel. Hinter dem Haus, das wie eine kleine Lagerhalle aussieht, stehen einfache Tische und Bänke. Die Stranddünen ragen hier bis an die Terrasse heran, von der man einen schönen Blick aufs Meer hat. 12–21 Uhr geöffnet, Mo Ruhetag. Vestre Kaj 64, 4970 Rødby, ☎ 0045-4554/603420.

● *Umtauschkurs* Fast überall auf Lolland wird der Euro akzeptiert, aber eben nur fast. Wer tauschen möchte, kann dies auf der Fähre (ungünstiger Kurs) oder auf der Bank in Rødby tun. Umtauschkurs: 1 € = 7,5 DKK (dänische Kronen).

Ausflugstipps

Großenbrode 2100 Einwohner, Entfernung von Fehmarn: 9 km

Die der Insel Fehmarn vorgelagerte Halbinsel bildet mit ihrer 15 km langen Küstenlinie das Gemeindegebiet von Großenbrode. Feinsandiger Strand wechselt sich hier ab mit sanft geschwungenen Deichen und einem kantigen, den Wellen der Ostsee trotzenden Steilufer.

Die weitläufige Gemeinde Großenbrode ist nicht wie Fehmarn von vier, aber als ausgeprägte Halbinsel immerhin von drei Seiten vom Meer umschlossen. Über die Fehmarnsundbrücke ist Großenbrode auch leicht mit dem Fahrrad zu erreichen.

Der Ort besteht aus mehreren etwas voneinander entfernt liegenden Teilen: Im Nordosten liegt direkt neben der Sundbrücke der Ortsteil Großenbroderfähre, bei dem es sich heute im Wesentlichen um einen privaten Segelhafen handelt. Bis 1963 starteten von hier– wie der Name noch erkennen lässt – die Fähren nach Fehmarn. Auch der südwestliche Ortsteil Von-Herwarth-Straße liegt am Wasser, nämlich an der Bucht des Großenbroder Binnensees, und besteht lediglich aus einer ehemaligen Fischersiedlung und einigen Sportboothäfen. Die noch weiter westlich gelegenen Dörfer Klaustorf und Lütjenbrode gehören ebenfalls noch zur Gemeinde, der namensgebende Hauptort Großenbrode selbst liegt ganz zentral inmitten der Halbinsel. Er präsentiert sich allerdings eher als ein beschaulicher Wohn- denn als Ferienort.

Das eigentliche touristische Zentrum ist eindeutig Großenbrode-Südstrand. Architektonisch wirkt dieser Vorort auf den ersten Blick eher abschreckend, besteht er doch hauptsächlich aus Ferienwohnanlagen im Stile der 1970ger Jahre. Nur im Nordosten wird das Wohnblockambiente einmal durch eine Reetdach-Ferienhaussiedlung unterbrochen. Geht man in südwestlicher Richtung weiter, findet man auf einem ehemaligen Militärgelände aber doch ei-

Seebrücke Großenbrode

nige durchaus ansehnliche backsteinerne Kasernengebäude aus den 1930er-Jahren, die umgebaut wurden und nun ein schönes und weitläufiges Ensemble in allerbester Strandlage bilden. Der Strand selbst ist ein wahres Glanzstück, das über die Bausünden hinwegsehen lässt: Er ist besonders breit, feinsandig und bietet Badespaß pur. Natürlich gibt es auch eine modernisierte Strandpromenade und eine (350 m lange) Seebrücke. Die Promenade liegt hinter einem mit Hagebutten bepflanzten Grünstreifen und geht im Süden über in eine rund 1 km lange begehbare

Seemole, welche den ehemals auch militärisch genutzten Binnenhafen und die heutigen Fischerei- und Yachthäfen (insgesamt rund 1000 Liegeplätze) schützt.

Auch die Erkundung des nördlichen Gemeindegebiets ist lohnenswert, weil es hier einen sehr schönen und wenig bekannten Nordstrand gibt. Diesen erreicht man über die Brücke, die am nördlichen Ortsausgang über die Schnellstraße zum Mutter-Kind-Haus „Baltic" und zu einer Feriensiedlung führt. Von dort geht links der „Orthweg" hinunter zum schönen feinsandigen Naturstrand (kostenloser Parkplatz mit Dixi-Klo). Er ist für Kinder ideal, da das Wasser sehr flach ist. Außerdem sind an diesem Strandabschnitt Vierbeiner erlaubt, weshalb er gewissermaßen auch als Großenbrodes Hundestrand fungiert. Ein Spaziergang in der Abendsonne in Richtung der 3 km entfernten Sundbrücke ist an diesem immer romantischer werdenden Strand ein Erlebnis.

Geschichte: Der Name geht zurück auf das slawische *brody*, was so viel wie „Furt" bedeutet. Mit seinem geräumigen Dorfplatz erinnert das urkundlich erstmals 1249 erwähnte Dorf stark an fehmarnsche Siedlungen, was nicht weiter wundert, bestand doch seit jeher reger Fährverkehr mit der Insel. Mit dem Übersetzen der Eisenbahn 1905 erlebte der Ort seinen ersten großen Aufschwung. Ein weiterer Schub folgte, als nach dem Zweiten Weltkrieg aufgrund der Teilung Deutschlands die Dänemark-Fährverbindung von Warnemünde nach Gedser wegfiel und die Fährschiffe ab 1951 vom Großenbrode-Kai in die dänische Hafenstadt starteten. 1963 jedoch machte die Fehmarnsundbrücke alle Fährverbindungen überflüssig und der Verkehr floss von nun an am Ort vorbei. Lange war das strategisch günstig gelegene Großenbrode immerhin noch Militärstandort. Mit der Auflösung der Marineküstendienstschule im Jahr 1995 war aber auch diese Episode beendet, sodass die 80 ha ehemaliges Militärgelände am Südstrand heute für touristische Zwecke genutzt werden können.

● *Information/Zimmervermittlung* **Kurverwaltung Großenbrode**, Rathaus, Teichstraße 12, 23775 Großenbrode, ✆ 04367-9971-13/14/42/-27, www.grossenbrode.de. Von Mai bis Sept. Touristinformation am Südstrand, ✆ 04367-978988. Ostseecard 2,20 € (Nebensaison 1,10 €).

● *Parken* Eine Seltenheit: Das Parken ist in Großenbrode – auch in Strandnähe – kostenfrei!

● *Wohnmobilplatz* Am Kaiende verfügt das Wassersportzentrum Großenbrode über Stellplätze auf Rasenuntergrund (inkl. Ver- und Entsorgungsstation, Strom, WC, Duschen), ✆ 0172-4306800, und 300 m vom Südstrand entfernt gibt es einen „Wohnmobilhafen" (12 €/Nacht). ✆ 0171-5050305.

● *Essen und Trinken* **Landhaus Alter Krug**, historische Gaststätte, seit 1638 in Familienbesitz, deftig-schmackhafte Küche, netter Biergarten, auch Hotelbetrieb, im Norden des Hauptortes Großenbrode gelegen. Tägl. ab 18 Uhr. Schmiedestr. 13, ✆ 04367-394.

Zur Schrankenwirtin, an der Bahnschranke im alten Ortskern gelegen. Sehr einfache Dorfkneipe, große Portionen (z. B. Dorschfilet). Kleine Terrasse, Di Ruhetag. ✆ 04367-308.

Meerkieker, gemütlich-geradliniges Café und Bistro mit großer Strandkorb-Terrasse in Promenaden- und Hafennähe. Im stilvollen, in warmen Gelbtönen gestalteten Gastraum werden außer Kuchen und Gebäck auch kleine Snacks (mit frischen Zutaten) und Fischbrötchen serviert. Spezialität und wirklich lecker ist die Schwedentorte (mit Obst der Saison). Daneben kann man hier (meist dänische) Kunstgegenstände kaufen. Für Langschläfer gibt es Frühstück bis 14 Uhr. Tägl. 10–18 Uhr geöffnet (Nebensaison Di Ruhetag, im Winter nur am Wochenende geöffnet). Am Kai 15, ✆ 04367-717972.

Sehenswertes

Katharinen-Kirche: Jeder Besucher des Hauptorts Großenbrode fährt an der neben der Hauptstraße liegenden evangelischen Katharinen-Kirche aus dem 13. Jh. vorbei, doch kaum einer geht hinein, obwohl es im Inneren des schlichten Backsteinbaus einen hölzernen Altar (von 1694) und eine mit ländlichen Blumenschnitzereien reich verzierte Kanzel (von 1713) zu bewundern gibt. Leider ist die Kirche mit ihrem

Traumkulisse: Graswarder Heiligenhafen

markanten viereckigen Holzturm, der sie nur um wenig überragt und erst Ende des 17. Jh. angefügt wurde, nur unregelmäßig geöffnet.

Großes Hünenbett Kronsteinberg: Kurz vor der Fehmarnsundbrücke kann man links versteckt zwischen den Knicks den so genannten Kronsteinberg erkennen, eine etwa 100 m lange Hünengrabanlage, die zu den größten des Landes zählt. Der touristische Wert dieses Kulturguts ist bislang offenbar noch nicht erkannt worden, denn das Grab verwildert zusehends. Es ist mit Sträuchern und Bäumen bewachsen und schwer zugänglich (über den Nordstrand).

Heiligenhafen   9300 Einwohner, Entfernung von Fehmarn: 18 km

Das Ostseeheilbad ist gewissermaßen das Eingangsportal zur Insel Fehmarn. Der Ort lebt von seinen Gegensätzen: hier die historische Altstadt, dort der moderne Ostsee-Ferienpark; hier das traditionelle Treiben am Fischereihafen, dort der Anblick Hunderter Yachten von Feizeitseglern; hier der das Ortsbild prägende Binnensee, dort der am Steinwarder liegende feinsandige Ostseestrand.

Weil hier die Autobahn nach Norden endet, kommt jeder Fehmarn-Urlauber zwangsläufig an Heiligenhafen vorbei. Die Stadt lohnt allemal einen Abstecher und ist, wenn man keinen Zwischenstopp unterwegs einlegen möchte, von Fehmarn aus als Ausflugsziel auch mit dem Fahrrad noch gut erreichbar.

Zentraler Schauplatz im Ort ist sicherlich der Hafen (Parkmöglichkeit vorhanden), wo man zusehen kann, wie die Fischer ihre Kutter entladen. Wer früh auf den Beinen ist, kann gleich an Ort und Stelle fangfrischen Fisch (Dorsch, Butt oder Scholle) kaufen. Zu entdecken gibt es hier immer etwas, nicht nur in der lebendigen Hafenpassage mit den kleinen Geschäften, sondern auch direkt am Hafenbecken – immerhin beherbergt Heiligenhafen Deutschlands größte Hochseeangelflotte.

In Hafennähe steht das älteste Haus Heiligenhafens, der Salzspeicher aus dem Jahre 1587, heute ein Restaurant. Gleich dahinter erhebt sich der Kirchberg mit der ortsbildprägenden Stadtkirche und dem angrenzenden Heimatmuseum. Wenige Meter entfernt liegt der bereits in der Mitte des 13. Jh. angelegte rechteckige Marktplatz mit dem markanten Rathaus. Um den Marktplatz herum gruppieren sich einige der

Ausflugstipps

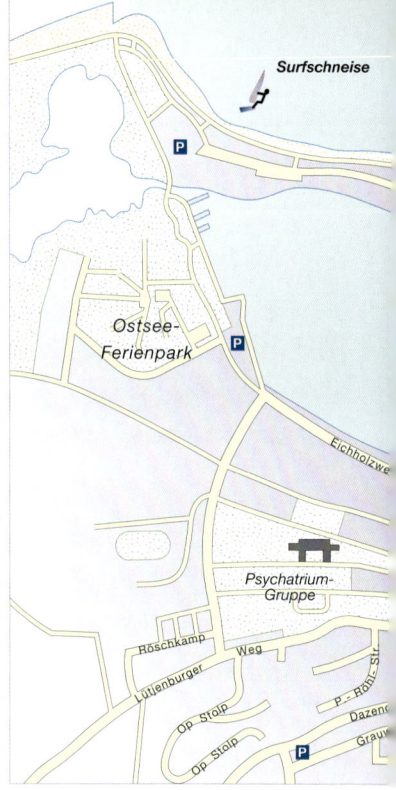

aus der Blütezeit des Seehandels stammenden Adels- und Bürgerhäuser, wie man sie auch in den zum Binnensee und zum Hafen hinunterführenden kleinen Straßen findet (z. B. in der geschäftigen Brückstraße). Das ganze Ensemble bildet eine herrliche Kulisse für einen Einkaufsbummel durch die in fast allen Gebäuden rund um den Markplatz ansässigen Ladengeschäfte.

Heiligenhafen ist ein schönes Anschauungsbeispiel für die gewaltigen Kräfte der Natur. Ähnlich wie an verschiedenen Stellen auf der Insel Fehmarn ist auch diesem Ort ein Nehrungshaken vorgelagert. Genau genommen handelt es sich um zwei Nehrungen, Steinwarder und Graswarder genannt, die sich mit ihrem kilometerlangen Sandstrand durch die natürlichen Kräfte der küstenparallelen Strömung über Jahrhunderte hinweg immer mehr nach Osten verschoben haben. Das Kliff im Westen der Stadt wurde so abgetragen und das Material weiter östlich angelandet. 1954 wuchsen beide Warder durch eine Sturmflut zusammen und die Heiligenhafener Fischer wurden so ihrer bequemen Hafenzufahrt beraubt. Sie müssen jetzt einen weiten Bogen um den Graswarder fahren, der ein kleines, aber sehr bedeutendes Vogelschutzgebiet ist. Wie auf einer Perlenkette aufgereiht stehen dort in exponierter Lage ein paar reetgedeckte und sehr begehrte Ferienhäuser – ein besonders malerischer Winkel der Küste.

Auf dem danebenliegenden Steinwarder spielt sich das vielfältige Strandleben des Ostseeheilbads ab. Die Zufahrt erfolgt über einen Damm, der den damit geschaffenen Binnensee abschließt und gleichzeitig den Zugang zum großen Yachthafen mit mehr als 800 Liegeplätzen bildet. Heiligenhafen ist zentraler Ausgangspunkt für Törns in die Dänische Südsee, liegt hier doch die größte Chartersegelflotte der Ostsee vor Anker. Etwas außerhalb der Ortsmitte (am Ostrand von Steinwarder und Binnensee) liegt in Strandnähe der *Ferienpark Heiligenhafen* mit seinen zahlreichen im Bettenburgstil der 1970er-Jahre erbauten Ferienwohnungen und Freizeiteinrichtungen. In jüngster Zeit wurde hier kräftig investiert, zunächst in die Neugestaltung der Promenade und dann in den Bau des *Aktiv-Hus*. In dem markanten Gebäude mit dem Wellendach findet man eine Saunalandschaft mit Wellnessbereich, eine Kinderspielwelt (Eintritt 3,50 €), eine Multifunktionshalle und eine Einkaufspassage.

Geschichte: *Hilligenhaven* wurde Mitte des 13. Jh. gegründet und bekam schon bald das lübische Stadtrecht verliehen. Verbunden damit waren bestimmte Sonderrechte im Handel, wie beispielsweise ab 1325 das Recht auf die zollfreie Ausfuhr von Waren, v. a. aber das Privileg, dass die Heiligenhafener von nun an als freie

Essen & Trinken
1 Anno 1800
2 Altdeutsche Bierstube
3 Rest. Weberhaus
4 Fisch-Hütte Haasch

Bürger galten. In der Folgezeit konnten sie sich stets gegen die in weiten Teilen Ostholsteins herrschenden Großgrundbesitzer behaupten.

Grundlage für die schnelle Entwicklung der Stadt war die günstige Lage des Hafens in einer Bucht des schützenden Binnensees. Heiligenhafen wurde Hauptausfuhrhafen des Oldenburger Landes. Der Hafen wurde aber nicht nur für Getreidehandel und Fischerei genutzt, sondern aufgrund seiner strategisch günstigen Lage auch für Kriegszwecke. Überfälle feindlicher Heere mit Plünderungen und Brandschatzungen, insbesondere im Dreißigjährigen Krieg, waren die Folge.

Im Zweiten Weltkrieg wurde Heiligenhafen, seit 1938 Garnisonsstadt, ein letztes Mal in Kriegswirren verwickelt. Nach Kriegsende wurde die ganze wagrische Halbinsel von den Engländern zum Gefangenengebiet erklärt. Um die Flucht der in Kasernen und Scheunen internierten deutschen Soldaten zu verhindern, wurden kurzerhand die Boote der Heiligenhafener Fischer auf Reede gefahren und dort versenkt.

Durch den Bau der Eisenbahn (1898) verlor der Hafen seine ursprüngliche Bedeutung als Handelshafen, gleichzeitig aber sorgte ein zunehmender Tourismus für neue Einkommensquellen. Das Strandleben konzentrierte sich damals auch auf das heutige Vogelreservat Graswarder, an dessen Ostspitze sogar eine Wandelhalle stand. Zur Belebung des Tourismus wurde 1895 die *Deutsche Badegesellschaft Heiligenhafen* gegründet, die den gesamten Küstenstreifen von Stein- und Gras-

Ausflugstipps

warder für 100 Jahre von der Stadt pachtete. Seit Beginn des Ersten Weltkriegs existierte die Gesellschaft jedoch praktisch nicht mehr. Nach 1945 erlebte die Stadt dann einen neuen, diesmal rasanten Aufschwung zum Seebad. Seit 1974 ist Heiligenhafen als Ostseeheilbad anerkannt.

• *Information/Zimmervermittlung* **Heiligenhafen Touristik GmbH**, Bergstr. 43, 23774 Heiligenhafen, ☎ 04362-90720, www.heiligenhafen.de, automatischer Zimmernachweis unter ☎ 04362-19412. Ostseecard pro Tag 2,50 € (Nebensaison 1,50 €).
Im Ort gibt es viele Appartementvermittler, und zwar: Reisebüro Albrecht, ☎ 04362-7388; Urlaubs-Service Borsum, ☎ 04362-2623 u. 2243; Vermietungsbüro Bünning, ☎ 04362-90240; H.A.K. Feriendienst, ☎ 04362-7211 u. 7212; Ostsee-Urlaubsdienst, ☎ 04362-2761; Vermietung Dieter Strackbein, ☎ 04362-1680; Michael Schwartz Reisen, ☎ 04362-9190; Wiesemüller & Diethmaier, ☎ 04362-3801, 3803 u. 7271.

• *FKK-Strand* Auf dem westlichen Graswarder, kurz vor dem Naturschutzgebiet.

• *Hundestrand* Auf dem Steinwarder in Höhe der Lesehalle.

• *Kinderspielraum* Indoor-Abenteuerwelt „Schatzinsel" im Aktiv-Hus im Ferienpark. Ganzjährig geöffnet. Tageskarte für Kinder 3,50 €. Erwachsene frei. ☎ 04362-502900.

• *Parken* Viele große, allerdings gebührenpflichtige Parkplätze rund um den Damm.

• *Sauna/Schwimmbad* Saunalandschaft mit drei Saunen und Dampfbad sowie Hallenbad im „Salveo Wellness & Beauty"-Bereich des Aktiv-Hus im Ferienpark. Das stets gut besuchte Meerwasser-Schwimmbecken ist allerdings eher ein 30 C warmes Bewegungsbad als ein Schwimmbecken. Wechselnde Öffnungszeiten (in der Regel 10–20 Uhr). Infos unter www.aktiv-hus.de. Kinder ab 6 J. 3,50 €, Erwachsene 4,50 €. Sauna 13 €. ☎ 04362-5029050.

• *Essen und Trinken* **Restaurant Weberhaus (3)**, am Rundbogen zum Kirchhof gelegen, die erste Adresse in Heiligenhafen, sowohl vom Interieur als auch von den hervorragenden Spezialitäten her, allerdings etwas gehobene Preisklasse. Ab 18 Uhr geöffnet, Sa/So auch 12–14 Uhr, Mo Ruhetag. Kirchenstr. 4, ☎ 04362-2840.

Anno 1800 (1), Inhaber Joachim Stolpe führt das am Binnensee gelegene, urige Gasthaus, das auch zugleich Seglertreff ist, seit 1986. Gute und deftige Küche, gebratener Fisch, eine große Auswahl an guten Steaks, aber auch knackige Salate. Gelegentlich Oldie-Livemusik, ab und zu auch mal Jazz. Täglich ab 17 Uhr geöffnet. Lauritz-Maßmann-Str. 30, ☎ 04362-7913.

Altdeutsche Bierstube (2), ein zünftiges Bier in echter Wirtshausatmosphäre gibt es täglich ab 11 Uhr mitten auf dem Marktplatz. Bei gutem Wetter lassen sich die Getränke oder kleine Speisen auch unter freiem Himmel an den Tischen vor dem giebelgeschwungenen Backsteingebäude genießen. ☎ 04362-6411.

Fisch-Hütte Haasch (4), ein verglaster Verkaufsraum und eine nette Außenanlage auf einem kopfsteingepflasterten Hof bieten Platz für den Verzehr leckerer Fischspezialitäten wie z. B. Räucherfisch und Aal. Die Produkte stammen aus eigener Fischräucherei. Etwas außerhalb Richtung Fehmarn im Gewerbegebiet (!) gelegen. Tägl. 8.30–21 Uhr geöffnet. Industriestr. 13, ☎ 04362-2232.

Sehenswertes

Stadtkirche zu Heiligenhafen: Der trutzige Turm der Kirche mit seinem Treppengiebel thront weithin sichtbar als Wahrzeichen über der Stadt. Er wurde 1637 an Stelle eines kleineren Vorgängerturmes gebaut. Die Kirche selbst wurde bereits im 13. Jh. errichtet, doch stammt heute nur noch der Chor aus dieser Zeit.

Durch eine mit alten Grabsteinen gepflasterte Gedenkhalle gelangt man in den vergleichsweise hell ausgeleuchteten Kirchenraum. Im Seitenschiff befindet sich eine Empore, deren vorderer Teil seit alters her „Schifferstuhl" heißt, weil nur „Stohlbröders" (Schiffer, Kapitäne, Steuerleute) – nach Zahlung eines „Stuhlgeldes" – dort sitzen durften. Bemerkenswert sind auch das mit schönen Schnitzereien versehene, 500 Jahre alte Chorgestühl und daneben die ebenso alten, von einem unbekannten Künstler geschaffenen Figuren von Adam und Eva. Außergewöhnlich ist, dass sich der Kopf der Schlange und der Kopf von Eva bis hin zur Stirnlocke gleichen.

Überlebensgroß wacht der heilige Christophorus am Übergang vom Altarraum zum Hauptschiff, wo als weitere Glanzstücke der Inneneinrichtung drei Schiffsmodelle vom hohen Gewölbe in den Kirchenraum hinabhängen, allen voran die Fregatte „Samson". Sie ist eines der ältesten Votivschiffe Deutschlands und wurde 1636 von einem Heiligenhafener Bürger gestiftet. Die beiden anderen Schiffsmodelle in der Raummitte hingegen sind relativ neu, sie stammen aus dem Jahr 1989.

Adresse/Öffnungszeiten Mo, Mi, Fr 10–12 und Mo–Do 14–16 Uhr. Di, Do und Sa um 11 Uhr Führung (Mai–Sept.). Kirchenstraße.

Heimatmuseum: In einem restaurierten Jugendstilgebäude hinter der Kirche informiert seit 1992 das Heimatmuseum Heiligenhafen über Seefahrt und Fischerei sowie über Vor-, Früh- und Stadtgeschichte. Zu sehen sind u. a. einige Schiffsmodelle, Navigationsinstrumente und ein Porträt des Dichters Theodor Storm (1817–1888), an dessen Beziehungen zu Heiligenhafen einige Fotos und Dokumente erinnern.

Adresse/Öffnungszeiten Nur April–Okt. Di–Fr und an Sonn- und Feiertagen 15–17 Uhr. Eintritt mit Ostseecard frei, sonst 2 €, Kinder 1 €, Familien (2 Erwachsene u. Kinder) 4 €. Thulboden 11 a, ☎ 04362-3876.

Naturschutzgebiet Graswarder: Der Spaziergang zu diesem bizarr geformten und von Lagunen durchzogenen Paradies für Tiere und Pflanzen lohnt sich. Unter fachkundiger Führung der Naturschutzwarte sind auf den grasbedeckten Geröllflächen und langsam verlandenden salzhaltigen Moorböden mehr als 40 Brutvogelarten zu beobachten. Im Mai und Juni ist das Vogelparadies bevölkert von jagenden Seeschwalben, trippelnden Sandregenpfeifern, balzenden Sturmmöwen und farbenprächtigen Brandgänsen. Bis in den August hinein brüten hier die unterschiedlichsten Seevögel. Von August bis Oktober wird der Graswarder dann zur Zwischenstation für Tausende von Zugvögeln. Von einem futuristisch gestalteten 12 m hohen Beobachtungsturm aus hat man einen tollen Blick auf das außergewöhnlich schön gelegene Naturschutzgebiet.

• *Führungen* Vom **Informationszentrum Graswarder**, dem Blockhaus des Deutschen Bundes für Vogelschutz, werden von April bis Okt. täglich um 10.30 und 15 Uhr 1- bis 2-stündige Führungen angeboten (kostenlos, es werden aber Spenden erbeten). Auto auf dem letzten Parkplatz am Yachthafen stehen lassen (Steinwarder), von dort zu Fuß 15 Min. den Graswarderweg bis zum Blockhaus gehen.

Oldenburg   10.300 Einwohner, Entfernung von Fehmarn: 27 km

Die Stadt blickt auf eine tausendjährige Geschichte zurück und besitzt mit dem Wall-Museum eines der bedeutendsten archäologischen Denkmäler des Landes. Wegen der verkehrsgünstigen Lage hat Oldenburg ein großes Einzugsgebiet. Viele kommen hierher, um in der schönen Fußgängerzone mit den gut sortierten Geschäften zu bummeln und einzukaufen.

Jeder Reisende auf dem Weg nach Heiligenhafen oder Fehmarn kommt an Oldenburg vorbei, denn die neue Autobahn führt mit vielen Abfahrten dicht um die Kleinstadt herum. Weil die Bundeswehr mit ihrem Truppenübungsplatz *Putlos* den Küstenstreifen nordwestlich von Oldenburg blockiert, führt sogar der Ostseeküsten-Radweg mitten durch das ein wenig im Inland liegende Städtchen.

Kopfsteinpflaster gehört zum Erscheinungsbild von Oldenburg ebenso wie die historischen Gebäude und die alten Gassen und Plätze. Zentrum der Altstadt ist der schon im 12. Jh. angelegte Marktplatz, übrigens der drittgrößte Schleswig-Holsteins. Beherrscht wird er vom 1884 erbauten Rathaus, zu dessen linker und rechter Seite die Fußgängerzone beginnt. Nur wenige Schritte vom Marktplatz entfernt liegt am Rande des Stadtparks und des Oldenburger Walls die Johannis-Kirche.

Ausflugstipps

Geschichte: Nicht einmal Lübeck kann auf eine längere Geschichte zurückblicken als Oldenburg, das jahrhundertelang Zentrum der in Ostholstein lebenden Wagrier (Slawen) war. Schon um das Jahr 700 gab es hier eine Slawenburg, die bald zu einer großen Wehranlage ausgebaut wurde. Der Ort hieß damals noch slawisch „Starigrad", was „alte Burg" bedeutet, daher der heutige Name Oldenburg. Er lag strategisch günstig an einem schmalen Übergang des damals noch Wasser führenden Oldenburger Grabens, der die so genannte wagrische Halbinsel durchschneidet, und war sogar mit den flachgehenden Schiffen der damaligen Zeit zu erreichen.

Die Ansiedlung wurde bald zu einer der bedeutendsten Handels- und Seestädte im Ostseeraum. Bis zu 18 m hohe Erdwälle, heute *Oldenburger Wall* genannt, schützten die große Slawenburg und machten den Hauptsitz der slawischen Fürsten Wagriens zur schier uneinnehmbaren Festung, die erst nach der vollständigen christlichen Eroberung der Region fiel. Nachdem bereits 968 Kaiser Otto I. Oldenburg zum Bischofssitz bestimmt hatte, die angestrebte Christianisierung aber erfolglos geblieben war, konnte Bischof Vicelin 1149 schließlich das Bistum neu gründen.

Schon 1163 wurde der Bischofssitz jedoch ins aufstrebende Lübeck verlegt. 1235 bekam Oldenburg zwar von Graf Adolf IV. das lübische Stadtrecht verliehen, die folgenden Jahrzehnte verliefen dennoch alles andere als glücklich: Verheerende Kriege, Brandkatastrophen, Pockenepidemien und der Schwarze Tod, der die Stadt zwölfmal heimsuchte, warfen Oldenburg immer wieder weit in seiner Entwicklung zurück. Stets bauten die überlebenden Bürger ihre Stadt jedoch wieder auf.

● *Information/Zimmervermittlung* **Tourist-Büro Oldenburg i. H.**, Markt 1, ✆ 04361-4980, www.oldenburg-holstein.de. Für Urlauber, die nach Geschäftsschluss ankommen, liegen schräg gegenüber in der Kneipe **Fieka und Johanna** Prospekte mit Unterkunftsadressen aus. Die Kommunen der Region haben sich touristisch unter dem Namen „Holsteiner Land" zusammengeschlossen. Infos über die Gemeinden Neukirchen, Heringsdorf, Gremersdorf, Wangels und Oldenburg bekommt man unter www.holsteiner-land.de.

● *Veranstaltungen* Jedes Jahr um Johanni (24. Juni) findet das **Vogelschießen** beim **Gildefest der St. Johannis Toten- und Schützengilde von 1192** auf dem Schützenplatz statt. Dorthin zieht ein imposanter Festumzug aus bis zu 600 Gildemitgliedern, die würdevoll mit Anzug, Zylinder und Stock durch die flaggengeschmückten Straßen schreiten (siehe Bild S. 31). Viel Musik und Tanz beleben drei Tage lang die ganze Stadt. Das Donnern der alten Büchsen beim Schießen auf den „Sächsischen Vogel" muss man einmal miterlebt haben. Gäste sind herzlich willkommen. Im September wird auf dem Gelände des Museumshofs das **Wall-Fest** mit zahlreichen historischen Darbietungen veranstaltet.

● *Essen und Trinken* **Zur Treppe (2)**, rustikales, einfaches Restaurant in der Fußgängerzone, spezialisiert auf Fischgerichte aus der Pfanne. Steaks (11 €) sind aber auch zu haben, ebenso einfache Salate. Mi Ruhetag. Kuhtorstr. 3, ✆ 04361-2398.

Akropolis (3), typisch griechisches Ambiente, große und durchaus schmackhafte Portionen, Tische vor dem Haus. Ganzjährig 11.30–14.30 und 17.30–24 Uhr. Kein Ruhetag. Markt 4, ✆ 04361-3330.

Mephisto (1), einfache, aber behagliche Einrichtung hinter großen (Schau-)Fenstern. Oldenburgs Allzweckwaffe in Sachen Essen, es gibt so ziemlich alles von der Pizza und Pasta bis zu Fleischgerichten und Salaten. Vom Preis-Leistungs-Verhältnis stimmig und daher auch bei den Einheimischen beliebt. Kein Ruhetag. Markt 10, ✆ 04361-4563.

Sehenswertes

Wall-Museum: Man wähnt sich zuerst in einem Freilichtmuseum, denn die Ausstellung ist in historischen Gebäuden untergebracht, die zusammen eine zwischen Wiesen und Seen gelegene holsteinische Hofanlage bilden. Drei alte reetgedeckte Fachwerkscheunen aus der Umgebung Oldenburgs und ein Backhaus wurden hier wiederaufgebaut. Wer zu Fuß von der Kirche aus zum Museum geht, hat die

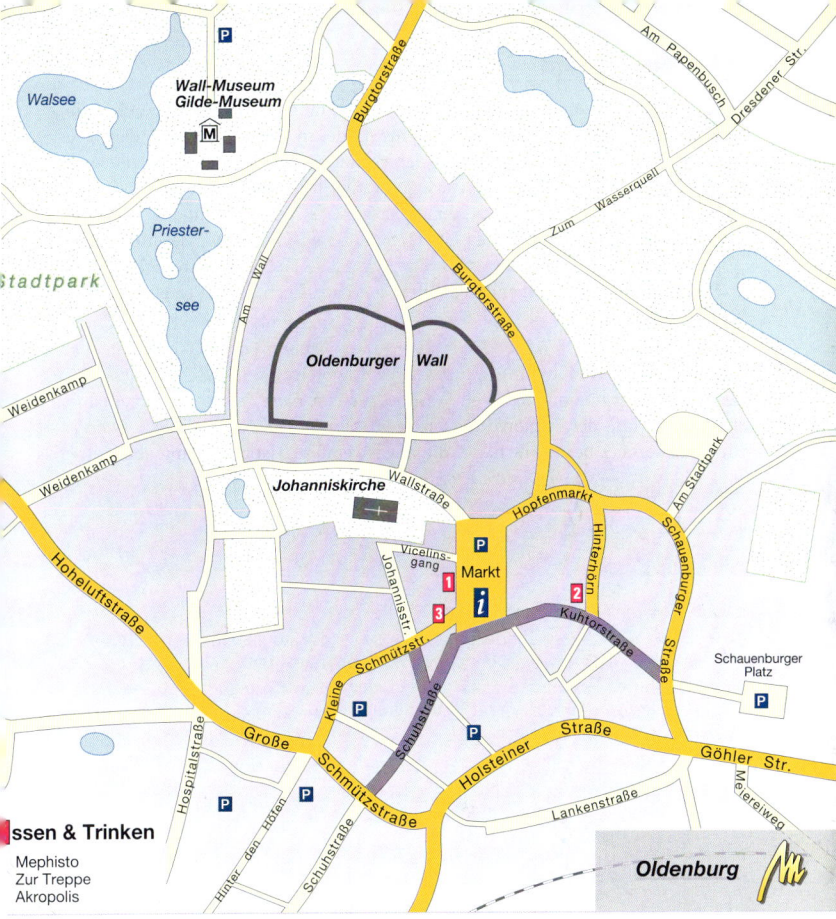

Geschichte schon „mit Füßen getreten", denn der Weg führt durch das neben Haithabu archäologisch bedeutendste Denkmal Schleswig-Holsteins: die mächtige Ringwallanlage. Um wirklich zu verstehen, was man hier sieht, sollte man allerdings erst das Museum und dann die Wallanlage besichtigen. Das Museum ist ein Leckerbissen für archäologisch interessierte Besucher. Präsentiert werden neben den Fundstücken zahlreicher Ausgrabungen u. a. die Rekonstruktion einer Wohn- und Arbeitsstätte sowie ein Diorama, das veranschaulicht, wie die Wehranlage um das Jahr 800 ausgesehen haben könnte. Größte Attraktion ist aber sicherlich der weltweit einzige Nachbau eines slawischen Handelsschiffs, der „Starigrad". Sie liegt am Steg der slawischen Hafenanlage. Kein Stück Eisen wurde bei diesem Schiff verarbeitet, über 3200 handgeschnitzte Holzdübel verbinden Planken und Spanten.

In jüngster Zeit wurde neben dem Haupthaus ein Rosengarten mit über 50 ver-schiedenen historischen Rosenarten angelegt, der in der Blütezeit von Anfang Juni bis Ende Juli einen betörenden Duft verbreitet.

Adresse/Öffnungszeiten Museumshof, Mitte März bis Okt. Di–So 10–17 Uhr. Erwachsene 3,50 €, Kinder 1,50 €, Familien 8 €. Prof.-Struve-Weg 1, ☎ 04361-623142, www.oldenburger-wallmuseum.de.

Den Slawen auf der Spur: Wall-Museum Oldenburg

Gilde-Museum: Die im Haupthaus des Wall-Museums untergebrachte Ausstellung widmet sich der Geschichte der ältesten Gilde Deutschlands, der St. Johannis Toten- und Schützengilde von 1192 e. V., die einst aus der Bruderschaft Sankt Catharina hervorgegangen ist. Präsentiert werden u. a. Gildefahnen, die Königskette, der „goldene Apfel", der „silberne Vogel", einige Vorderlader mit Schießleiter und – als Kernstück der Sammlung – der Gildeschatz.
Adresse/Öffnungszeiten Siehe Wall-Museum.

Johannis-Kirche: Sie war die erste Backsteinkirche Nordeuropas und wurde 1156 als Bischofskirche erbaut. Ihr äußeres Erscheinungsbild wurde nach starken Beschädigungen durch den Stadtbrand 1773 entscheidend verändert, lediglich das aufwändige Westportal stammt noch aus den ersten Jahren des 13. Jh. Im Innern zeigt sich noch etwas von der schlichten Schönheit der Baukunst aus den frühen Jahren der Christianisierung Wagriens. Die hölzerne Inneneinrichtung stammt im Wesentlichen aus der zweiten Hälfte des 18. Jh., so z. B. der prunkvolle Altaraufbau, die Kanzel und auch die kleine Gutsloge.
Öffnungszeiten Die Kirche ist vom 25.3. bis 25.10. täglich 10–17 Uhr geöffnet.

Neustadt in Holstein   15.000 Einwohner, Entfernung von Fehmarn: 51 km

In der attraktiven und vielleicht schönsten Hafenstadt der Küste schlägt traditionell das Herz Ostholsteins. Eine hübsche Fußgängerzone lädt zum Einkaufen ein und einige historische Gebäude zeugen von der einstigen Bedeutung der Stadt. Liebevoll renovierte Speicher und alte Segelschiffe prägen das Bild des Hafens, an dem alle Straßen münden.

Die Stadt am Nordufer der Lübecker Bucht ist nicht mondän, aber einladend, und trägt stolz den Namen „Europastadt". Trotz vergangener Brandkatastrophen sind verschiedene geschichtsträchtige Gebäude bis heute erhalten geblieben. Das Zentrum bildet ein großer, rechteckiger Marktplatz, flankiert von der sehenswerten

Stadtkirche und dem klassizistischen Rathaus mit seinen beiden dorischen Säulen. Von hier aus verläuft die den Fußgängern vorbehaltene Einkaufsstraße bis zum historischen Kremper Tor. Kleine, teilweise verwinkelte Straßen mit altem Kopfsteinpflaster ziehen sich hinunter zum Neustädter Binnenwasser, das einstmals schiffbar war, mittlerweile aber zum Naturschutzgebiet erklärt wurde.

Die ebenfalls als Einkaufsstraße fungierende Brückstraße führt vom Marktplatz zum Hafen und weiter zur Brücke, dem Nadelöhr des Ortes, durch das sich die Autos langsam hindurchzwängen müssen. Der natürliche Hafen ist weitläufig und zieht sich in die Neustädter Bucht hinein. Einige historische Segelschiffe liegen idyllisch in Brückennähe. Speicher und imposante Kaufmannshäuser zeugen davon, dass die Stadt schon immer von Schifffahrt und Handel, v. a. vom Getreidehandel, lebte. Die Jahrhunderte überdauert hat hier auch das Fischeramt, in dem seit 1474 die älteste Fischerinnung Deutschlands residiert. Die Krise der Fischerei, Reedereien und Werften ist zwar auch an Neustadt nicht spurlos vorübergegangen, aber immerhin hat die größte deutsche Reederei für Luxuskreuzfahrtschiffe (Peter Deilmann), unter deren Flagge auch das aus der Fernsehserie „Traumschiff" bekannte Kreuzfahrtschiff „Deutschland" fährt, noch immer in Neustadt ihren Sitz.

Auf der Westseite des Hafens ist nur noch selten geschäftiges Treiben zu beobachten, wenn Holzstämme nach Dänemark oder alte Autos in die baltischen Staaten verschifft werden.. An der östlichen Hafenseite bekommt man in den frühen Morgenstunden manchmal noch frischen Fisch direkt vom Kutter. Von hier führt der Jungfernstieg weiter Richtung Yachthafen. Er ist wesentlich beschaulicher als sein berühmtes Hamburger Pendant und diente früher den ankommenden und abfahrenden Segelschiffen als Treidelpfad. Wen das Badefieber packt, der kann knapp 2 km weiter bis zum Strandbad laufen bzw. fahren. Ein- und auslaufende Schiffe sind von hier aus gut zu beobachten. Nach wie vor haben die Marine und auch die Küstenwache einen Stützpunkt in Neustadt. Alles in allem bietet Neustadt eine wahrhaft filmreife Kulisse, weshalb wohl auch seit 1996 die beliebte ZDF-Fernsehserie „Küstenwache" hier gedreht wird. (Das ZDF-Küstenwache Studio 1 ist in der Saison Fr und Sa 14–18 Uhr zu besichtigen, ☎ 04561/1088).

Geschichte: Neustadt geht auf eine Gründung der schauenburgischen Grafen aus dem Jahre 1226 zurück. Weil Lübeck freie Reichsstadt wurde und damit für die Holsteiner Landesherren verloren war, suchten diese in ihrem Territorium einen günstig an der Küste gelegenen Hafenort, der Lübeck Konkurrenz machen sollte. Dafür empfahl sich das Gebiet um das Binnenwasser, an dessen Nordende gerade Altenkrempe als Mittelpunkt eines großen Kirchspiels entstand. Für die Handelsschifffahrt weitaus günstigere Bedingungen bot aber der am Ausfluss des Binnenwassers und dennoch geschützt an der Küste gelegene Landstrich, sodass man hier mit dem Bau einer neuen Siedlung begann, die zunächst *Nyghe Crempe* genannt wurde (erst ab 1600 ist der Name *Neustadt* belegt). Schon 1244 wurde dem um einen Marktplatz angelegten Ort das lübische Stadtrecht verliehen, sodass sich Handel, Schifffahrt und Wirtschaft gut entwickeln konnten. Vor allem der verheerende Brand von 1817, dem zwei Drittel der Stadt zum Opfer fielen, hat vom mittelalterlichen Ortsbild nur noch wenig übrig gelassen. Seit 1973 ist Neustadt mit seinen Küsten-Ortsteilen Pelzerhaken und Rettin staatlich anerkanntes Ostseebad.

• *Information/Zimmervermittlung* **Touristinformation**, Am Markt 1, ☎ 04561-619556, www. neustadt-holstein.de. **Tourismus-Service**

Neustadt-Pelzerhaken-Rettin Dünenweg 7, 23730 Neustadt-Pelzerhaken, ☎ 04561-7011. Ostseecard 2 € (Nebensaison 1 €).

Ausflugstipps

• *Parken* Ein Parkleitsystem führt zu zahlreichen Parkplätzen in der Oberstadt oder am Hafen.

• *Stadtführungen* In der Saison werden zahlreiche Stadtführungen, Themenführungen und Besichtigungen angeboten, meist vormittags. 1,50–5 €, je nach Thema. Info beim Tourismus-Service, ✆ 04561-7011.

• *Umwelthaus* Der **BUND** (Bund für Umwelt- und Naturschutz Deutschland) besitzt ein „Umwelthaus Neustädter Bucht", das in bester Lage direkt neben dem Strandbad zu finden ist. In der Saison ist es tagsüber geöffnet. Vor allem für Kinder werden viele umweltbezogene Veranstaltungen angeboten. Am Strande 9, ✆ 04561-50565.

• *Veranstaltungen* Höhepunkt im jährlichen Festtagskalender ist das **Europäische Folklore Festival**, Europas größte Veranstaltung dieser Art, die seit 60 Jahren hier stattfindet. Das alle drei Jahre (2013, 2016 usw.) Ende Juli veranstaltete farbenprächtige Spektakel bewahrt die Tradition und wird gleichzeitig immer mehr zum multikulturellen Fest. In jüngster Zeit haben sich die **Ostsee-Oldtimer-Tage** im August etabliert, welche die Herzen der Freunde chromglänzender Nostalgiekarossen höher schlagen lassen. Daneben gibt es natürlich jedes Jahr **Hafen- und Altstadtfeste** sowie zahlreiche **Konzerte** in der Stadtkirche.

• *Essen und Trinken* **Restaurant Marienhof (1)**, östlich der Altstadt (ein Stück hinter dem Kremper Tor) in historischem Ambiente. Im ehemaligen Stall des Hofes wurde ein Restaurant eingerichtet, in dem sehr schmackhaftes Essen serviert wird. Lecker ist die Enten-

brust sauer für 10 € bzw. die Scholle für 12 €. Tägl. 11.30–14.30 und 17.30–22 Uhr (im Winter Mo/Di erst ab 17.30 Uhr). ✆ 04561-16010.

Hof-Café (2), in einem anderen historischen Gebäude des denkmalgeschützten Marienhofes ist auf zwei Etagen ein Café untergebracht, in dem nach alten Rezepten gebackener Kuchen, Kaffee und erlesene Teesorten serviert werden. Auch im Garten finden sich Gästetische, darüber hinaus gibt es hier eine tolle Baumschaukel (geöffnet tägl. 13–18 Uhr). Die Hofanlage wird ergänzt durch eine Geschenkescheune („Bauernmarkt") und ein Antiquitätenladen. Marienhof, Rosengarten 50, ✆ 04561-71311.

La Piccola (3), empfehlenswerter Italiener, kleiner, gemütlicher Gastraum, wenige Tische vor dem Haus. Es gibt Pizza und Pasta, aber auch frische Fischspezialitäten (Dorade). Auch bei den Einheimischen sehr beliebt, daher immer gut besucht, besser reservieren, Di Ruhetag. Waschgrabenstr. 5 (an der Stadtkirche), ✆ 04561-17087.

Klüvers Brauhaus (4), die 1936 unterbrochene Brautradition Neustadts wurde 2004 direkt am Hafen wiedergeboren. Pils, Dunkles, Doppelbock und Weizen kommen frisch an die rustikalen Tische drinnen und draußen. Wunderschöner Blick auf den Hafen und das Binnenwasser, auch von dem Balkon im Obergeschoss aus. Heizstrahler sorgen auch an kühleren Tagen für Wärme. Serviert werden rustikale Gerichte, v. a. Back- und Pfannenfisch und natürlich frischer Matjes. Das Klüvers ist auch ein Eiscafé. Täglich ab 9 Uhr geöffnet, warme Küche 10–23 Uhr. Schiffbrücke 2–4, ✆ 04561-714811.

Sehenswertes

Stadtkirche: Die dreischiffige Basilika am Marktplatz ist ein besonderes Beispiel norddeutscher Backsteinarchitektur. Von außen wirkt sie durch das tief heruntergezogene Dach eher schlicht. Im Inneren erstaunt die gewaltige Höhe des Mittelschiffs. Große Fenster scheinen dem Langhaus Licht zu geben und unterstützen die Höhenwirkung des Raumes, sind aber nur in Blenden hineingemalt. Diese Besonderheit wurde erst in den 1950er-Jahren wiederentdeckt und restauriert. Der auffallend niedrige Chor, in dem sich romanische und gotische Formelemente mischen, wurde schon kurz nach der Stadtgründung errichtet (um 1244); vollendet wurde der Bau im 14. Jh. An den Wänden und Gewölben finden sich Reste von Bemalungen aus mehreren Jahrhunderten. Die Ausmalung des Chores – 1930 freigelegt – stammt vornehmlich aus dem Mittelalter. Das spätgotische Christophorus-Fresko an der nördlichen Seitenschiffwand wurde 1957 erneuert. Juwel der Kirche ist der barocke Schnitzaltar (1643), der ursprünglich für den Schleswiger Dom gefertigt wurde.

Öffnungszeiten Tagsüber geöffnet, Mo geschlossen.

Kremper Tor: Wer ab dem Jahr 1244 das frisch gegründete Neustadt besuchen wollte, musste hier hindurch. Neben der Stadtkirche ist dieses am Ende der Fußgängerzone gelegene Tor das einzige Gebäude, das noch aus der Stadtgründungszeit stammt, und sogar das einzige erhaltene mittelalterliche Tor in ganz Holstein. Der Treppengiebel wurde allerdings erst im Jahre 1907 hinzugefügt.

100 m nördlich des Kremper Tors hat noch das typisch norddeutsche Handwerk der Blaudruckerei überlebt (auf der westlichen Seite in einem etwas zurückgesetzten Firmengebäude. In der *Leinenweberei und Blaudruckerei J. H. Koch* (auch chemische Reinigung) werden nach alter Tradition Kleiderstoffe, Tischdecken, Tücher u. Ä. in Indigoblau bedruckt. Auf der gegenüberliegenden Straßenseite befindet sich eine kleine Töpferei.

Museum Zeittor: Schon seit 1908 werden das mittelalterliche Kremper Tor und seine Nachbargebäude als eine Art Heimatmuseum genutzt. Schwerpunkte des im Jahr 2010 grundlegend renovierten Museums sind Sammlungen zur Vor- und Frühgeschichte Ostholsteins. Angefangen bei Steingeräten der Rentierjäger vom Ende der letzten Eiszeit bis hin zu Fischerei- und Landwirtschaftsgeräten, vermitteln zahlreiche Exponate einen Einblick in die Tätigkeiten vergangener Zeiten. Die Mischung ist bunt: Man sieht hier beispielsweise ein Modell des 1850 gebauten Dampfkanonenschiffs „Von der Tann", eines der ersten Schiffe, das mit einer Schraube angetrieben wurde, fünf bedeutende Moritatenschilder des Neustädter Malers Adam Hölbing (1855–1929), die einst auf Jahrmärkten der Veranschaulichung schauriger Geschichten dienten, und vieles andere mehr.

Öffnungszeiten Ostern–Okt. Di–Sa 10.30–17 Uhr, So 14–17 Uhr. Nov.–März Fr 15–17 Uhr, Sa 10–12 Uhr und So 14–16 Uhr. Eintritt 3,50 €, Kinder frei. ☎ 04561-619307; www.zeittor-neustadt.de. Die Dokumentation zum Cap-Arcona-Unglück ist April–Okt. Di–Sa 15–17 Uhr und So 10–12 Uhr (Juni–Aug. zusätzlich auch Di–Sa 10–12 und So 15–17 Uhr) zu besichtigen; Eintritt frei, ☎ 04561-39770.

Pagodenspeicher: Mit seinem sechsfach gestuften Ziegelwalmdach erscheint das Wahrzeichen am Hafen wie ein Gebäude aus einer anderen Welt. Erst 1830 erbaut, war es nichts anderes als ein mit Trockenluken versehener Speicher für Getreide. Heute sind hier Geschäfte und ein Café untergebracht.

Ausflugstipps

Brückengeldeinnehmerhaus: Noch heute ist die Brücke am Hafen die einzige Verbindung zwischen Binnenwasser und Neustädter Bucht. Als das Brückentor abgerissen wurde, errichtete man 1846 dieses eher unscheinbare Gebäude jenseits der Speicher, um dort noch bis 1930 den Brückenzoll zu kassieren.

Hospital zum Heiligen Geist: An der Westseite des Hafens liegt das 1344 erbaute erste Krankenhaus der Stadt. Errichtet wurde es, um kranken Pilgern auf dem Weg zum Kloster Cismar Unterkunft zu gewähren oder sie zu pflegen. Viel ist von den ursprünglichen Gebäuden allerdings nicht mehr erhalten. Nur die Kapelle aus dem Jahr 1408 (1636 erneuert) steht noch, die Wohnungen hingegen stammen aus dem 19. Jh. Die hinterste Wohnung wurde als Hospitalmuseum hergerichtet. *Öffnungszeiten* Die Besichtigung des Museums (Einzelwohnung von 1853) und der Kapelle ist nur nach Anmeldung unter ☎ 04561-3248 möglich.

Lübeck   210.000 Einwohner, Entfernung von Fehmarn: 83 km

Lübeck ist Weltkulturerbe, und das zu Recht. Schon von Weitem grüßt die berühmte Silhouette mit den sieben Kirchtürmen und in der Altstadt der einstigen „Königin der Hanse" ist an jeder Ecke etwas vom Ruhm und Reichtum vergangener Zeiten zu spüren. Fast scheint es, als sei Lübeck mit seinen jahrhundertealten, aber voller Betriebsamkeit steckenden Straßenzügen und den vielen historischen Gebäuden so etwas wie ein lebendes Museum.

Die gesamte Altstadt befindet sich auf einem wasserumflossenen Oval. Hier verkehren stündlich Ausflugsschiffe, die Lübeck mit seinen alten Salzspeichern am Traveufer von seiner sehenswerten Wasserseite aus vorstellen.

Das nach wie vor schönste Entree in die Altstadt bildet das wuchtige, doppeltürmige Holstentor. Von hier ist es nur ein kurzes Stück hinauf zum weltberühmten Rathaus und der gewaltigen Marienkirche. Noch vor Beginn eines Stadtrundgangs kann man vom Turm der nur wenige Schritte entfernten Petri-Kirche einen herrlichen Rundblick über die Stadt genießen. Ein Aufzug führt hinauf zur 50 m hohen Aussichtsplattform. Oben angekommen, erkennt man, dass sich die Stadt auf einem Hügel befindet, von dessen Zentrum um die Marienkirche die Straßen fast schachbrettartig nach allen Seiten hinunter zum Wasser führen. Es wird auch deutlich, dass Lübecks historisches Zentrum nur knapp 1 km breit und knapp 2 km lang ist, alles ist also bequem zu Fuß erreichbar.

Noch ist die Altstadt nicht autofrei, aber verkehrsberuhigt. Vom Markt aus zieht sich die stets geschäftige Fußgängerzone, die Breite Straße, nach Norden. Auf ihr ist auch das berühmte Café Niederegger zu finden, das den Ruf Lübecks als Marzipanstadt mitbegründet hat (Marzipanmuseum im zweiten Stock; Eintritt frei). Aber v. a. das jenseits von Markt und Geschäftsmeile liegende Lübeck lohnt entdeckt und erlaufen zu werden. Dicht gedrängte Häuserzeilen mit über 3000 prächtigen Patrizierhäusern, die stolz ihre typischen Stufengiebel zeigen, schmücken viele Straßen und Plätze. Prunkvolle Exemplare finden sich beispielsweise im Osteil der Altstadt, so in der Fleischhauerstraße und in der Wahmstraße. Ebenfalls sehenswert sind die Gruben (so heißen die zur Trave führenden Straßen) im Südwesten, insbesondere die im Schatten von St. Petri beginnende Große Petersgrube. Sie ist die einzige Altstadtstraße, in der die ursprünglichen Fassaden der Gebäude vollständig erhalten geblieben und darüber hinaus auch noch Bürgerhäuser aller Baustile zu finden sind. Die Petersgrube mündet in die Straße An der Obertrave, wo

Hanseatisch: Marienkirche und Marktplatz

einige Restaurants zur Einkehr einladen und auch Traverundfahrten starten. Eine wenig bekannte Besonderheit ist der Bau an der Obertrave 19–20, der von außen wie ein uralter, schöner Speicher aussieht. Das aber ist nur Tarnung, denn es handelt sich schlicht um einen Bunker.

Obwohl Lübeck einst eine überaus reiche Stadt war, lebten in der Hansestadt natürlich nicht nur wohlhabende Kaufleute. Im Norden der Altstadt liegt beispielsweise das Gängeviertel (am Engelswisch), wo auf engstem Raum die spätmittelalterlichen Handwerker und Tagelöhner wohnten. Deren ehemalige Behausungen sind durch Gänge verbunden, die teilweise so niedrig sind, dass man sich tief bücken muss, um hindurchzugelangen. Heute ist die Hinterhofidylle der winzigen, blumenberankten Häuschen liebevoll restauriert und es lohnt sich unbedingt, bei einem Stadtspaziergang in diese andere Welt mit ihren „Scheinsackgassen" und versteckten Ausgängen einzutauchen. In der gesamten Altstadt sind heute noch etwa 90 dieser typischen Lübecker Gänge erhalten geblieben.

• *Information/Zimmervermittlung* **Lübecker Verkehrsverein**, Holstenstraße 20 sowie Hauptbahnhof, ✆ 0451-72300 und 72339; **Lübeck und Travemünde Tourismus-Zentrale (LTZ)**, Beckergrube 95 und Breite Straße 62, 23552 Lübeck, ✆ 0451-1228109 und 1228106, www.luebeck.de.

• *Schiffsrundfahrten* **Stadt-, Kanal- und Hafenrundfahrten** mit einer Barkasse, Fahrtzeit 1 Std., *Cityschifffahrt*, An der Untertrave 114, ✆ 0451-7063859; *Quandt-Linie*, Holstentorterrassen, ✆ 0451-7799; *Stühff*, An der Obertrave 15a, ✆ 0451-7078222. Erwachsene

8–9 €, Kinder 4–5 €, tägl. 10–18 Uhr (Nebensaison 11–16 Uhr).

Wakenitzfahrten zum Ratzeburger See und zurück (9.30, 11.30, 13.30 und 15.30 Uhr ab Lübeck-Moltkebrücke), Schifffahrt Quandt, ✆ 0451-793885. Erwachsene 15 €, Kinder 10 €.

• *Stadtführungen* Informative und kurzweilige Führungen des Lübecker Stadtführer e.V. werktags 11 und 14 Uhr, Do–Sa auch 17 Uhr, So 11 Uhr (Dauer 2 Std. inklusive Rathausführung). 7 €, Treffpunkt ohne Voranmeldung Touristeninfo (Welcome Center), Holstentorplatz 1.

Ausflugstipps

• *Theater* Musiktheater, Schauspiel, Konzert im wunderschönen, hundert Jahre alten Jugendstiltheater in der Beckergrube 16. In der Spielzeit fast täglich Aufführungen. Theaterkasse ☎ 0451-399600; www.theater luebeck.de. Im Theater hat auch die 1919 gegründete Niederdeutsche Bühne Lübeck ihren Spielort. Hier werden die Stücke ausschließlich in plattdeutscher Sprache gespielt. Der Spielplan umfasst jährlich vier Inszenierungen mit 24 Aufführungen im Theater sowie weitere 36 in der Umgebung Lübecks. Vorverkauf ☎ 0451-74552 oder -76772; www.niederdeutsche-buehne-luebeck.de.

• *Essen und Trinken* **Schabbelhaus (4)**, traditionelles, nobles und stilvolles Restaurant, ausgestattet mit Einrichtungsgegenständen aus alten lübischen Kaufmannshäusern. Bei Roberto Rossi gibt es seit einigen Jahren feine italienische Küche (z. B. Saiblingsfilet). Tägl. 12–14 u. 18–23 Uhr, So Ruhetag. Mengstraße 48, ☎ 0451-72011.

Markgraf (3), gediegene Kaufmannshausatmosphäre in der Diele eines spätgotischen Patrizierhauses von 1330. Hoher Gastraum mit Empore und ockerfarbenen Wänden, getafelt wird bei Kerzenschein, anspruchsvolle Küche (z. B. Lammfilet). Di–Sa ab 18 Uhr. Fischergrube 18, ☎ 0451-7060343.

Schiffergesellschaft (2), in dem zweifellos sehenswerten historischen Treffpunkt lübischer Seeleute (siehe S. 177) herrscht so etwas wie Reisegruppen-Pflichtprogramm-Atmosphäre, dennoch ist das Essen schmackhaft (z. B. Kapitänsschüssel). Spezialität ist natürlich die (nicht unbedingt preiswerte) Holsteiner Küche, abends besser Tische vorbestellen. Breite Straße 2, ☎ 0451-76776.

Ratskeller (5), so wie man sich ein Ratskellergewölbe vorstellt. Als Besonderheit steht hier heute noch ein reich beschnitztes Weinfass von ca. 1800, das mit zwölf verschiedenen Weinsorten gleichzeitig gefüllt werden kann. Wer mag, setzt sich in eins der kleinen, nach einheimischen Schriftstellern benannten Kabäuschen und genießt die kräftige deutsche Küche, z. B. Ratskellermeisters Topf (auch Mittagsmenü). Markt 13, ☎ 0451-72044.

Alte Mühle (11), im Keller der alten Roggenmühle in Domnähe hat sich ein urig-gemütliches Lokal etabliert. Spezialität sind Flammkuchen. Stolz ist man auf die Auswahl an guten Weinen, die man auch auf der gekiesten Terrasse hinter der Mühle genießen kann. Mo–Sa ab 15 Uhr, So ab 12 Uhr. Mühlendamm 24 (am Parkplatz), ☎ 0451-7072592.

Kartoffelkeller (1), in den großen historischen Gewölben unterm Heilig-Geist-Hospital gelegenes, urig-gemütliches und gut besuchtes Restaurant (und Weinkeller), in dem es viel mehr als nur Kartoffelgerichte gibt. Spezialität ist *Lübecker Pannfisch*, das sind deftig gebratene Lachs- und Seelachsfilets mit Bratkartoffeln, die nur hier in einer speziellen Senfsoße zubereitet werden. Gartenterrasse am Eingang. Tägl. ab 12 Uhr. Koberg 8, ☎ 0451-76234.

Tipasa (7), in der Altstadt etwas abseits vom Trubel gelegenes Kneipenrestaurant mit Pizza und Pasta oder vegetarischen Gerichten zu akzeptablen Preisen. Die Wände sind bemalt mit künstlerischen Darstellungen aus allen Kontinenten, alles in warmen Gelbtönen gehalten, für Kinder gibt es ein extra Spielzimmer. Täglich 12–1 Uhr. Schlumacherstr. 12 (zwischen Hüx- und Fleischhauerstr.), ☎ 0451-7060651.

Marli-Café/Restaurant (10), gegenüber der Aegidien-Kirche gelegen; in warmen Gelbtönen gemütlich und großzügig eingerichtet. Täglich Frühstück und preiswerter Mittagstisch, Zutaten teilweise aus ökologischem Anbau. Das Café-Restaurant ist eine gemeinnützige Einrichtung, in der auch Menschen mit Behinderung beschäftigt werden. Die in das Interieur eingebundenen Kunstgewerbeprodukte (Kerzen, Keramik usw.) stammen aus eigener Fertigung und sind auch käuflich zu erwerben. So–Mi 8–18 Uhr, Do–Sa bis 23 Uhr. St.-Annen-Str. 1, ☎ 0451-8899744.

Café Remise (8), im alten Wagenschuppen (Remise) im Hinterhof einer ehemaligen Rösterei gelegen. Auch im Innenhof kann man sitzen und z. B. Blaubeerkuchen genießen. Es gibt aber auch Frühstück, Tagesgerichte, Salat, Pizza und Pasta. Daher eher Kneipenrestaurant als Café. Die „Neue Rösterei" selbst ist heute ein Kultur- und Sozialzentrum, in dem z. B. Greenpeace, Amnesty International, eine Musik- und Rhythmusschule sowie das Buddhistische Zentrum residieren. Wahmstr. 43, ☎ 0451-77773.

Café-Konditorei Niederegger (6), gegenüber der Rathaustreppe gelegenes, fast immer volles Haus, das eine Institution in Lübeck ist. Man sitzt am besten in der ersten Etage, alles ist groß und prächtig in vornehmem Dunkelrot gehalten, dazu eine Spiegeleinrichtung und goldene Leuchter. Im Erdgeschoss befindet sich ein Marzipangeschäft, im Obergeschoss ein Marzipanmuseum, das sich mit der Geschichte der Marzipanherstellung beschäftigt. Fast

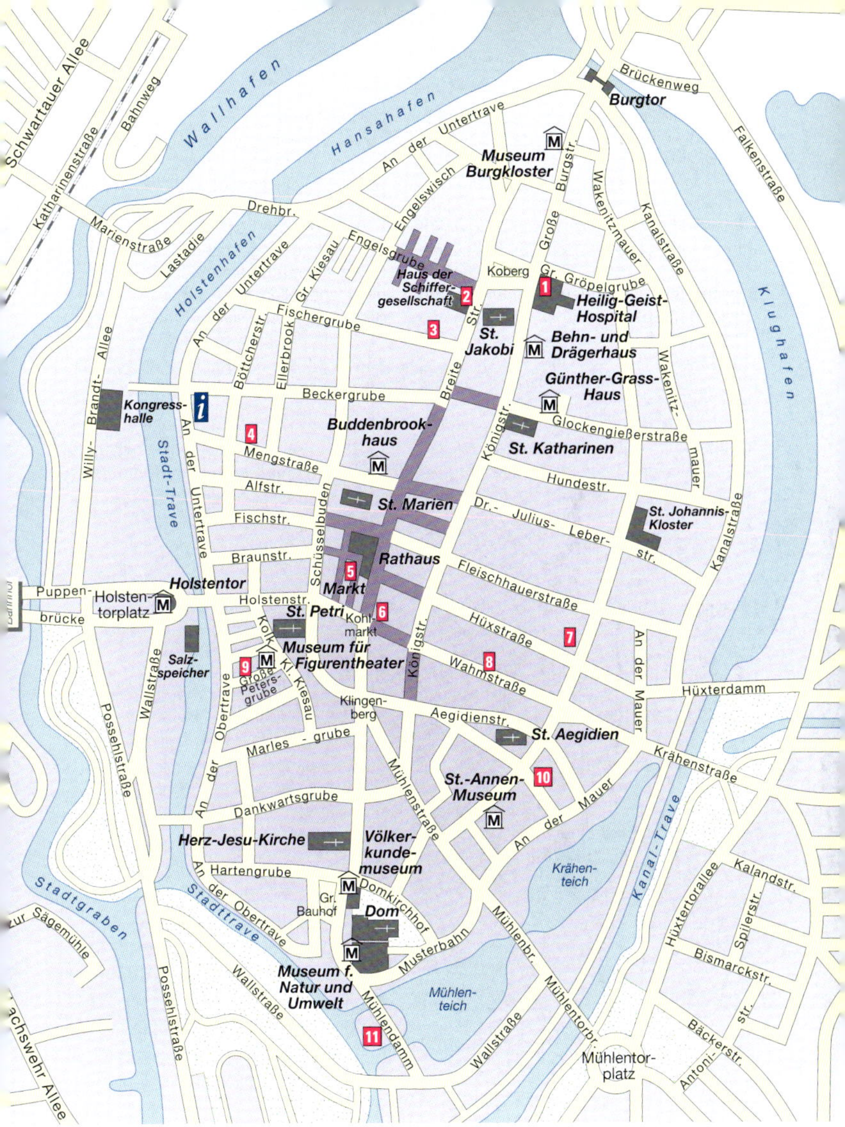

Essen & Trinken

1 Kartoffelkeller
2 Schiffergesellschaft
3 Markgraf
4 Schabbelhaus
5 Ratskeller
6 Café-Konditorei Niedcregger
7 Tipasa
8 Café Remise
9 Döring Schokoladen
10 Marli-Café/Restaurant
11 Alte Mühle

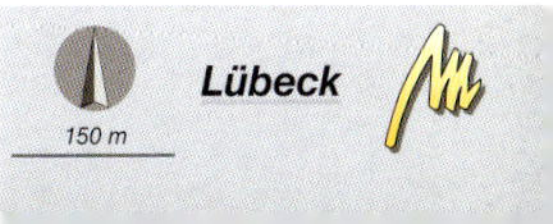

schon obligatorisch ist die Marzipan-Nuss-torte, daneben gibt es aber noch eine Fülle weiterer frisch gebackener Torten. Tägl. 9–18 Uhr. Breite Str. 89, ☎ 0451-5301126.

Döring Schokoladen (9), gleich neben dem Figurentheater im Schatten der Petri-Kirche befindet sich dieses winzige, gemütliche Stehcafé, das als Geheimtipp gelten kann (von außen nur an der Fahne mit dem Café-Logo zu erkennen). 2001 hat die Inhaberin einfach die Küche im historischen Haus zum Café umfunktioniert. Es gibt tollen, nach alten Rezepten selbst gebackenen Kuchen, einen Spitzenkaffee, und hinter dem Haus findet sich auch noch ein wunderschönes Hinterhofplätzchen mit zwei Ti-schen. Leider nur Do–Sa 14–18 Uhr geöff-net. Kleine Petersgrube 10, ☎ 0451-74953.

Sehenswertes

Holstentor: Der mächtige Verteidigungsbau mit seinen beiden charakteristischen Türmen wurde 1464–1478 unter der Leitung des Lübecker Ratsbaumeisters Hin-rich Helmstede erbaut. Das Tor lag wie eine Art Brückenkopf vor der Stadt in Rich-tung Holstein (daher der Name). Es war mit 30 Geschützen ausgestattet, die jedoch nie zum Einsatz kamen. Schon während der Bauzeit hielt der weiche Boden der ge-waltigen Last der bis zu 3,50 m dicken Mauern nicht stand, woraufhin der Süd-turm in Schieflage kam. Diese Neigung versuchte man bei der Errichtung der oberen Geschosse auszugleichen. Im Laufe der Jahrhunderte ist jedoch das gesamte Bauwerk abgesackt.

Lübecks Visitenkarte: Das Holstentor

Durch die Entwicklung der Kriegstech-nik war das Holstentor schon relativ schnell veraltet, sodass bereits im 16. Jh. eine dem Tor vorgelagerte Bastion er-richtet wurde, um die Verteidigungsan-lage zu verstärken. Deren prächtiges Tor wurde Mitte des 19. Jh. abgerissen, und fast wäre dem Holstentor das gleiche Schicksal widerfahren. Zu dieser Zeit war es nämlich zur Ruine verfallen und wurde von vielen als „steinernes Gerüm-pel" verunglimpft; folgerichtig drohte der Abriss. Nach kontroversen Diskus-sionen im Rat entschied man sich aber schließlich doch mit einer Stimme Mehr-heit für den Erhalt und die Renovierung des historischen Bauwerks, das zuletzt 2005/06 aufwändig restauriert wurde. Heute ist das Holstentor in aller Welt bekannt. Dazu beigetragen hat sicher auch der Umstand, dass es von 1958 bis 1991 auf den 50-Mark-Scheinen der Deutschen Bundesbank verewigt war. 2006 wurde diese Tradition wieder aufgegriffen, damals erschien das Holstentor auf der Rück-seite der ersten deutschen 2-Euro-Gedenkmünze.

Begrüßt wird der Besucher mit einer über dem Falltor angebrachten Inschrift in goldenen Lettern: *Concordia Domi Foris Pax* („Eintracht drinnen, außen Frieden").

Auf der Stadtseite des Tors, dessen Mauern teilweise 3 m dick sind, sieht man die großen Buchstaben S. P. Q. L. als Abkürzung für *Senatus Populusque Lubecensis*

Die Hanse

Die Geschichte der Hanse begann mit einer Fahrgemeinschaft: Fernhandel treibende deutsche Kaufleute taten sich seit dem 12. Jh. (beispielsweise in Gotland oder London) zusammen, um ihre ebenso einträglichen wie gefährlichen Reisen kostengünstig zu organisieren. Aus den losen Interessengemeinschaften entwickelten sich dauerhafte Kooperationen, von Außenstehenden *Hansen* (= „Schar" oder „Bund") genannt. Diese Hansen waren die Keimzellen, aus denen im 13. Jh. unter der Führung Lübecks ein Bund niederdeutscher Städte entstand.

Vornehmliches Ziel der Hanse war (neben der Sicherung der städtischen Freiheiten) die Sicherung des Handels. Sie bot ihren Mitgliedern im Ausland Rechtssicherheit, verwaltete die ausländischen Handelsprivilegien und organisierte den Fernhandel. Über die Richtlinienkompetenz des Städtebundes entschieden unregelmäßig stattfindende Hansetage, die seit 1356 im Lübecker Rathaus abgehalten wurden. Dabei erörterten die Hansedelegierten nicht nur kaufmännische Fragen, sondern entschieden auch darüber, ob Krieg oder Frieden ihren wirtschaftlichen Interessen zuträglicher war. Spätestens mit dem Frieden von Stralsund 1370, der den zehn Jahre dauernden Krieg gegen Dänemark beendete und die Vorherrschaft der Hanse im Ostseeraum festigte, war der Städtebund auf dem Höhepunkt seiner Macht angelangt. Der Hanse gehörten 200 Binnen- und Hafenstädte an, auch Burg und für kurze Zeit Lemkenhafen. Ihre Einflusssphäre reichte vom Finnischen Meeresbusen bis zur Zuidersee im Westen und Thüringen im Süden.

„Königin der Hanse" war wegen ihrer strategisch günstigen Lage die Stadt Lübeck. Was Venedig für den Mittelmeerraum war, das war als Knotenpunkt der bedeutendsten hanseatischen Handelsrouten zwischen Ostseeraum und Westeuropa Lübeck für den Norden. Die Lübecker Lagerhallen wurden von den Kompanien, die für den Handel mit dem Osten und dem Norden zuständig waren, mit Rohstoffen beliefert. Die Nowgorod-Fahrer brachten Holz, Pelze, Teer, Wachs und Hanf aus Russland, Erz und Hering kamen aus Schweden, Stockfisch aus Norwegen. Von Lübeck aus wurden die Rohstoffe weiterversandt, während aus dem Süden und Westen Europas gelieferte Fertigwaren (Tuche, Werkzeuge, Wein etc.) für den Markt im Norden und Osten des Kontinents umgeschlagen wurden.

Grundlage für die logistischen Anforderungen war das richtige Transportmittel. Die Schiffe der Hanse, die Koggen, waren billig zu produzieren und verfügten dank ihres bauchigen Rumpfs vielleicht nicht über die Eleganz venezianischer Galeeren, dafür aber über die immense Ladungskapazität von bis zu 100 Tonnen. Die Lübecker Flotte war noch bis zum Dreißigjährigen Krieg größer als die Englands, lediglich die Niederländer besaßen mehr Schiffe.

Mit dem Verlust des hanseatischen Kontors in Nowgorod 1478 begann der Niedergang der Hanse. Der alte Städtebund erwies sich auf Dauer gegenüber sich verändernden Marktbedingungen (der wirtschaftspolitischen Entwicklungen der frühneuzeitlichen Staaten, die wachsende Bedeutung der großen Bankhäuser) als nicht konkurrenzfähig. Mit der zunehmenden Bedeutung des transatlantischen Handels verschoben sich zudem die europäischen Marktzentren nach Westen und marginalisierten den Ostseehandel. Der letzte Hansetag wurde 1630 abgehalten, neben Lübeck nahmen nur Hamburg und Bremen daran teil.

Der Marktplatz mit einem der schönsten Rathäuser Deutschlands

(„Senat und Volk von Lübeck"). Heute beherbergt das Holstentor ein Museum, das sich in erster Linie mit Lübeck als einstiger Handelsmacht befasst (siehe S. 179).

Petri-Kirche: Ein Fahrstuhl führt zur 50 m hohen Aussichtsplattform hinauf und ermöglicht einen tollen Rundblick über die Dächer der Stadt. Die im 13. Jh. erbaute ehemalige Kirche der Fischer wurde im Zweiten Weltkrieg fast völlig zerstört und über viele Jahrzehnte (bis 1987) wiederaufgebaut. Seitdem dient die weitgehend kahle, weiß getünchte Kirchenhalle als Ausstellungsraum kulturellen Zwecken. Die Kirche finanziert sich ausschließlich aus den Eintrittgeldern.

Öffnungszeiten Aussichtsplattform: April–Sept. tägl. 9–21 Uhr, Okt.–März tägl. 10–19 Uhr; letzte Auffahrt um 20.45 Uhr. Erwachsene 3 €, Schüler 2 €, Familienkarte 6 €.. Kirche: März– Dez. 10–17 Uhr (Mo Ruhetag), Eintritt frei. In der Kirche gibt es auch ein kleines Café.

Rathaus: Es wurde zwischen dem 13. und 15. Jh. errichtet und gilt als eines der schönsten Rathäuser in Deutschland, obwohl es keinen einheitlichen Baustil aufweist. Vom Markt aus fällt der Blick auf die um 1350 fertiggestellte Fassade mit den lasierten Steinen, deren Pracht die Bedeutung der Stadt als „Haupt der Hanse" dokumentieren sollte. Drei Türme und zwei riesige Windlöcher zieren die Hauptfront, darunter befindet sich ein in der Renaissance erbauter Laubengang. Besonders eindrucksvoll sind die sich nach Süden hin zwischen Markt und Fußgängerzone erstreckenden Vorbauten: Zunächst das um 1300 entstandene *Lange Haus* mit seiner Wappenschildfolge unter dem Hauptgesims und daran anschließend das vielleicht auffälligste Gebäude der Stadt, der *Kriegsstubenbau* (um 1440) mit seiner Glasursteinfassung und den schmalen, spitzbehelmten Rundtürmen zwischen hohen, mit Stadtwappen geschmückten Schildwänden. Zur Marktseite zieht sich ein Arkadengang durch beide Gebäude. Von der Fußgängerzone (Breite Straße) aus führt eine große Freitreppe hinauf in die im Stil der Neugotik gestaltete Eingangshalle des Rathauses.

Im Erdgeschoss des alten Rathaustraktes befindet sich der *Audienzsaal* mit seiner aus dem Rokoko stammenden Ausstattung. Er war früher Tagungsort des hansischen Obergerichts. Ein hölzernes Portal mit zwei unterschiedlich hohen Türen führt in den Saal. Die höhere Tür war den Ratsherren vorbehalten, die mit ihren großen Hüten erhobenen Hauptes eintreten konnten, während die Angeklagten die niedrige Tür benutzen mussten. Noch bis 1963 war der hohe eiserne Ofen die einzige Möglichkeit, den Saal zu heizen.

Besichtigung Nur im Rahmen von 45-minütigen Führungen, die Mo–Fr um 11, 12 und 15 Uhr sowie Sa, So 13.30 Uhr stattfinden. Man sieht dann das ganze Rathaus mit historischem Bürgerschaftssaal. Erwachsene 3 €. ✆ 0451-1221005.

Marienkirche: St. Marien ist die Kirche des einst mächtigen Rates der Stadt Lübeck. Mit ihrem Bau wollten die Ratsherren die immense Bedeutung der Stadt unterstreichen und sicher auch ihre eigene Macht demonstrieren. Die Arbeiten begannen im Jahr 1250 und waren erst hundert Jahre später abgeschlossen; seither bildet die Marienkirche den Mittelpunkt der Stadt. Architektonische Vorbilder waren die gotischen Kathedralen Frankreichs, welche die Kaufleute auf ihren Reisen kennen gelernt hatten. Allerdings waren die aus Naturstein gebaut, während das heimische Baumaterial der Backstein war – man musste also gewissermaßen „baustofftechnische Übersetzungsarbeit" leisten. Dies gelang so meisterhaft, dass die dreischiffige Kirche – damals die größte der Christenheit und noch heute immerhin die drittgrößte Deutschlands – zum Prototypen der nordeuropäischen Backsteingotik wurde.

Beim Betreten der Kirche richtet sich der Blick unweigerlich hinauf zum mit zartem Blätter- und Rankenwerk bemalten Mittelschiff, mit fast 40 m immer noch das höchste Backsteingewölbe der Welt.

Im Zweiten Weltkrieg musste St. Marien schwerste Zerstörungen hinnehmen. In der Bombennacht am Palmsonntag 1942 fielen auch die Glocken des Südturms hinab und krachten durch das Gewölbe auf den Boden der südlichen Turmkapelle, wo sie noch heute liegen. Einige Kunstschätze konnten allerdings vor der Zerstörung gerettet werden, so der Antwerpener Marienaltar (1518) mit seinen vergolde-

Die steinerne Maus

Eine der bekanntesten Stadtlegenden Lübecks ist die von der gefräßigen Maus, an die heute ein abgegriffenes Sandsteinrelief mit Rosenstock an einer Säule hinter dem Chor erinnert (Abendmahltisch):

An der Außenwand des Vorgängerbaus der heutigen Marienkirche wuchs einst ein mächtiger Rosenstock, der nach damaliger Überlieferung die Stadt vor allen Angreifern schützte. Dementsprechend wähnten sich die Bürger zunächst auch im Jahr 1201 in Sicherheit, als die Dänen vor den Toren der Stadt standen. Leider mussten sie aber bald feststellen, dass eine Maus im Rosenstock ihr Nest gebaut, die Wurzeln angefressen und die Pflanze zum Absterben gebracht hatte. Der Zauber des Rosenstocks war damit ein für alle Male verflogen und die Ratsherren der Stadt ergaben sich mutlos den Dänen. Zur Erinnerung an die Geschehnisse ließen sie später in ihrer neuen Kirche Maus und Rosenstock in Stein meißeln. Und obwohl das Mäuschen seinerzeit so viel Schaden angerichtet hat, soll es heute Glück bringen – zumindest dann, wenn man es streichelt.

Ausflugstipps

ten Holzschnitzereien, das in Bronze gegossene Sakramentshaus (1479) und die Bronzetaufe von Hans Apengeter aus dem 14. Jh.

In der nördlichen Totentanzkapelle befindet sich eine riesige astronomische Uhr. Es handelt sich um eine Rekonstruktion, denn das Original von 1566 fiel den Kriegsbomben zum Opfer, hatte bis dahin aber jahrhundertelang einwandfrei funktioniert. Die Uhr war und ist ein wahres Meisterwerk an Präzision und Technik. Auf ihrer Kalenderscheibe ist genau abzulesen, auf welchen Wochentag ein beliebiges Datum aus der Zeitspanne zwischen 1911 und 2080 fiel bzw. fällt. Täglich um 12 Uhr mittags setzen sich die Figuren der Uhr in Gang.

Teufelsfigur von St. Marien

Anstelle der ebenfalls verbrannten Originalorgel wurde 1968 ein neues Meisterwerk geschaffen, damals die größte mechanische Orgel der Welt. Sie besitzt auf fünf Manualen und Pedalen 101 Register mit je etwa 100 Pfeifen und ist ein wahres Meisterwerk an Präzision und Technik. Um auf ihr spielen zu können, muss der Organist etwa 15 Minuten Fußweg quer durch die Kirche und das Kirchendach zurücklegen und dabei 110 Stufen erklimmen.

Öffnungszeiten 10–18 Uhr, im Winter 10–16 Uhr. Zur Gebäudeerhaltung wird für Erwachsene ein Eintritt von 2 € verlangt.

Jakobi-Kirche: Die Kirche, die den Zweiten Weltkrieg völlig unversehrt überstanden hat, wurde 1334 als Kirche der Schiffer und Seefahrer fertiggestellt. In ihrem Inneren beeindrucken v. a. der Altar (um 1500) und das reich beschnitzte Gebetsgestühl. In St. Jakobi befinden sich auch die letzten historischen Orgeln Lübecks mit originalem Pfeifenbestand. Ihre jeweils ältesten Teile sind gotische Werke (die heutigen Hauptwerke), von denen es weltweit nur noch sehr wenige gibt (um 1466 entstanden und damit aus hochprozentigem Blei). Die kleine Orgel wurde 1637 von *Friedrich Stellwagen* meisterhaft umgebaut (sie heißt auch Stellwagen-Orgel). Die größere Orgel über der Westempore ist mehrfach umgestaltet worden (hauptsächlich im 16. und 17. Jh.) und füllt die ganze Turmwand. Die Orgeln bestechen noch heute durch ihren außergewöhnlichen Klang; wer sich davon überzeugen will, kann an einer Orgelvesper teilnehmen (jeden Samstag um 17 Uhr). Die nördliche Turmkapelle beherbergt ein zerborstenes Rettungsboot der 1957 im Atlantik untergegangenen „Pamir" und erinnert auch mit den am Boden eingemeißelten Namen an die 80 Toten dieses Unglücks. Das Schwesterschiff der „Pamir", die „Passat", liegt heute als Museumsschiff in Travemünde.

Die Backsteintraufenhäuser vor der Kirche stammen aus dem Jahr 1601 und dienen seit dieser Zeit als Pastorat.

Adresse/Öffnungszeiten Breite Straße/Jakobikirchhof; tägl. 10–18 Uhr (im Winter Di–So 10–16 Uhr).

Heilig-Geist-Hospital: Das gegenüber der Jakobi-Kirche gelegene Hospital wurde schon 1286 eingeweiht und war für mittelalterliche Verhältnisse ein wahrer Monumentalbau. Stifter dieser Sozialeinrichtung waren fromme Lübecker Kaufleute, aufgenommen wurden kranke und alte Bewohner der Stadt. Im Kernbau der Anlage, dem *Langen Haus* mit seiner sich über fast 90 m erstreckenden Halle, standen bis 1820 die Betten der Heimbewohner nebeneinander in Reih und Glied. Dann wurden winzige hölzerne Kabäuschen eingebaut, die sehr spärlich eingerichtet waren und lediglich der Nachtruhe dienten. Die Halle war und ist nur über die Hospitalskirche zu betreten, deren sehenswerte Altarraumabtrennung (Lettner von 1300) die Legende der heiligen Elisabeth, Schutzpatronin der Armen, Alten und Kranken, erzählt. Erst 1970 zogen die letzten Bewohner hier (widerstrebend) aus. Heute werden Halle und Kammern in der Adventszeit für einen sehr stimmungsvollen Weihnachtsmarkt genutzt. In den 1970er-Jahren wurden die übrigen Gebäude zum modernen Seniorenheim und zur Altentagesstätte umgebaut.

Adresse/Öffnungszeiten Am Koberg, 10–17 Uhr (Winter), 10–16 Uhr (Sommer), Mo geschlossen. Eintritt frei. ☎ 0451-1222040.

Schiffergesellschaft: Das ebenfalls an der Jakobi-Kirche gelegene und von einem Dreimaster als Wetterfahne gekrönte Haus der Schiffergesellschaft (Breite Straße 2) ist die älteste erhaltene Seemannskneipe der Welt. 1535 als Gildehaus der Schiffer und Kaufleute Lübecks erbaut, zieht sie noch heute Touristen magisch an. Nach wie vor sitzt man in der seit Langem als Restaurant genutzten ehemaligen Versammlungshalle an langen Tischen und Bänken aus dunklem Eichenholz, an deren Enden die Wappen der Seefahrer angebracht sind. Die vor etwa 600 Jahren gegründete Schiffergesellschaft besteht übrigens noch immer und nimmt nur Lübecker Kapitäne auf. Sie verwendet die Pachteinkünfte nach wie vor satzungsgemäß für die Unterstützung bedürftiger Seeleute und deren Witwen. Für diesen Zweck sammelt auch die lebensgroße Figur eines Schiffsjungen, die schon seit 150 Jahren im Eingangsbereich steht.

Stiftshöfe: In Lübeck gab und gibt es noch andere Wohnstifte als nur das Heilig-Geist-Hospital. Meist sind dies gepflegte Stiftshöfe mit langer Tradition, die nach ihrem Gründer, in der Regel einem wohlhabenden Lübecker Kaufmann, benannt sind. Zu ihnen zählt der *Von-Dornes-Hof* in der Schlumacherstraße 15 (Nähe Hüxstr.), der vor etwa 550 Jahren gegründet wurde und in dem noch heute Altenwohnungen untergebracht sind.

Stiftshof in der Glockengießerstraße

Der jüngste Stiftshof ist der 1725 erbaute *Haasenhof* (Dr.-Julius-Leber-Str. 37–39), in dem ursprünglich Wohnungen für Witwen und ledige Frauen zur Verfügung standen. Aus dem Jahr 1612 stammt die im Renaissancestil gebaute Wohnanlage *Glandorps Hof*, die aus einem dreigeschossigen Backsteintraufenhaus mit zwei Flügelbauten besteht (Glocken-

Ausflugstipps

Stadtidylle: an der Untertrave

gießerstr. 45–51). Auch diese Anlage wird heute noch genutzt. Der vielleicht eindrucksvollste aller Stiftshöfe befindet sich ebenfalls in der Glockengießerstraße (Nr. 23–27, neben dem Grass-Haus); es ist der 1639 erbaute *Füchtingshof.* Durch ein prächtiges Sandsteinportal gelangt man in den Hof und sieht die jeweils paarweise angeordneten Eingangstüren der Wohnungen, die einst Kaufmanns- und Schifferwitwen vorbehalten waren (freie Unterkunft auf Lebenszeit). Die Stiftung *Johann Füchting Testament* betreibt das Wohnstift noch heute.

Öffnungszeiten Besucher sind von 9 bis 12 Uhr und von 15 bis 18 Uhr gerne gesehen.

Burgtor: Baulicher Höhepunkt des Burgtorviertels im Norden der Altstadt ist das imposante Burgtor selbst. Es sicherte einst den einzigen natürlichen Zugang zur Stadt (noch heute fließt der Verkehr mitten hindurch). Das Tor mit seinen vier Öffnungen geht im Kern schon auf das 13. Jh. zurück und erhielt seine heutige Form bereits im Jahr 1444, als es mit schwarzen und roten Ziegeln neu verblendet wurde. Nach einem Brand im Jahre 1685 bekam es seine barocke Turmhaube. Zu beiden Seiten des Tores ist noch etwas von der alten, gewaltigen Stadtmauer von 1320 erhalten.

Aegidien-Kirche: Die im Zweiten Weltkrieg unzerstört gebliebene Kirche mit ihrem 86 m hohen quadratischen Turm war als Kirche der Handwerker und Bauern das kleinste und bescheidenste Gotteshaus der Stadt. Im Inneren der im 13. Jh. erbauten und im 15. Jh. erweiterten Kirche ist v. a. der von einem Lübecker Meister 1587 reich beschnitzte „Singechor" bemerkenswert (so wird die Lettnerbühne hier genannt). Sehenswert sind auch die gotischen Wandmalereien im Chor und in der Turmhalle, die nahezu vollständig erhalten sind.

Adresse/Öffnungszeiten Aegidienstraße 75, Di–Sa 10–16 Uhr.

Dom: Ohne das älteste Baudenkmal der Stadt mit seinen beiden 115 m hohen Türmen wäre die Silhouette Lübecks nur unvollständig. Am gewaltigen Dom wurde schon im 12. Jh. fleißig gebaut. Fertiggestellt war er im Jahr 1230, doch bald darauf baute man ihn – dem Zeitgeschmack entsprechend – zur gotischen Hallenkirche um. 800 Jahre lang hielt er allen äußeren Einflüssen stand, dann brannte er im Zweiten

Weltkrieg vollständig aus. Die Kriegszerstörungen am Dom waren so gewaltig, dass der Wiederaufbau Jahrzehnte brauchte; das *Paradies,* eine besonders kunstvolle, ursprünglich spätromanische Vorhalle, konnte erst 1982 wiederhergestellt werden.

Die Mitte des Doms beherrscht ein tatsächlich 17 m hohes Triumphkreuz mit dem von Figuren der Heilsgeschichte umgebenen Gekreuzigten. Geschaffen wurde es 1477 vom einheimischen Bildhauer Bernd Notke, von dem auch der holzgeschnitzte Lettner stammt. Die Renaissancekanzel, an der 1625 eine Kirchenuhr angebracht wurde, datiert aus dem Jahr 1568. In der Kirche befinden sich zahlreiche weitere Kunstschätze, v. a. Bischofsgrabplatten sowie Steinsärge der Fürstbischöfe von Lübeck und späteren Großherzöge von Oldenburg.

Die zum Dom hinführende kleine Straße heißt Fegefeuer und galt im Mittelalter als Fluchtweg für diejenigen, die Unterschlupf im Machtbereich des Bischofs suchten und sich auf diese Weise der städtischen Gerichtsbarkeit entziehen wollten.

Adresse/Öffnungszeiten Mühlendamm 2, tägl. 10–18 Uhr (im Winter 10–16 Uhr) .

Museen und Ausstellungen

Museum Holstentor: Das Kernstück der Ausstellung über die „Macht des Handels" bildet ein Stadtmodell, das Lübeck um 1650 zeigt. Auch historische Schiffsmodelle der berühmten Hansekoggen erinnern an die große Vergangenheit der Stadt. Der eher unrühmliche Teil der Stadtgeschichte, nämlich der äußerst grausame Umgang mit Gefangenen, wird in der Folterkammer dokumentiert. Die befindet sich im dritten Stock und ist ein reines Museum, denn systematisch gefoltert wurde im Holstentor nie.

Adresse/Öffnungszeiten April–Dez. 10–18 Uhr, Jan.–März 11–17 Uhr (im Winter Mo Ruhetag). Eintritt 5 €, Ermäßigte 2,50 €, Schüler 2 €, Familienkarte 9 €. Holstentorplatz, ☎ 0451-1224129.

Museumskirche St. Katharinen: In der im 14. Jh. erbauten turmlosen Kirche eines ehemaligen Franziskanerklosters ist im Hochchor und im Mittelschiff nach Freilegungsarbeiten wieder die original mittelalterliche Farbgebung zu sehen. Zu den Schätzen der Backsteinbasilika zählen u. a. das berühmte Gemälde „Auferweckung des Lazarus" von Jacopo Tintoretto (1578) und die neun Terrakottafiguren, welche die Nischen der Westfassade zieren. Die drei auf der linken Seite wurden 1930–33 von Ernst Barlach geschaffen, ursprünglich für einen auf 18 Figuren angelegten Zyklus mit dem Titel „Gemeinschaft der Heiligen". Die Kirche dient häufig auch als Raum für Sonderausstellungen.

Adresse/Öffnungszeiten Nur April–Sept. 10–17 Uhr, Mo Ruhetag. Eintritt 1 €, Kinder 0,50 €. Königstr., Ecke Glockengießerstraße. Informationen zu Führungen und Sonderausstellungen ☎ 0451-1224137.

Museum Behnhaus Drägerhaus: Um einen Eindruck davon zu bekommen, wie reiche Kaufleute im 18. Jh. lebten, lohnt ein Besuch im Drägerhaus, in dem man sich eine original erhaltene Folge von Fest- und Repräsentationsräumen aus dieser Zeit

Der Eintritt in den meisten Museen beträgt 5 € für Erwachsene, 2 € für Schüler und 9 € für Familien. Alternativ ist in jedem Museum für 15 € (Schüler 6 €, Familien 32 €) eine Kombi-Karte erhältlich, die für 7 Tage in allen Museen Gültigkeit hat. Zudem gibt es eine Kombi-Karte „Trio" bzw. „Duo", die für den Eintritt in drei bzw. zwei beliebigen Museen berechtigt („Trio-Karte" Erwachsene 10 €, Schüler 4 €, Familien 22 €; „Duo-Karte" Erwachsene 7 €, Schüler 3 €, Familien 16 €).

Ausflugstipps

anschauen kann. Heute beherbergt es ebenso wie das benachbarte Behnhaus einen Teil der städtischen Kunstgalerie und zeigt u. a. Bilder des 1789 in Lübeck geborenen Bürgermeistersohns Johann Friedrich Overbeck, der einer der wichtigsten Vertreter der zeitgenössischen religiösen Malerei war. Darüber hinaus sind aber auch Werke nachfolgender Künstlergenerationen zu sehen, beispielsweise Arbeiten von August Macke (1887–1914), Edvard Munch (1863–1944) und Ernst Barlach (1870–1939).

Adresse/Öffnungszeiten April–Dez. tägl. 10–17 Uhr, Jan.–März 11–17 Uhr. Eintritt 5 €, Ermäßigte 2,50 €, Schüler 2 €, Familienkarte 9 €. Königstr. 9–11, ✆ 0451-1224130.

Kulturforum Burgkloster mit Museum für Archäologie: Das 1229 im Norden der Altstadt gegründete Burgkloster gilt als die bedeutendste norddeutsche Klosteranlage des Mittelalters. Nach der Reformation wurden die Gebäude als Armenhaus genutzt, später als Gericht und Untersuchungsgefängnis; unter nationalsozialistischer Herrschaft diente es schließlich der Inhaftierung von Juden und Widerstandskämpfern.

Heute ist hier ein interessantes Museum untergebracht, das ein breites Spektrum an Exponaten aus den Bereichen bildende Kunst, Architektur sowie Zeit- und Klostergeschichte im Programm hat. Zu bewundern ist auch der im Jahr 1984 zufällig

bei Bauarbeiten entdeckte und in einer sehenswerten Ausstellung präsentierte Münzschatz aus 23.864 Silber- und 395 Goldmünzen, den ein Lübecker Kaufmann einst unter der Treppe seines Hauses versteckt hatte. Warum er ihn nicht wieder hervorholte, ist bis heute ungeklärt. Die Herkunft der Münzen vermittelt einen Eindruck davon, wie weit die Handelsbeziehungen der Stadt zur damaligen Zeit reichten.

Adresse/Öffnungszeiten April–Dez. tägl. 10–17 Uhr, Jan.–März 11–17 Uhr. Eintritt 5 €, Ermäßigte 2,50 €, Schüler 2 €, Familienkarte 9 €. Hinter der Burg 2–6, ✆ 0451-1224195.

Kunsthalle St. Annen: Das kunsthistorisch bedeutendste Museum der Stadt befindet sich im Südwesten Lübecks in den Räumlichkeiten eines ehemaligen Klosters.

*Kleine Petersgrube:
Blick von der Petri-Kirche*

Hier sind alte Schätze kirchlicher Kunst und des Kunsthandwerks ausgestellt. Kernstück ist die größte deutsche Sammlung mittelalterlicher Schnitz- und Flügelaltäre, zu der u. a. auch der berühmte Passionsaltar von Hans Memling gehört (1491). Nach dem Zweiten Weltkrieg soll ein reicher Amerikaner eine unvorstellbar hohe Summe für den Altar geboten haben, mit der man einen großen Teil der Stadt hätte wiederaufbauen können; die Lübecker lehnten jedoch ab.

Zu sehen gibt es darüber hinaus einige vollständig eingerichtete Wohnräume alter Lübecker Kaufmannsfamilien sowie erlesene Möbel, Gemälde, Porzellan und Fayencen.

Lübecker Marzipan

Das Lübecker Marzipan ist weltbekannt. Um seine Herkunft ranken sich, wie in Fällen großer Berühmtheit üblich, viele Legenden. Eine von ihnen besagt, dass während einer großen Hungersnot im Jahre 1407 alle Vorräte in den Lagerhäusern der Stadt aufgebraucht gewesen seien – bis auf Mandeln und Zucker. Um der Misere ein Ende zu bereiten, habe daraufhin ein findiger Ratsherr die Bäcker angewiesen, aus diesen beiden noch verbleibenden Zutaten ein stärkendes Kraftbrot zuzubereiten, das Marzipan.

Lange nicht so schön, dafür aber glaubwürdiger ist eine andere Geschichte, die auch ein wenig Licht in die Herkunft der ungewöhnlichen Bezeichnung für die süße Schleckerei bringt. Ihr zufolge ist das Marzipan über die Handelsbeziehungen Lübecks zu Venedig in die Stadt gekommen. Lübecker Händler, die ihren Hering in die Lagunenstadt lieferten, sollen auf dem Rückweg von dort köstliches *Marci panis*, das „Brot des (heiligen) Markus", seines Zeichens Schutzpatron von Venedig, mitgebracht haben.

Allerdings waren auch die Venezianer nicht die Erfinder der Köstlichkeit, die sie selbst als *marzapane* bezeichneten: Das Wort stammt aus dem arabischen Sprachraum und verweist auf den orientalischen Ursprung der „üppigen Magenbelastung aus Mandeln, Zucker und Rosenwasser" (Thomas Mann), die vermutlich von den Kreuzfahrern nach Europa gebracht wurde.

Entgegen Thomas Manns Kennzeichnung als „üppige Magenbelastung" wurde das Marzipan kurioserweise zunächst für Heilzwecke verwendet. Man schrieb ihm stimulierende Wirkung zu und setzte es zur Behandlung körperlicher Mattigkeit ein. Es war gewissermaßen „verschreibungspflichtig", durfte nur von Apothekern hergestellt werden und nannte sich demzufolge auch „Apothekerkonfekt". Die teure Medizin erfreute sich in der wohlhabenden Gesellschaft schnell zunehmender Beliebtheit, und so traten nach Aufhebung des Apothekermonopols Ende des 17. Jh. flugs die Zuckerbäcker auf den Plan, um die besonderen kulinarischen Bedürfnisse ihrer gut betuchten Klientel zu befriedigen.

Das Flair der Exklusivität blieb der verführerischen Gaumenfreude noch eine ganze Weile erhalten, bis dann mit dem weitflächigen Anbau von Zuckerrüben die Preise für einen der für die Marzipanherstellung notwendigen Grundstoffe, den Zucker, drastisch fielen. Die einstmals wertvolle Delikatesse wurde nun für breitere Schichten erschwinglich.

Erst jetzt, zu Beginn des 19. Jh., wurde das Marzipan zum Markenartikel Lübecks. Initiator dieser Entwicklung war der junge Zuckerbäckergeselle Johann Georg Niederegger aus Ulm, der um 1800 in der Konditorei Maret am Lübecker Markt seine Arbeit aufnahm. Bereits sechs Jahre später übernahm er die *Maretsche Conditorey* und baute sie kontinuierlich zur „Marzipanschmiede" aus. Schon bald wurden Dampfmaschinen eingesetzt, die die Rübenpressen, Mandelmühlen und Knetmaschinen antrieben, sodass die Produkte nun tonnenweise hergestellt werden konnten.

Auch wenn es in der Folgezeit noch zu vielen weiteren Firmengründungen in der Hansestadt kam, hat das Haus Niederegger bis heute seinen herausragenden Ruf wahren können. Im Marzipan-Salon im zweiten Stock des Cafés Niederegger ist sogar ein Museum eingerichtet worden (gegenüber der Rathaustreppe, tägl. 9–18 Uhr, Eintritt frei). Zu sehen gibt es hier u. a. zwölf lebensgroße Figuren (aus dem Jahr 1964), die zusammen das weltweit größte Kunstwerk aus Marzipan bilden.

Dunkel wird es in der *Paramentenkammer*, wo kostbare alte Messgewänder aus Lübeck und Danzig ausgestellt sind; die Dunkelheit soll die wertvollen Textilien vor dem Verfall bewahren.

Im Garten des Museums stehen Skulpturen aus dem 18. Jh., die römische Götter und Personifikationen von Tugenden darstellen. Kopien dieser Skulpturen zieren die zum Holstentor führende Brücke. Sie werden im Volksmund als Puppen bezeichnet, weshalb die Brücke auch *Puppenbrücke* heißt.

Adresse/Öffnungszeiten April–Dez 10–18 Uhr, Jan.–März 11–17 Uhr (im Winter Mo Ruhetag). Eintritt 5 €, Ermäßigte 2,50 €, Schüler 2 €, Familienkarte 9 €. St.-Annen-Str. 15, ✆ 0451-1224137.

Museum für Natur und Umwelt: Südlich des Doms kommen Freunde der Tierwelt und Erdgeschichte auf ihre Kosten. Auf drei Etagen widmet sich das Museum u. a. der heimischen Tierwelt; eines der Glanzstücke sind die lebenden Honigbienen, die

Giebelspeicher an der Untertrave

unter Glas ihrem geschäftigen Treiben nachgehen. In der geologischen Abteilung dreht sich alles um die Entstehungsgeschichte des Landes. Gezeigt werden u. a. ein durch den Eintritt in die Erdatmosphäre angeschmolzener, 208 kg schwerer Meteorit, Originalfunde von eiszeitlichen Riesenhirschen oder die europaweit einzigartigen, zehn Millionen Jahre alten fossilen Skelette von Bartenwalen. Zudem ist in einem Glasanbau das riesige Skelett eines Pottwals unserer Zeit zu bewundern.

Adresse/Öffnungszeiten Di–Fr 9–17, Sa/So 10–17 Uhr, Mo Ruhetag. Eintritt 5 €, Ermäßigte 2,50 €, Schüler 2 €, Familienkarte 9 €. Musterbahn 8, ✆ 0451-1224122. Vor Ort wartet das von der Arbeiterwohlfahrt getragene Ausbildungscafé Walbaum auf Gäste.

TheaterFigurenMuseum: Das von einer gemeinnützigen GmbH getragene Museum ist in fünf historischen Backsteinhäusern in den engen Gassen zwischen Holstentor und Petri-Kirche untergebracht. Es handelt sich um die weltgrößte Sammlung von Theaterfiguren und zugehörigen Utensilien, anhand derer man einen ausgezeichneten Einblick in die Entwicklung des Puppenspiel-Genres erhält.

Adresse/Öffnungszeiten Von April–Dez. tägl. 10–18 Uhr, Jan.–März Mo–Mi und Fr–So 11–17 Uhr. Erw. 4 €, Jugendliche ab 12 J. 3 €, Kinder ab 4 J. 2 €. Kolk 14, ✆ 0451-78626. Dem Museum ist ein gemütliches Café angegliedert.

Buddenbrookhaus: Das gleich hinter der Marienkirche gelegene Haus wurde 1758 erbaut und war das Vorbild für den wichtigsten Handlungsschauplatz des berühmten Romans, für den *Thomas Mann* im Jahre 1929 den Literaturnobelpreis erhielt (im Buch ist von „einem Haus in der Mengstraße" die Rede, und genau in dieser Straße steht das Gebäude). In den Besitz der Manns kam es 1841, als es der Großvater von Heinrich und Thomas Mann kaufte und hier sein Kontor und die Wohnräume für seine Familie einrichtete. Ab 1957 wurde das im Zweiten Weltkrieg stark zerstörte und anschließend wiederaufgebaute Gebäude von einer Bank genutzt.

Ende 1991 ging es in den Besitz der Stadt Lübeck über, seit 1993 ist hier das *Heinrich-und-Thomas-Mann-Zentrum* untergebracht. Den Besucher erwartet eine recht leseintensive, in neun Stationen unterteilte Dauerausstellung zu Leben und Werk von Heinrich und Thomas Mann. Behandelt werden u. a. die Entstehungsgeschichte der Buddenbrooks, das komplizierte Verhältnis der Brüder und die Exiljahre in der Schweiz, Frankreich und den USA. Im zweiten Stock sind aus dem Roman nachempfundene Zimmer aus der Zeit des 19. Jh. zu sehen.
Adresse/Öffnungszeiten April–Dez. täglich 10–18, Jan.–März 11–17 Uhr. Eintritt 5 €, Schüler 2,50 €, Familienkarte 9 €. Mengstraße 4, ☎ 0451-1224243.

Günter-Grass-Haus: Seit dem Jahr 2002 ehrt die Stadt einen weiteren Literatur-Nobelpreisträger mit einem eigenen Museum. Träger des Grass-Hauses, das sich als „Forum für Literatur und bildende Kunst" versteht, ist die Kulturstiftung der Stadt, die auch das Buddenbrookhaus betreibt. Die Sammlung umfasst eine repräsentative Auswahl aus dem Gesamtwerk des Künstlers, darunter nicht nur seine literarischen, sondern auch seine druckgrafischen, zeichnerischen und bildnerischen Arbeiten, weshalb im Garten auch Skulpturen des Künstlers zu sehen sind. Außerdem sind im Haus ein Buchladen, eine Forschungsbibliothek und ein Archiv untergebracht.
Adresse/Öffnungszeiten Glockengießerstraße 21, ☎ 0451-1224243. April–Dez. täglich 10–18 Uhr, Jan.–März 11–17 Uhr. Eintritt 5 €, Ermäßigte 2,50 €, Schüler 2 €, Familienkarte 9 €.

Willy-Brandt-Haus: Ende 2007 wurde inmitten der Altstadt eine von der Bundeskanzler-Willy-Brandt-Stiftung getragene Ausstellung eröffnet, die sich teilweise interaktiv dem politischen Leben Brandts widmet. Brandt wurde 1913 als Herbert Ernst Karl Frahm in Lübeck geboren und lebte dort bis zu seiner Emigration nach Norwegen (1933), wo er sich den Decknamen Willy Brandt zulegte. In jedem Raum wird ein bestimmter Lebensabschnitt Brandts, jeweils auch anhand von „privaten" Fotoalben, gezeigt, angefangen von seinen Lübecker Jahren und seiner Emigration bis hin zu seinem Aufstieg vom Berliner Bürgermeister zum Bundeskanzler und Friedensnobelpreisträger.
Adresse/Öffnungszeiten April–Dez. täglich 10–17, Jan.–März Di–So 11–17 Uhr. Eintritt frei, wer allerdings detaillierter informiert werden möchte, erwirbt für 5 € eine Magnetkarte und kann dann verschiedene Audio-Stationen aufsuchen, an denen z. B. Reden Brandts zu hören sind. Königstraße 21, ☎ 0451-1224250, www.willy-brandt-luebeck.de.

Freizeitparks und Erlebnisausstellungen

Nicht nur auf der Insel Fehmarn selbst gibt es interessante Museen und Ausstellungen, auch das Festland hat in Sachen Ausflugsziel einiges zu bieten. Vor allem Familien mit Kindern steuern als Höhepunkt der jährlichen Urlaubsreise den einen oder anderen weiter entfernten Freizeitpark oder eine Erlebnisausstellung an, in denen man schon mal einen halben oder sogar einen ganzen Urlaubstag verbringen kann.

Museumshof Lensahn   Entfernung von Fehmarn: 37 km

Freunde alter Traktoren kommen hier auf ihre Kosten. Aber nicht nur Landmaschinen sind in dem seit 1996 existierenden Museum zu sehen. Ausgestellt sind insgesamt über 4000 historische Exponate aus Landwirtschaft, Handwerk und Haushalt aus der Zeit von 1850 bis 1960, die alle angefasst und teilweise auch ausprobiert werden dürfen. Ein Bauernhofcafé gibt es darüber hinaus auch noch.

Der Museumshof Lensahn ist ein gemeinnütziger Verein mit gut 500 Mitgliedern. Mit viel Liebe werden auf dem 7 ha großen Gelände zusätzlich ein Kräutergarten

Ausflugstipps

und die Museumsfelder bewirtschaftet, auf denen mithilfe der historischen Gerätschaften alte Getreidesorten angepflanzt werden, aber auch Flachs, Hanf, Gelbsenf, Sonnenblumen und sogar Tabak. Im Jahr 2001 wurde außerdem ein 2,4 km langer Naturlehrpfad angelegt, der einmalig in seiner Art ist: Nahezu alle Wald- und Obstbaumarten Nordeuropas wurden angepflanzt (326 Arten Waldbäume und -sträucher, 242 Obstbaumsorten). Fazit: Ein kleines, aber lohnendes Freilichtmuseum.

• *Anfahrt/Öffnungszeiten* Leicht erreichbar über die A 1, Abfahrt Lensahn, am Ortseingang gleich hinter den Bahnschienen links ist schon der Parkplatz des Museumshofs (Prienfeldhof). Im Jahresverlauf verschiedene Feste, z. B. Frühlingsfest (April), Traktoren-Oldtimer-Treffen mit Treckerrallye (Ende Juni), Erntedankfest (Oktober). April–Okt. tägl. 10–18 Uhr. Eintritt Erwachsene 4,50 €, Kinder 2,50 €, freier Eintritt für das dritte Kind. ✆ 91122, www.museumshof-lensahn.de.

Zoo Arche Noah Grömitz   Entfernung von Fehmarn: 43 km

Auf über 10 ha Fläche sind in etwa 30 Gehegen 300 heimische, aber auch viele exotische Tiere zu besichtigen. Es gibt beispielsweise ein Seehundbecken (Fütterung 11 und 16 Uhr), ein Schimpansenhaus und begehbare Freigehege mit Lamas, Ziegen und Schafen. Natürlich kann man auch Löwen und Luchse bewundern; zudem gibt es auch eine Kindereisenbahn. Auch Ponyreiten ist möglich. Fazit: Die sehr gepflegte Anlage muss sich hinter den Großen der Branche nicht verstecken.

• *Anfahrt/Öffnungszeiten* Bei Heiligenhafen von der Vogelfluglinie auf die B 501 Richtung Grömitz abzweigen. Immer dieser Bundesstraße folgen. Am Ortseingang von Grömitz liegt der Zoo. Ganzjährig 9–18 Uhr. Eintritt 7 €, Kinder 4 €. Mühlenstraße 22, ✆ 04562-5660, www.zoo-arche-noah.de.

Eselpark Nessendorf   Entfernung von Fehmarn: 41 km

Nessendorf liegt etwas versteckt im Hinterland. Für kaum ein anderes Ausflugsziel wird in den Ostseebädern mehr geworben, was, ebenso wie die überdimensionierte Hofeinfahrt, die Erwartungen hochschraubt. Der Eselpark ist ein wunderbares Beispiel dafür, dass nicht alles, was groß angekündigt wird, auch unbedingt sonderlich sensationell ist. Denn tatsächlich erwartet die meist mit Kindern anreisenden Familien weniger ein Park als ein umgebauter Bauernhof, in dem die meisten der über hundert Esel in zwei größeren Scheunen und überdachten Freigehegen zu bestaunen sind. Darüber hinaus gibt es jede Menge Möglichkeiten, neben dem Eintritt noch weiteres Geld loszuwerden, z. B. in der SB-Gaststätte oder beim obligatorischen Ausführen der meist störrischen Esel mit Kutsche auf einem vorher genau fixierten einstündigen Kurs (15 €). Fazit: Nur etwas für echte Esel-Liebhaber.

• *Anfahrt/Öffnungszeiten* Von Oldenburg aus geht es über die B 202 Richtung Lütjenburg; bei Kaköhl links nach Nessendorf abbiegen. 15.3.–31.10. tägl. 10–18 Uhr. Erwachsene 4,50 €, Kinder 3,50 €, Hunde 1 €. ✆ 04382-748, www.eselpark.de.

Hansa-Park Sierksdorf   Entfernung von Fehmarn: 57 km

Wenn die Kinder das Urlaubsziel Ostsee wählen, dann oft in freudiger Erwartung eines Besuchs im Hansa-Park. „Deutschlands einziger Erlebnispark am Meer", den man problemlos über die A 1 oder den Bahnhof Sierksdorf erreicht, entpuppt sich tatsächlich als ein gelungenes Vergnügungsparadies für Klein und Groß, das kaum Wünsche offen lässt. Vom Kiddie-Camp für die Kleinsten bis hin zur Wasserrutsche findet sich alles, was Kinderaugen glänzen oder den Adrenalinspiegel ansteigen lässt. Hier eine Westernstadt, dort ein Jahrmarkt, dahinter ein Varieté, eine spektakuläre

Dunkelachterbahn oder eine gigantische „Glocke", bei der die wagemutigen Fahrer in luftiger Höhe frei an dem sich drehenden Klöppel hängen, während die Glocke bis zu 120 Grad in jede Richtung schwingt. Wer es etwas ruhiger mag, genießt lieber den grandiosen Ausblick vom 100 m hohen Holsteinturm oder besucht die Varieté-Show oder einen Wasserzirkus mit Seelöwen. Fazit: Der bunte Mix für die ganze Familie ist kaum an einem Tag zu bewältigen.

• *Anfahrt/Öffnungszeiten*   Ausgeschildert schon auf der A1, Abfahrt Sierksdorf. April–Okt. tägl. 9–18 Uhr. Eintritt für Besucher von 4 bis 14 J. und über 60 J. 22 €, ab 15 J. 28 €. ✆ 04563-4740, www.hansapark.de.

Sea Life Centre Timmendorfer Strand

Wem das Meereszentrum auf Fehmarn noch nicht reicht, der findet direkt an der Seebrücke von Timmendorf ein weiteres Besucheraquarium. Von außen wirkt das blaue Bauwerk eher klein, denn die 30 Aquarien auf insgesamt 1500 m² Fläche sind größtenteils unterirdisch angelegt. Thema von Sea Life ist die heimische Wasserwelt. Bei seinem Rundgang folgt der Besucher dem

*Riesiger Erlebnispark am Meer:
Hansa-Park Sierksdorf*

Kreislauf des Wassers über Bäche und Flüsse hin zum Meer mit seinen küstennahen Lebensräumen. Höhepunkt ist ein etwa 8 m langer, von 220.000 Litern Wasser umgebener gläserner Tunnel durch die „offene See". Von Seepferdchen über Schollen und Rochen bis hin zu Katzenhaien lassen sich die heimischen Meerestiere hautnah erleben. Schautafeln informieren kurz und präzise, zudem geben die Mitarbeiter nützliche Hinweise; so erfährt man beispielsweise, dass ein Dorsch zwar unglaubliche sieben Millionen Eier legt, im Schnitt aber lediglich zwei bis fünf ausgewachsene Tiere übrig bleiben, nachdem der Rest bereits als Rogen oder Jungfisch den Fressfeinden zum Opfer gefallen ist.

Fazit: Das Sea Life Centre ist eine durch und durch kommerzielle, aber gut gemachte Erlebniswelt, weshalb ein Restaurant und natürlich ein Souvenirshop am Ausgang nicht fehlen dürfen. An bedeckten oder verregneten Tagen in der Hochsaison ist der Ansturm sehr groß; lange Warteschlangen sind dann üblich.

• *Anfahrt/Öffnungszeiten* A 1, Abfahrt 18 (Timmendorfer Strand). Da das Sea Life Centre nicht über ausreichend Parkplätze verfügt, parkt man am besten auf dem famila-Parkplatz (P2); von dort sind es 300 m bis zur Kurpromenade. Juni–Aug. 10–19 Uhr (letzter Einlass 18 Uhr), in den übrigen Monaten bis 18 Uhr (letzter Einlass 17 Uhr). Erwachsene 13,50 €, Jugendliche 12,50 €, Kinder (3–14 J.) 9,95 €. Kurpromenade 6, 23669 Timmendorfer Strand, ✆ 04503-35880, Infoline unter ✆ 3588-88, www.sealife-timmendorf.de.

Ausflugstipps

Museumsbahnhof und
Museumseisenbahn Schönberg   Entfernung von Fehmarn: 69 km

Wirklich etwas ganz Besonderes, denn vom Bahnhof *Schönberger Strand* aus kann man eine Reise durch die Zeit antreten in einem der etwa 50 historischen Schienenfahrzeuge, die hier versammelt sind und vom *Verein Verkehrsamateure und Museumsbahn* gepflegt und betriebsfähig gehalten werden. Man nimmt Platz auf roten Plüschsesseln im Luxuswagen eines alten dampfbetriebenen Zuges oder auf einfachen Holzlattenbänken – je nachdem, welcher Zug gerade im Einsatz ist und in welcher Klasse man sich befindet – und fährt die knapp 5 km lange Strecke von Schönberger Strand nach Schönberg, wo vor dem Bahnhof als zusätzliches Schmankerl eine Straßenbahn von anno dazumal verkehrt (11–17 Uhr). Zudem fährt ein Kaffee-Express nach Probsteihagen (Sa 15.30 Uhr). An den Sonntagen der Hauptsaison fahren sogar wieder moderne Triebwagen von und nach Kiel Hbf. (Fahrradmitnahme kostenfrei). Fazit: Eisenbahnromantik pur.

● *Anfahrt/Öffnungszeiten* Von Oldenburg über die B 202 nach Lütjenburg und von dort weiter über die B 502 nach Schönberg.

Am Schierbek 1, Schönberger Strand, ✆ 04344-2323 u. 41410. Bahnbetrieb von Ende Mai bis Anfang Sept. nur Sa und So zwischen 8.20 und 18 Uhr sowie zu unregelmäßigen Sonderterminen.
Rückfahrkarte Schönberger Strand – Schönberg oder nach Probsteihagen für Erwachsene in allen Wagenklassen 4,60 €, Kinder die Hälfte, Familienkarte 9,50 €). Rückfahrkarte von und nach Kiel 13 €, Kinder die Hälfte, Familien 32 €. Sonntags kann man sogar eine Strecke mit dem Schiff fahren (ab Kiel 9.30 Uhr, ab Schönberger Strand 17 Uhr). Hierfür gibt es ein Kombiticket (15 €, Kinder die Hälfte, Familien 35 €). Straßenbahn am Bahnhof Schönberger Strand (Fahrtzeit 10 Min.) 1,40 € (Kinder die Hälfte). Fahrpläne unter www.vvm-museumsbahn.de.

Schleswig-Holsteinisches
Freilichtmuseum Kiel-Molfsee   Entfernung von Fehmarn: 88 km

Von den Freilichtmuseen Deutschlands ist dieses wohl eines der schönsten. Vor den Toren der Landeshauptstadt gelegen, wurde hier ein Stück alter Heimat bewahrt. Mehr als 70 meist reetgedeckte Bauernhäuser, Katen, Scheunen, Werkstätten und Mühlen aus den verschiedensten Regionen Schleswig-Holsteins sind in jahrzehntelanger Arbeit wiederaufgebaut worden. Noch heute raucht es hier aus alten Schornsteinen, und aus den Werkstätten erklingt das Klappern alter Gerätschaften. Regelmäßig wird in der Weberei, Korbflechterei, Töpferei, Meierei, den Schmieden und dem Backhaus nach alter Tradition gearbeitet, und natürlich sind die hergestellten Produkte auch zu erwerben. Alte Nutztierrassen wie Kaltblutpferde, Kühe, Schafe (Moorschnucken), die robusten Angler Sattelschweine, Gänse und Hühner bevölkern die Wiesen und Wege. Dies alles ist eingepasst in eine 60 ha große Hügellandschaft mit Seen und Feldern. Besonders bei Kindern beliebt ist ein dörflicher Jahrmarkt mit Karussell, Schiffsschaukel und Schießbude. Höhepunkte für die Erwachsenen könnten sein: das älteste Bauernhaus Schleswig-Holsteins von

1569 aus Grube/Ostholstein, die besonders reich ausgestatteten Häuser aus den Elbmarschen oder eine vollständig eingerichtete ländliche Apotheke (um 1840) mit angrenzendem Kräutergarten. In vielen Bauernhäusern sind Einzelsammlungen untergebracht: landwirtschaftliche Geräte, Spielzeug, Darstellungen zur Geschichte des Mühlenwesens oder auch eine komplette Ausrüstung und Dokumentation zum Walfang. Fazit: Die weite Anreise lohnt.

● *Anfahrt/Öffnungszeiten* Vom 1.4. bis 31.10. tägl. von 9 bis 18 Uhr (montags arbeiten in den Werkstätten keine Handwerker), vom 1.11. bis 31.3. nur an Sonn- und Feiertagen von 11 bis 16 Uhr. Erwachsene 7 €, Schüler 2 €, Familienkarte 14 €. Im Eintrittspreis ist die kostenfreie Nutzung der Museumsbahn und der Karussells am historischen Jahrmarkt enthalten. Hunde (an der Leine) sind willkommen. Hamburger Landstr. 97, Kiel-Molfsee (südlich der Stadt gelegen, auch von der nahen Autobahn A 7 aus gut beschildert). ☏ 0431-659660, www.freilichtmuseum-sh.de.

Karl-May-Spiele Bad Segeberg   Entfernung von Fehmarn: 93 km

Seit über 50 Jahren finden im Juli und August am Kalkberg in einem der schönsten Freilichttheater Europas die Karl-May-Spiele statt, die bis heute von etwa sieben Millionen Menschen besucht worden sind. Man spürt den Hauch des Wilden Westens, wenn Cowboys und Indianer durch die Zuschauerreihen galoppieren und sich die Guten mit den Bösen actionreiche Gefechte liefern. Das 7500 Plätze fassende Freilichttheater ist umrahmt vom *Indian Village*, einer Wildweststadt mit Blockhäusern, einer Goldwaschanlage und Tipis sowie dem *Nebraska-Haus*, das eine (eher für Erwachsene interessante) Indianistik-Ausstellung beherbergt und Bilder und Werke von jungen Künstlern aus dem Staat Nebraska zeigt. Fazit: Hautnahe Wildwestromantik.

● *Anfahrt/Öffnungszeiten* Erreichbar über die A 1 bis Abfahrt Scharbeutz, dann über die B 432 nach Bad Segeberg, dort ausgeschildert. Eintritt für die Vorstellung in der Spielzeit von Ende Juni bis Anfang Sept. (Do–Sa 15 u. 20 Uhr, So 15 Uhr): Kinder 10–18,50 €, Erwachsene 13–24,50 €, Familien 9–11 € pro Pers. Auskunft und Kartenbestellung unter ☏ 0180-5952111. Infos im Internet unter www.karl-may-spiele.de.

Immer ein Erlebnis: Karl-May-Spiele in Bad Segeberg

Ausflugstipps

Verlagsprogramm

● Abruzzen ● Ägypten ● Algarve ● Allgäu ● Allgäuer Alpen *MM-Wandern* ● Altmühltal & Fränk. Seenland ● Amsterdam *MM-City* ● Andalusien ● Andalusien *MM-Wandern* ● Apulien ● Athen & Attika ● Australien – der Osten ● Azoren ● Baltische Länder ● Barcelona *MM-City* ● Bayerischer Wald ● Berlin *MM-City* ● Berlin & Umgebung ● Bodensee ● Bretagne ● Brüssel *MM-City* ● Budapest *MM-City* ● Bulgarien – Schwarzmeerküste ● Chalkidiki ● Chianti – Florenz, Siena ● Cilento ● Cornwall & Devon ● Dublin *MM-City* ● Costa Brava ● Costa de la Luz ● Côte d'Azur ● Cuba ● Dolomiten – Südtirol Ost ● Dominikanische Republik ● Dresden *MM-City* ● Ecuador ● Elba ● Elsass ● Elsass *MM-Wandern* ● England ● Fehmarn ● Franken ● Fränkische Schweiz ● Friaul-Julisch Venetien ● Gardasee ● Genferseeregion ● Golf von Neapel ● Gomera ● Gomera *MM-Wandern* ● Gran Canaria ● Gran Canaria *MM-Touring* ● Graubünden ● Griechenland ● Griechische Inseln ● Hamburg *MM-City* ● Harz ● Haute-Provence ● Havanna *MM-City* ● Ibiza ● Irland ● Island ● Istanbul *MM-City* ● Istrien ● Italien ● Italienische Adriaküste ● Kalabrien & Basilikata ● Kanada – der Osten ● Kanada – der Westen ● Karpathos ● Katalonien ● Kefalonia & Ithaka ● Köln *MM-City* ● Kopenhagen *MM-City* ● Korfu ● Korsika ● Korsika Fernwanderwege *MM-Wandern* ● Kos ● Krakau *MM-City* ● Kreta ● Kreta *MM-Wandern* ● Kroatische Inseln & Küste ● Kykladen ● Lago Maggiore ● La Palma ● La Palma *MM-Wandern* ● Languedoc-Roussillon ● Lanzarote ● Lesbos ● Ligurien – Italienische Riviera, Genua, Cinque Terre ● Ligurien & Cinque Terre *MM-Wandern* ● Liparische Inseln ● Lissabon & Umgebung ● Lissabon *MM-City* ● London *MM-City* ● Madeira ● Madeira *MM-Wandern* ● Madrid *MM-City* ● Madrid & Umgebung ● Mainfranken ● Mallorca ● Mallorca *MM-Wandern* ● Malta, Gozo, Comino ● Marken ● Mecklenburgische Seenplatte ● Mecklenburg-Vorpommern ● Menorca ● Mittel- und Süddalmatien ● Mittelitalien ● Montenegro ● München *MM-City* ● Münchner Ausflugsberge *MM-Wandern* ● Naxos ● Neuseeland ● New York *MM-City* ● Niederlande ● Nord- u. Mittelgriechenland ● Nordkroatien – Kvarner Bucht ● Nordportugal ● Nordspanien ● Normandie ● Norwegen ● Nürnberg, Fürth, Erlangen ● Oberbayerische Seen ● Oberitalien ● Oberitalienische Seen ● Ostfriesland & Ostfriesische Inseln ● Ostseeküste – Mecklenburg-Vorpommern ● Ostseeküste – von Lübeck bis Kiel ● Östliche Allgäuer Alpen *MM-Wandern* ● Paris *MM-City* ● Peloponnes ● Pfalz ● Piemont & Aostatal ● Piemont *MM-Wandern* ● Polnische Ostseeküste ● Portugal ● Prag *MM-City* ● Provence & Côte d'Azur ● Provence *MM-Wandern* ● Rhodos ● Rom & Latium ● Rom *MM-City* ● Rügen, Stralsund, Hiddensee ● Salzburg & Salzkammergut ● Samos ● Santorini ● Sardinien ● Sardinien *MM-Wandern* ● Schleswig-Holstein – Nordseeküste ● Schottland ● Schwäbische Alb ● Shanghai *MM-City* ● Sinai & Rotes Meer ● Sizilien ● Sizilien *MM-Wandern* ● Skiathos, Skopelos, Alonnisos, Skyros – Nördl. Sporaden ● Slowakei ● Slowenien ● Spanien ● St. Petersburg *MM-City* ● Südböhmen ● Südengland ● Südfrankreich ● Südmarokko ● Südnorwegen ● Südschwarzwald ● Südschweden ● Südtirol ● Südtoscana ● Südwestfrankreich ● Sylt ● Teneriffa ● Teneriffa *MM-Wandern* ● Tessin ● Thassos, Samothraki ● Toscana ● Toscana *MM-Wandern* ● Tschechien ● Tunesien ● Türkei ● Türkei – Lykische Küste ● Türkei – Mittelmeerküste ● Türkei – Südägäis ● Türkische Riviera – Kappadokien ● Umbrien ● Usedom ● Venedig *MM-City* ● Venetien ● Wachau, Wald- u. Weinviertel ● Westböhmen & Bäderdreieck ● Warschau *MM-City* ● Westallgäu und Kleinwalsertal *MM-Wandern* ● Westungarn, Budapest, Pécs, Plattensee ● Wien *MM-City* ● Zakynthos ● Zentrale Allgäuer Alpen *MM-Wandern* ● Zypern

www.michael-mueller-verlag.de

Michael Müller Verlag GmbH, Gerberei 19, 91054 Erlangen
Tel. 0 91 31 / 81 28 08-0; Fax 0 91 31 / 20 75 41;
info@michael-mueller-verlag.de

MM-Wandern

Die innovativen Tourenbegleiter aus dem Michael Müller Verlag

GPS
Tracks & Waypoints

Allgäuer Alpen	Östliche Allgäuer Alpen	Westliche Allgäuer Alpen und Tannheimer Tal	Zentrale Allgäuer Alpen	Andalusien	Elsass	Gomera
Korsika	Korsika (Fernwanderweg)	Kreta	La Palma	Ligurien	Madeira	Mallorca
Münchner Ausflugsberge	Piemont	Provence	Sardinien	Sizilien	Teneriffa	Toscana

Register

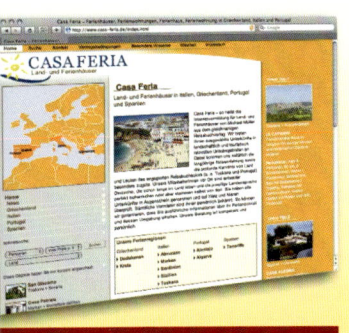